Grünes Band Erlebnistouren

Vom Todesstreifen zur Lebenslinie

Küste - Schaalsee

Mensch und Natur am
Grünen Band Deutschland

Reiner Cornelius

GrünesBand
Deutschland

BINGO! Die Umwelt Lotterie

Text und Karten: Dr. Reiner Cornelius
Fotos: siehe Bildnachweis, S. 224

Lektorat: Dr. Gabriele Meyer

Herausgeber: Bund für Umwelt- und Naturschutz
BUND Landesverband Schleswig-Holstein

Druck: Glockdruck, Bad Hersfeld
Layout: Petra Krull

ISBN 978-3-9812981-0-9

Inhaltsverzeichnis

Touren-Übersicht

Vorwort

Juli 1988, Sonntagnachmittag auf dem Travemünder Priwall. Am Strand herrscht reger Badebetrieb. Kinder sind mit dem Bau von Sandburgen beschäftigt. Jugendliche springen in die Fluten. Möwengeschrei. Vom Yachthafen dringt Musik herüber: Sommer, Sonne, Seegeräusche, wie man sie von Kind auf kennt. Ein paar Meter weiter, hinter den rot-weißen Sperrgittern des Bundesgrenzschutzes: Stille. Eine Stille, die beklemmend wirkt, denn in Sichtweite steht ein Wachtturm, von wo DDR-Grenzsoldaten mit ihren Gläsern herüberschauen. Direkt davor zieht sich der Grenzzaun bis nahe ans Ufer. Gegen Abend, als es am Strand ruhiger wird, dringt der Gesang einer Drossel herüber. Jetzt hat die Ruhe im Grenzgebiet etwas Melancholisches. Gewiss, das Gelände vor und hinter dem Zaun ist Sperrgebiet. Die Grenzsoldaten haben einen Schießbefehl und über den säuberlich geeggten 10-m-Streifen kommt niemand herüber. Und dennoch ist Leben im Grenzgebiet. Vögel, Blumen und Schmetterlinge haben das „Niemandsland" und das Sperrgebiet erobert.

Ein Jahr später fallen die Grenzsperren und der Todesstreifen beginnt sich zu begrünen. Jetzt kann sich die Natur am Priwall grenzenlos entwickeln. Doch für den Sandregenpfeifer, die Küstenseeschwalbe und viele andere Arten, die im Grenzgebiet und an den gesperrten Stränden ein Refugium gefunden haben, beginnt es brenzlig zu werden. Touristen, Bauherren und Straßenplaner drängen in den ehemaligen „Osten". Naturschützer erkennen das Problem und in seltener Einheit bemühen sich Amtspersonen und Ehrenamtliche in „Ost" und „West" darum, durch die Ausweisung von Schutzgebieten und Ankauf von Flächen ein Grünes Band zu entwickeln. Doch der Druck auf die unberührte Natur ist groß und nicht alle Einriffe konnten verhindert werden. So wird das idyllische Tal der Wakenitz durch eine Autobahnbrükke erheblich gestört. Der BUND hatte gegen den Bau der Brücke geklagt, da ursprünglich ein Tunnel geplant war. Auch die Erweiterung der Ferienhaussiedlung auf dem Travemünder Priwall, bis an den Rand der Dünen, stellt einen Negativposten dar.

Im Ganzen gesehen war und ist das Unternehmen „Grünes Band" jedoch sehr erfolgreich. Von der Küste bis zur Elbe ist eine Biotopverbindung entstanden, die ihresgleichen sucht. Hier reiht sich Perle an Perle:

- die naturnahen Strände des Klützer Winkels und des Brodtener Steilufers
- die ausgedehnten Flachwasserzonen des Pötenitzer Wieks und des Dassower Sees
- die von Steilufern, Schaftriften und Pionierwäldern umfasste Traveförde
- die von Mooren und Wiesen durchsetzten Wälder am Stadtrand von Lübeck
- die Wakenitzniederung, der „Amazonas des Nordens"
- die Ratzeburger Seenlandschaft und die Schaalseeregion
- die Grenzheide und die Delvenau-Wiesen
- und schließlich das Elbufer bei Lauenburg

Neben so prominenten Vogelarten wie Kranich und Seeadler, neben Fischotter und Biber haben hier seltene Schmetterlinge und Amphibien eine Heimstatt gefunden.

Das Grüne Band Küste-Schaalsee-Elbe ist aber weit mehr als ein Reservat für die bedrohte Tierwelt. Am Rande der Metropolregion Hamburg - Lübeck stellt es zugleich einen einzigartigen Ausgleichsraum für Menschen dar, die auf der Suche nach Ruhe und Stille sind und Natur und Landschaft erleben wollen. Markierte Rad- und Wanderwege führen durch Wälder, über Schaftriften und an Seeufern entlang. Alle Wege wurden so gelegt, dass keine Tierart gestört wird. Das Biosphärenreservat Schaalsee und der angrenzende Naturpark Lauenburgische Seen sind eine Region, in der das konfliktfreie Zusammenleben von Mensch und Natur geprobt wird. Das heißt, dass man nicht nur seltene Tiere beobachten kann, sondern auch Bilder vorfindet, die an die gute alte Zeit erinnern: Alleen, alte Gutshöfe, Herrenhäuser, mit Linden umstandene Dorfplätze, reetgedeckte Katen oder Fachwerkkirchen. Doch die Grüne-Band-Landschaft ist kein Museum, man strebt nach vorne, will Beispiele für nachhaltige Entwicklung aufzeigen. So findet man die unterschiedlichsten regionalen Produkte, angefangen vom Bioziegenkäse über Schaalseefisch bis hin zu handgewebten Schals. Ähnlich aktiv ist man zwischen Travemünde und Lübeck, am Dummersdorfer Ufer, wo sich eine Naturschutzstation etabliert hat, die mit Hilfe von Schafen, Ziegen und Rindern die Schutzgebiete des Grünes Bandes pflegt und versucht, Kinder und Erwachsene an die Natur heranzuführen. Nicht zu vergessen der Lübecker Stadtwald, über den das Grüne Band die Stadt und ihre Vororte bravourös umschifft. Hier wurden waldbauliche Konzepte entwickelt und durchgesetzt, die europaweit Zeichen gesetzt haben.

Schließlich, quasi als Krönung, umfasst das Grüne Band einen 20 km langen Küstenstreifen, der infolge der Grenzsicherungsmaßnahmen völlig unverbaut geblieben ist. Grenzzaun und Todesstreifen zogen sich entlang der Küste, vom Travemünder Priwall bis kurz vor das Seebad Boltenhagen. Dieser Küstenabschnitt, der hohe und aktive Kliffs umfasst, wird inzwischen von mehreren Badestellen erschlossen. Der BUND setzt sich mit Nachdruck dafür ein, dass diese Naturstrände nicht verbaut werden. Andererseits darf der Mensch nicht ausgeschlossen werden. Es müssen also Wege gefunden werden, wie Mensch und Natur gleichermaßen zu ihrem Recht kommen. Einer unserer Ansätze ist es, Touristen und Einheimischen die Schönheit und den Wert von Natur und Landschaft vor Augen zu führen. Auf diese Weise will der BUND Interesse wecken und für das Grüne Band werben. Wer den Wert des Grünen Bandes erkennt, der wird sich auch für seine Stärkung und Entwicklung einsetzen.

Mit diesem Ziel vor Augen hat der BUND Schleswig-Holstein, in Absprache mit dem BUND Mecklenburg-Vorpommern, den Natur- und Kulturführer „Küste-Schaalsee" herausgegeben, den Band 1 der BUND-Buchreihe „Vom Todesstreifen zur Lebenslinie". In dem Buch werden die interessantesten und schönsten Stellen des Grünen Bandes Mecklenburg - Schleswig-Holstein in Bild, Text und Karte beschrieben. Wie in den sechs übrigen Bänden der Buchreihe kommen auch Kultur und Geschichte nicht zu kurz. Dörfer und Städte am Grünen Band haben viel von ihrem Lokalkolorit und ihrem kulturellen Erbe bewahren können. Das trifft in besonderem Maße für ehemals „Ost" zu, ist aber auch in ehemals „West" von Bedeutung, vor allem im Landkreis Herzogtum Lauenburg. Und natürlich kommen auch die Akteure zu Wort, die für das Zustandekommen des Grünen Bandes Großes geleistet haben. Fazit: Man unternimmt eine Lesereise von der Küste zur Elbe und lernt dabei die „Grenznatur" sowie Land und Leute beiderseits des ehemaligen Grenzstreifens kennen. Damit die LeserInnen alles gut nachvollziehen können, werden in dem Buch 22 Erkundungstouren präsentiert. Wer diese Touren absolviert hat, kann sich als Kenner des Grünen Bandes Mecklenburg - Schleswig Holstein fühlen.

Wir wünschen Ihnen Genuss beim Lesen und viel Spaß bei den Entdeckungstouren am Grünen Band.

Hans-Jörg Lüth
Geschäftsführer des
BUND Schleswig Holstein

Dr. Reiner Cornelius
Autor der Buchreihe
„Vom Todesstreifen zur Lebenslinie"

Prolog

Samstag, 9. Dezember 1989 im nordbayerischen Hof, vier Wochen nach dem Fall der Berliner Mauer und der Öffnung der innerdeutschen Grenze. Über Nacht ist Schnee gefallen und der Lichterschmuck in der Hofer Einkaufszeile verbreitet eine vorweihnachtliche Stimmung. Die Straßen der nordbayerischen „Grenzstadt" sind dem Ansturm auf die Geschäfte kaum gewachsen. Zahllose Trabbis mischen sich unter die westdeutschen PKW und an den Ampeln bilden sich lange Schlangen. Kai Frobel und Hubert Weiger von der Landesfachgeschäftsstelle des Bund Naturschutz „stehlen sich" über einen verschneiten Feldweg mit ihrem Auto zur Vorort-Gaststätte „Eisteich". Sie haben es eilig, denn in der Gaststätte soll ein Treffen von Natur- und Umweltschützern aus der DDR und Westdeutschland stattfinden, das erste freie gesamtdeutsche Treffen der Naturschutz-Szene. Sicher, westdeutsche Naturschützer waren auf Einladung offizieller Organe schon einmal zu Besuch in der DDR. Aber an diesem Termin, der unter den Augen der Staatssicherheit stattfand, nahmen nur handverlesene DDR-Bürger teil. Das sollte heute anders werden. Kai und Hubert hatten 23 Einladungen nach „drüben" versandt, mit der Bitte um Weitergabe. Adressaten waren ehrenamtliche Naturschützer und Aktivisten der Bürgerrechtsbewegung sowie das Institut für Landschaftsforschung und Naturschutz in Jena. Ausschließen mochten Kai und Hubert die amtlichen Naturschutzfachleute aber doch nicht.

Endlich geht es vom Stadtring ab zum Versammlungsort. Doch der Parkplatz vor der Gaststätte ist mit Trabis zugeparkt. „Herrgott noch mal. Haben die Sachsen nichts anderes im Kopf als Geschenke einzukaufen", ärgert sich Kai. „Sieh zu, dass wir einen Parkplatz bekommen, wir sind spät dran", entfährt es Hubert. Nach einigem Hin und Her ist ein Platz für das Auto gefunden. Die beiden hasten in die Gaststätte. Im Flur herrscht Gedränge. Auch das noch! Kai und Hubert kämpfen sich zur Theke vor. „Wo geht es zur Veranstaltung des Bund Naturschutz?" „Nach links, wenn Sie da noch hineinkommen!". Natürlich „kommen" sie und dann stehen Kai und Hubert in einem völlig überfüllten Saal und schauen sich ungläubig an. Etwa 400 Personen warten auf den Beginn der Veranstaltung des Bund Naturschutz, des bayerischen Landesverbandes des BUND, und wie

Geburtsstunde des Grünen Bandes. Naturschützer aus „Ost" und „West" bei der Verabschiedung der „Grünes-Band-Resolution" am 9. Dezember 1989 in der Gaststätte „Eisteich" in Hof. 2. v. l. Kai Frobel, 2. v. r. Hubert Weiger

sich herausstellt, sind 350 davon aus der DDR.

Bewegende Momente. Kai und Hubert bekommen feuchte Augen. Doch schnell schieben sie die Emotionen beiseite. Die Versammlung muss gemanagt werden. Gott sei Dank gibt es ein Saal-Mikro. Also offizielle Begrüßung, Bekanntgabe der Tagesordnung sowie Einteilung von Arbeitsgruppen zu den Themen Energie, Abfall, Verkehr und Naturschutz. Kai schart die Teilnehmer der Gruppe Naturschutz um sich. Ohne große Umschweife lenkt er die Diskussion auf sein zentrales Anliegen: den Schutz der Natur am innerdeutschen Grenzstreifen. Mit Erstaunen hören DDR-Bürger und Westdeutsche, dass im Grenzstreifen und vor dem Grenzzaun, im so genannten „Niemandsland" – offizielle Bezeichnung: „vorgelagertes Hoheitsgebiet der DDR"- zahlreiche bedrohte Arten eine Zuflucht gefunden haben. Die ganze Grenze sei Biotop, auch dort, wo die Minen lagen. Der Grenzzaun diene als Balzplatz für Braunkehlchen, der Spurensicherungsstreifen sei vegetationsfreier Nahrungsraum und in den Pfützen im Sperrgraben säßen die Laubfrösche. Schon als Schulbub hat Kai unmittelbar vor dem Todesstreifen zahlreiche Braunkehlchen, Raubwürger und andere seltene Vogelarten beobachtet und kartiert. Jeden Tag ist er mit dem Schulbus 12 km an der innerdeutschen Grenze entlanggefahren, vom oberfränkischen Hassenberg nach Neustadt bei Coburg und zurück. Beim Blick durch das Busfenster konnte er den gut 100 m breiten Wildnis-Streifen, der klar abgegrenzt inmitten der ausgeräumten Agrarlandschaft lag, gut überblicken. Für Kai war klar, warum die Vögel sich dort wohl fühl-

ten: Das zur DDR gehörende „Niemandsland" durfte - nomen est omen - von niemandem betreten werden, auch nicht vom „Westen" aus. Lediglich „Grenzaufklärer" der DDR durchstreiften ab und zu das einsame Gelände, das der besseren Übersicht halber alle paar Jahre von einer Pioniereinheit von Gehölzaufwuchs befreit wurde. Für Arten des Offenlandes, die in der tot gespritzten und flurbereinigten Agrarwüste keine Überlebensmöglichkeit mehr fanden, seien die Grenzbiotope ein Dorado, sagt Kai. Und das wäre noch längst nicht alles.

Entlang der 1393 km langen Grenze gebe es viele stille Winkel, und zwar nicht nur im Sperrgebiet der DDR, sondern auch im „Westen", dort, wo Grenzzipfel die Bewirtschaftung unrentabel machten und Flächen unberührt im Schatten der Grenze liegen. Es gelte also, resümiert Kai, dieses Naturpotential als grünes Band und als ökologisches Rückgrat Mitteleuropas zu sichern sowie durch Ausweisung grenzüberschreitender Schutzgebiete auszubauen. Und um Nägel mit Köpfen zu machen, hat Kai gleich den Entwurf für eine Grüne-Band-Resolution mitgebracht. Kai erhält ungeteilte Zustimmung. Seine Resolution wird im Plenum ohne Gegenstimmen und Enthaltungen angenommen, die einzige übrigens an diesem denkwürdigen Tag. Die Presse kommt, der Reporter der Frankenpost macht Fotos. Ein Journalist vom Bayerischen Rundfunk stellt Fragen. Zahllose Einzelgespräche werden geführt und ebenso viele Einladungen ausgesprochen. Nur langsam streben Ost- und Westdeutsche wieder in ihre Lande. Kai und Hubert sind erschöpft, aber glücklich. Das war die Geburtsstunde für ein gesamtdeutsches Naturschutzprojekt, ein Projekt mit einer völlig neuen Größenordnung, das Grüne Band Deutschland, ein 1400 km langer Biotopverbund.

Gründes Band in der Argrarlandschaft, Südharz bei Mackenroth

Von Wismarer Fischern und Kirchen, dem westlichsten Seebad der DDR und einem deutsch-deutschen Schriftsteller

„Wismar", tönt der Zuglautsprecher, „Endstation, bitte alle aussteigen." Bremsgeräusche, ein Ruck, der Regionalexpress 38258 Berlin – Wismar kommt zum Stehen. Wolfgang bugsiert sein voll bepacktes Fahrrad durch den Ausstieg und hievt es hinunter auf den Bahnsteig. Ich bleibe mit meinen Packtaschen an der Tür hängen. Da der Zug nicht weiterfährt, löse ich das Problem ohne Hektik und kurz darauf stehe ich startbereit neben Wolfgang. Die meisten Mitreisenden sind am Ziel oder wollen in eines der umliegenden Seebäder. Wir wollen auf große Fahrt. Wismar ist für uns nur der Auftakt einer Reise, in deren Verlauf wir den nördlichsten Abschnitt des Grünen Bandes Deutschland erkunden wollen, den Natur gewordenen Grenzstreifen der DDR, der sich von der Elbe über die lauenburgischen Seen und Lübeck nach Travemünde, zur Ostsee, zieht. Von Wismar bis Travemünde sind es fast 50 km. Bis zum nördlichsten Punkt der ehemaligen innerdeutschen Grenze, am Strand zwischen Travemünde und dem mecklenburgischen Dorf Pötenitz, müssen wir also ordentlich in die Pedale treten. Doch Wolfgang, der in Ostberlin aufgewachsen ist, wollte sich dem Grünen Band von der mecklenburgischen Seite her nähern. Für ihn sind damit Erinnerungen an die Zeit verbunden, als er als „Junger Naturforscher" an „Expeditionen" nach Boltenhagen, dem westlichsten Seebad der DDR, teilgenommen hat. Später ist Wolfgang mit dem Paddelboot auf abenteuerliche Weise über die Ostsee nach Dänemark geflüchtet.

Zudem können wir so den einzigen Abschnitt der ehemaligen DDR-Küste erkunden, der wie die DDR-Staatsgrenze West mit einem Grenzzaun abgeriegelt war. Dieser Zaun zog sich über 20 km vom Priwall über die Kliffs und Strände des Klützer Winkels bis kurz vor das Seebad Boltenhagen. Die Orte zwischen Travemünde und Boltenhagen waren also vom Strand abgeschnitten und dementsprechend ruhig war es an der Küste. Während östlich und westlich die touristische Entwicklung die Strände förmlich überrollte, entstand hier ein Natur-Refugium. Zwei Jahrzehnte sind seit dem Fall der Grenze vergangen und auch im Klützer Winkel regt sich der Tourismus. Doch bis auf die Boltenhagener Hotelanlage „Weiße Wiek" blieb die Küste des Klützer Winkels von Großprojekten verschont. Wir haben also ausreichend Gründe, um auf dem Ostseeradweg von Wismar nach Travemünde zu radeln.

Der Bahnhof von Wismar ist nicht besonders groß, aber schließlich ist Wismar eine Hansestadt und Ostseemetropole und kein Bahnknotenpunkt. Und da der Hafen um die Ecke liegt, nutzen wir die Gelegenheit, um gleich zu Beginn unserer Tour etwas Seeluft zu schnuppern. „Bahnhofstraße",

„Wasserstraße", „Am Hafen". Die Straßennamen ersetzen den Wegweiser. Fünf Minuten später stehen wir am Kai des alten Hafens. Drei Kutter haben hier festgemacht und bieten Räucherfisch, frischen Hering und Garnelen an. Weißer Rauch quillt empor. Es riecht nach Lagerfeuer. Auf dem Kutter rechts holt der Fischer gerade seine Aale aus der Räucherkammer. Wolfgang zückt sein Portemonnaie. Und während er seinen Aal bekommt, bin ich schon beim nächsten Kutter und schaue mir die Auslagen an. Da liegen Schillerlocken, Kieler Sprotten, geräucherte Garnelen, Heilbutt- und Lachsecken fein säuberlich sortiert und in Kisten verpackt nebeneinander. Eine mollige Blondine nimmt Heringe aus. Das ist es! Ich kaufe zwei frisch gebratene Heringe. Heilbutt und Lachs kann man auch im Binnenland kaufen, aber so etwas Delikates wie fangfrisch gebratene Heringe bekommt man nur an der Küste.

Auf einer Bank lassen wir uns Wismars Spezialitäten schmekken. Wolfgang meint sich zu erinnern, dass zu DDR-Zeiten am Hafen mehr Betrieb gewesen sei, was unser Aalverkäufer bestätigt. Die meisten Fischer der ehemals stattlichen Fangflotte hätten nach der Wende aufgegeben. Um konkurrenzfähig zu bleiben, seien sie gezwungen gewesen, ihre Boote zu modernisieren und dafür fehlte das Kapital. Doch habe man wenigstens die Wismarer VEB Mathias-Thesen-Werft über die „Wende" gerettet. Mit 1300 Beschäftigten sei sie der größte Arbeitgeber in der Region und halte Wismar am Leben. Und dann gebe es noch einen großen Holz verarbeitenden Betrieb, der skandinavische Kiefern und Fichten zu Schnittholz verarbeitet. Die Firma habe ihren Stammsitz in Österreich und sei nach der Wende hierher gekommen, hoffentlich nicht nur wegen der Fördermittel. Die Arbeiter seien etwas verunsichert. Schließlich habe es dort letzthin Kurzarbeit gegeben.

Wir brechen auf. Unser heutiges Etappenziel ist Klütz, die kleine Stadt mit dem großen Schloss,

das kulturelle Zentrum des Klützer Winkels. Drei km hinter Klütz, bei Steinbeck, nahm der Grenzzaun seinen Anfang, dort treffen wir auf das Grüne Band. Der Weg nach Klütz führt durch die Altstadt von Wismar, durch gepflasterte Gassen mit gut restaurierten Bürgerhäusern und alten Speichern. Hinter den mannigfaltigen Fassaden von Backsteingotik, Renaissance und Barock verbergen sich keine potemkinschen Dörfer. In der Altstadt ist Leben. Hier wohnt man. Hier findet man alles für das tägliche Leben: vom Kaufhaus über den Bioladen bis zur nicaraguanischen Kafferösterei. Dazu eine Gastronomie, an der sich manch westdeutsche Stadt messen muss. Und dann die Kirchen Wismars, St. Nikolai, St. Georgen, das ehemalige Heilige-Geist-Spital, dazu die Wasserkunst, der Fürstenhof, das „Gewölbe"... Obwohl sich unsere Stadtdurchquerung durch das ständige „Mensch, schau mal!" über zwei Stunden hinzieht, sind wir der Meinung, bei weitem nicht alles gesehen zu haben.

Schwedenköpfe

Wismar en passant

Wismars Geschichte ist eng mit der Ostsee verbunden. Dafür steht der Name des in Wismar geborenen Klaus Störtebecker, der im Jahre 1380, dem „Wismarer Buch der Ächtungen" zufolge, nach einer üblen Rauferei aus der Stadt verwiesen wurde. Dafür stehen Generationen von Kaufleuten, die von Wismar aus den Handel der Hanse mit Skandinavien und dem Baltikum organisierten. Über die Ostsee kamen die Dänen, die die Stadt mehrfach überfielen. Und von 1648-1806 wurde Wismar von Stockholm aus regiert. Wismar gehörte über 1 ½ Jh. zum Königreich Schweden. Heute steht in Wismar eine der größten Werften Deutschlands und an den Kais des Überseehafens werden vor allem Waren aus den skandinavischen Ländern gelöscht. Ausgangspunkt für „Wismar en passant" ist das Hafengelände. Über das ehemalige Hafenviertel geht es zum höher gelegenen Stadtzentrum und zur Lübschen Straße (Lübecker Straße), über die der Ostseeradweg Richtung Travemünde führt.

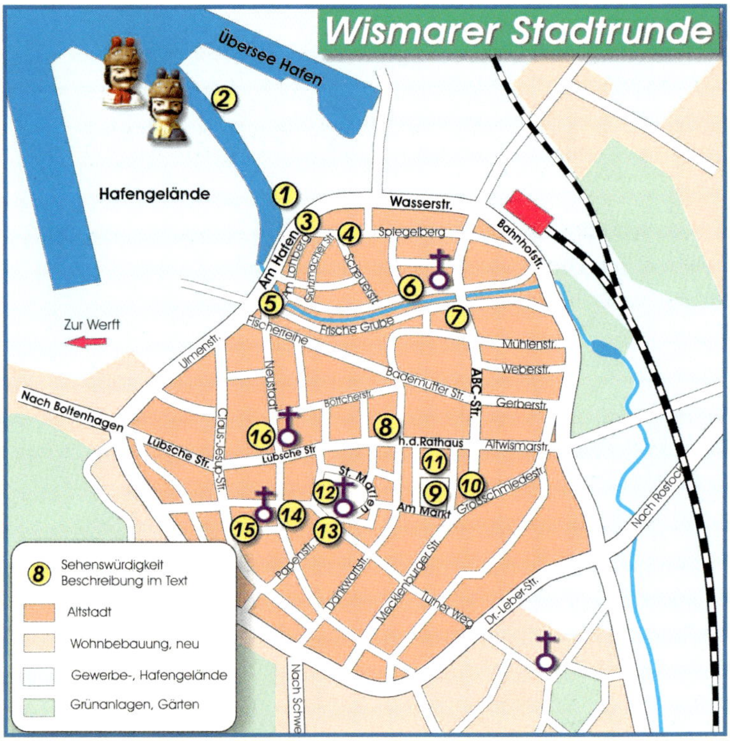

1. Fischkutter und Fischverkauf am **Alten Hafen**.
   Am Hafenbecken entlang zum „Baumhaus"

2. Am **„Baumhaus"** befand sich ein großer Balken oder Baum, mit dem die Hafeneinfahrt abgesperrt werden konnte. Das Portal des barocken Hauses wird von „Schwedenköpfen" flankiert, die ehemals die Markierungen der Hafeneinfahrt zierten.
   Zurück zur Stadt und zum Wassertor

3. Das **Wassertor** ist Bestandteil der ehemaligen Stadtbefestigung.
   Durch die spitzbogige Tordurchfahrt in die Stadt

4. **Bürgerhäuser** und **ehem. Speicher** aus dem 16.-19. Jh. in den Straßen Am Lohberg, Am Spiegelberg und in der Scheuerstraße (Brauhaus Konsul Häussler). Am Lohberg 15 das Brauhaus kleine Hohe, in

Wassertor

Alter Speicher „Am Spiegelberg"

dem seit 1995 wieder Bier gebraut und ausgeschenkt wird. *Über die Straßen „Am Lohberg" und „Runde Grube" zum „Gewölbe".*

5. Das **„Gewölbe"** ist ein spätmittelalterliches Fachwerkhaus, das als Bestandteil der Wehranlage die Grube, einen Mühlenkanal, überspannt. *Am Mühlenkanal entlang zur Kirche St. Nikolai.*

6. **St. Nikolai**. 1380-1508 erbaute Kathedrale mit einem ungewöhnlich steil aufragenden Kirchenschiff. *Auf die gegenüberliegende Seite des Mühlenkanals wechseln.*

7. Das **Schabbell-Haus**. Ende des 16. Jh. im Stil der Renaissance errichtetes Wohn- und Brauhaus für den Kaufmann und späteren Bürgermeister Heinrich Schabbell. Heute ist hier das Stadtmuseum untergebracht. *Über die ABC-Straße zur Fußgängerzone. An der Ecke zur Altwismarstraße rechts abbiegen und ca. 50 m auf der Straße.*

8. An der Kreuzung „Hinter dem Rathaus" – Krämerstraße - Lübsche Straße befindet sich das **Stammhaus der Karstadt AG**. Im Jahre 1881 eröffnete Rudolph Karstadt in Wismar sein erstes „Tuch-, Manufaktur- und Confectionsgeschäft". Das jetzige Wismarer Kaufhaus wurde 1907 in Stahlskelettbauweise errichtet. *Über einen Durchgang in ca. 30 m zum Marktplatz.*

9. Am Marktplatz befindet sich die **Wasserkunst**, ein Brunnenhaus, das um 1600 nach Plänen des Schabbelhaus-Baumeisters Brandin aus Utrecht errichtet wurde. Die Wasserkunst steht über einem unterirdischen Wasserreservoir, von dem Leitungen zu den Brauhäusern und anderen Großverbrauchern liefen.

10. Gegenüber der Wasserkunst befindet sich ein um 1380 erbautes Bürgerhaus, das sich durch eine formenreiche Backsteinkunst auszeichnet. Seit 1878 ist hier das Gasthaus **„Alter Schwede"** untergebracht, in dem Seeleute zahlreiche Mitbringsel hinterlassen haben.

11. Nach Norden schließt der Marktplatz mit dem 1819 im klassizistischen Stil errichteten **Rathaus** ab. Unter dem Gebäude befindet sich ein **gotischer Gewölbekeller**, der besichtigt werden kann. Auch die mittelalterliche Gerichtslaube blieb erhalten. *Über die Sargmacherstraße, in der sich die nicaraguanische Kaffeerösterei befindet, zum St.-Marien-Kirchhof.*

12. Die **Marienkirche** war einst die Hauptkirche der Stadt. Während eines Alliierten-Bombenangriffs im April

„Gewölbe"

Fassade von St. Nicolai

1945 wurde das Kirchenschiff beschädigt. Eine von der Evangelischen Kirche immer wieder angemahnte Sanierung unterblieb. Im August 1960, ein Jahr vor dem Mauerbau, wurde das Gebäude bis auf den Turm gesprengt. Die Direktive dazu kam vom Rat des Bezirkes Rostock und dessen Vorsitzenden und späteren Mitglied des SED-Politbüros Harry Tisch. Ein Wismarer Baumeister hatte dem Rat der Stadt die Wiederherstellung angeboten. Zahlreiche Bürger sprachen sich für die Rettung von St. Marien aus. Doch nach einer Kampagne in der Ostseezeitung und mehreren Debatten beschloss der Rat der Stadt, den Vorgaben der Parteileitung zu folgen und die im Krieg beschädigte Kirche abzureißen. Das anfallende Material sollte für den Wiederaufbau an anderer Stelle eine gesellschaftlich sinnvolle Verwendung finden. Ausführliche Infos unter *www.wismar-marien.de*

Bürgerhaus „Alter Schwede"

13. Gegenüber dem Turm der zerstörten Marienkirche befindet sich das um 1450 im Stil der Backsteingotik errichtete **Haus des Archidiakons** (Vertreter des Bischofs), das durch seinen reich gegliederten und mit Windlöchern verzierten Staffelgiebel hervorsticht.
Über die Kellerstraße an St. Marien vorbei in 3 Minuten zum Fürstenhof.

14. Der **Fürstenhof** wurde im 16. Jh. erbaut und diente den Herzögen von Mecklenburg bis zum Beginn der schwedischen Besatzung als Residenz. Das Gebäude ist reich mit Terracotta ausgestattet.
Von „Vor dem Fürstenhof" 50 m weiter zum „St.-Georgen-Kirchhof".

15. Mit dem Bau der **St.-Georgen-Kirche** wurde im 13. Jahrhundert begonnen. In der über 200 Jahre währenden Bautätigkeit wurden die Ziele immer höher gesteckt. Man strebte Monumentales an, brachte letztendlich aber nur Fragmentarisches zustande. Doch das Unvollendete macht den Reiz dieses Gotteshauses aus. Im zweiten Weltkrieg wurde St. Georgen wie die benachbarte Marienkirche schwer beschädigt. Nach der Sprengung von St. Marien ging der Rat der Stadt Wismar die Verpflichtung ein, St. Georgen zu restaurieren. Doch man ließ das Dach des Kirchenschiffs einstürzen und St. Georgen avancierte zur größten Kirchenruine Deutschlands. 1990 wurden von einem Förderkreis Millionen aufgebracht und der

Ruine der Marienkirche

St.-Georgen-Kirche zu DDR-Zeiten (ohne Dach), im Hintergrund Plattenbauten von Wendorf

St.-Georgen-Kirche im Jahr 2008

Decke der Heiligen-Geist-Kirche

Wiederaufbau dieses kulturhistorisch bedeutenden Denkmals konnte beginnen. *Über die „Große Hohe Straße" zur „Lübschen Straße".*

16. An der Ecke „Lübsche Straße" / „Neustadt" trifft man auf die **„Heilige-Geist-Kirche"**, ein nahezu vollständig erhaltenes mittelalterliches Hospital. Im 16. Jh. verlegte man die Krankenpflege in das Dominikanerkloster. Seitdem dient der Bau allein dem Gottesdienst. Im Innern der Kirche existieren reich verzierte Deckenbalken und ein mittelalterliches „Buchstabenrätsel", ein Fresko mit 504 realisierbaren Varianten zu „DEO GRACIAS". (Gott sei Dank)

Radler Richtung Travemünde/Lübeck folgen von hier dem Ostseeradweg, der über die Lübsche Straße zur Stadt hinaus führt.

Expedition Seewasser

Die letzten Häuser von Wismar liegen hinter uns. Möwengeschrei und Seewind. Der Ostseeradweg führt direkt am Ufer entlang. In Hoben, einem kleinen Ort mit reetgedeckten Häusern, legen wir eine Rast ein. Wolfgang holt sein Fernglas heraus und blickt einem Trupp Kormorane hinterher, der dicht über den Wellen zielstrebig nach Westen zieht.

„In den fünfziger Jahren war ich mehrmals da drüben, auf der Insel Poel", sagt Wolfgang und zeigt auf die sich im Norden abzeichnende Küstenlinie. „Wir haben dort nordische Zug- und Rastvögel beobachtet, Singschwäne, Kraniche und dergleichen. Mit der „Expedition Seewasser" sind wir auch nach Boltenhagen gekommen, dem westlichsten Seebad der DDR. Organisiert wurden die Fahrten von der Organisation „Junge Naturforscher" in Berlin-Lichtenberg". Die Lichtenberger Station war bestens ausgerüstet und verfügte neben Volieren und Terrarien sogar über ein Seewasser-Aquarium. Als ich 16 Jahre alt war, hat man mir und meinem zwei Jahre älteren Kumpel die ehrenvolle Aufgabe übertragen, in der Wismarer Bucht für das Aquarium Seefische zu besorgen und sie lebend nach Berlin zu transportieren".

„Warum haben sie Dich so weit in den Westen in die Nähe der Grenze und nicht nach Rügen oder nach Prerow geschickt?"

„Weil in der Wismarer Bucht wesentlich mehr Seewasserfische vorkommen als bei Rügen. Je weiter man an der Ostsee nach Westen vordringt, desto höher ist der Salzgehalt des Wassers. Das liegt an dem zuströmenden Wasser der Nordsee. Bei Rügen leben kaum noch Seefische. Außerdem hatte man damals keine Angst, dass sich Berliner auf ein Fluchtabenteuer einlassen. Wir brauchten nur in der Friedrichstraße in die S-Bahn einzusteigen und eine Station weiterfahren, schon waren wir im „Westen". Also, wir sind damals zu zweit mit 15 leeren Milchkannen im Gepäck mit dem Zug bis Wismar gefahren. Ein Laster der bei Boltenhagen stationierten NVA hat uns am Bahnhof abgeholt und uns mit unserem umfangreichen Gepäck in das Seebad mitgenommen.

In Boltenhagen heuerten wir bei einem Fischer an, mit dem wir eine Woche unterwegs waren. Jeden Morgen um 5 Uhr ging es mit dem Kutter hinaus auf See. Der Fischer war auf Aale und Flundern aus und arbeitete dazu mit einem

Auf dem Ostseeradweg zum ehemaligen Grenzstreifen

DDR-Fischkutter

engmaschigen Netz, der Drätsche, die er im flachen Wasser über den Grund zog. Wir haben damals gelernt, wie man die glitschigen Aale aus dem Netz zieht, ohne sie wegflutschen zu lassen. Von dem Beifang, der aus kleinen Fischen bestand wie Grundeln, Seeskorpionen, Seestichlingen, Seenadeln und Seehasen sowie aus Jungfischen von Dorsch, Steinbutt, Flunder und Scholle, haben wir uns das Beste ausgesucht und in unsere mit Seewasser gefüllten Kannen gesteckt. Auch ein paar Seesterne, Seescheiden, Garnelen und Strandkrabben haben wir mitgenommen. Mit dem LKW ging es dann wieder nach Wismar. Im Nachtzug nach Berlin hatte man für uns extra ein ganzes Abteil reserviert. Um die Fische mit Sauerstoff zu versorgen, haben wir die ganze Nacht eine Fußballluftpumpe betätigt und Luft in die Kannen gepumpt. Wenn mir damals jemand gesagt hätte, dass ich später Republikflucht begehen würde, hätte ich ihn völlig ungläubig und fassungslos angeschaut. Die Zeit bei den Jungen Naturforschern hat uns allen großen Spaß gemacht."

Ostseewasser: Nordseesalzstrom kriecht unter Flusswasser

Von Brackwasser, Robben und Meeresfischen

Oder, Weichsel, Memel und zahlreiche schwedische Flüsse führen beständig große Mengen Süßwasser in den östlichen und nördlichen Teil der Ostsee. Über das Kattegat, den Öresund, den Großen und Kleinen Belt strömt salziges Nordseewasser in die Ostsee, wo es sich mit Süßwasser zu Brackwasser vermischt. Im Skagerrak und im Kattegat ist das Wasser noch so salzig wie in der Nordsee und im Weltmeer. Die Salzkonzentrationen liegen bei 3,5 %. In der Lübecker Bucht ist das Wasser mit nur 1,5 % Salz schon brackig. Vor Rügen sinkt der Salzgehalt auf 0,8 %, im Finnischen Meerbusen auf 0,5-0,3 %.

Die Abnahme der Salzkonzentrationen erfolgt sprunghaft, was vor allem an der Gliederung der Ostsee in Becken und Schwellen liegt. Die Lübecker Bucht, die mit dem Großen Belt in Verbindung steht, ist ein flaches Becken, mit Tiefen von maximal 26 m. Trotz der geringen Tiefe entsteht beim Einstrom des Salzwassers eine Schichtung. Das gegenüber dem Süßwasser schwerere Salzwasser reichert sich am Grund der Bucht an. Während am Boden Salzgehalte von 2-2,5 % vorkommen, liegen die Werte an der Oberfläche bei etwa 1-1,5 %. Bei anhaltendem Einstrom von Salzwasser

Dorsch

Scholle

Heringsschwarm

steigen die Salzwasserspiegel in der Lübecker und Mecklenburger Bucht so lange an, bis die bei Rostock liegende Darßschwelle (sie reicht bis 18 m an den Meeresspiegel heran) überspült wird. Nun stürzt Salzwasser in das bis 100 m tiefe Bornholmer Becken. Erst wenn auch dieses Becken gefüllt ist, läuft Salzwasser in das Gotlandbecken. Stürme vermischen das salzhaltige Tiefenwasser mit dem salzarmen Oberflächenwasser, wobei der Konzentrationsausgleich in der flachen Lübecker Bucht rascher vonstatten geht als in den tieferen Bekken.

Meeresfische können im Süßwasser nicht überleben. Besonders empfindlich ist der Dorsch (Kabeljau), der bei Salzkonzentrationen unter 1 % nicht mehr vorkommt. Östlich von Rügen ist die See also kein Dorschgewässer mehr. Für Hering, Sprotte, Seehase, Seeskorpion und Scholle liegt die Grenze bei einer Salzkonzentration von 0,6 %. Diese Fische dringen daher in die östliche Ostsee vor und leben auch im Bereich der Haffe und Flussmündungen, z.B. in den Grüne-Band-Gebieten Traveförde, Pötenitzer Wiek und Dassower See.

Im Gegensatz zu den Fischen können Meeressäuger wie Robben in der gesamten Ostsee leben. Drei Arten sind in der Ostsee heimisch: Kegelrobbe, Seehund und Ringelrobbe. Während die Kegelrobbe in der mittleren und nördlichen Ostsee ihren Verbreitungsschwerpunkt hat, ist die Ringelrobbe auf die Baltische See und den Finnischen Meerbusen beschränkt. Der Seehund wiederum ist eher in der Nordsee verbreitet und kommt daher nur in der westlichen Ostssee mit derzeit gerade einmal 250 Exemplaren vor. Am häufigsten ist

Kegelrobe

Seehund

die Kegelrobbe. Anfang des vergangenen Jahrhunderts waren Kegelrobben in der Ostsee mit ca. 100.000 Exemplaren weit verbreitet. Doch da Robben Fische fressen, wurden sie gnadenlos verfolgt und in der westlichen Ostsee beinahe ausgerottet. 1930 war der Bestand auf ca. 20.000 Tiere zurückgegangen, 1985 waren es gerade einmal 1.500 Exemplare. Rückzugsgebiete fanden die Robben an den Küsten Finnlands, Schwedens und an den dänischen Inseln. Inzwischen ist der Bestand wieder auf ca. 5.500 Tiere angewachsen. Auch in der Lübecker Bucht wurden wieder Kegelrobben gesichtet. Selbst Seehunde tauchten wieder auf, doch handelt es sich bisher nur um Einzelexemplare, meist junge Männchen. Eine Wiederansiedelung von Robben an unserer Küste ist bisher am Widerstand der Fischer gescheitert. Dabei wären Robben ein echter Magnet für den Naturtourismus.

Republikflucht mit dem Paddelboot

„Aber zwei Jahre nach dem Mauerbau", fährt Wolfgang nach einer kurzen Pause fort, „ich war 25, sah ich die Welt mit anderen Augen. Anfang Oktober 1963 bin ich mit Frank in Berlin losgefahren. Mit einem gemieteten Wartburg ging es an die Ostseeküste, nach Zingst bei Prerow, im Gepäck ein Zweier-Faltboot der Marke Kolibri. Das Befahren der Küstengewässer mit „Schwimmkörpern" (Booten, Luftmatratzen etc.) war zwar verboten, aber falls sie uns kontrollierten, hätten wir gesagt, dass wir noch weiter wollten, zum Paddeln an die Müritz. Übernachtet haben wir in der Jugendherberge Zingst. In einem nahe gelegenen Küstenschutzwald haben wir unser Boot aufgebaut und es unter mannshohem Adlerfarn und Heidekraut versteckt."

„Durfte jeder DDR-Bürger an die Küste fahren, wann und wohin er wollte, auch nach dem Mauerbau?"

„Wann er wollte, ja. Aber bei dem Wohin gab es Einschränkungen. Lange Strandabschnitte waren militärisches Sperrgebiet. Man erreichte so, dass sich die Urlauber an bestimmten Stränden konzentrierten und die Küste besser überwacht werden konnte. Zudem hatte man die Badestrände mit Wachttürmen bestückt und Grenzsoldaten liefen zwischen den Urlaubern Patrouille. Nachts durfte der Strand nicht betreten werden. Das wussten wir natürlich alles und deshalb warteten wir auf schlechtes Wetter. Erst bei Nebel wollten wir lospaddeln. Von Zingst bis zur dänischen Insel Falster sind es ca. 40 km. Das war im Laufe der Nacht zu schaffen. Zunächst wollten wir zwei bis drei Stunden nach Norden paddeln, und dann Kurs auf West nehmen. Bei einer diagonalen Route hätte die Gefahr bestanden, an Falster vorbeizupaddeln. Schiffsbegegnungen wollten wir nach Möglichkeit aus dem Weg gehen, denn oft genug waren Bootsflüchtlinge von polnischen oder anderen osteuropäischen Schiffen aufgegriffen und an die DDR-Behörden ausgeliefert worden.

Unser Plan war also gut durchdacht. Doch statt Nieselregen schien die Sonne und anstelle von Nebel hatten wir Mondschein. Und das Tag für Tag. Ständig hockten wir vor Franks Kofferradio und lauschten dem Wetterbericht. Doch es tat sich nichts. Goldener Oktober. Nach fast zwei Wochen zermürbenden Wartens musste der Wartburg zurück nach Berlin. Die Mietzeit ging zu Ende und unsere Devise war: nur nicht

Ostsee bei Prerow (Darß)

Wolfgang mit Fluchtboot

auffallen. Also fuhr Frank mit dem Auto nach Berlin. Ich blieb vor Ort und mimte den Botaniker und tat so, als ob ich Küstenvegetation kartierte. Dabei warf ich von Ferne angstvolle Blicke auf unser Bootsversteck. Endlich war Frank wieder da. Er war von Berlin aus getrampt. Um nicht aufzufallen, mieteten wir uns nun bei privaten Leuten im Fischland ein.

Noch in der selben Woche ging das ruhige Herbstwetter zu Ende. Wolken zogen auf, es nieselte, Nebel kam hinzu. Bei Einbruch der Dämmerung waren wir am Boot. Sobald es dunkel war, ging es aufs Wasser. 12-13 Stunden sind wir übers Meer gepaddelt, wobei wir erheblich mit dem Wellengang zu kämpfen hatten. Die Wellen kamen, solange wir nach Norden fuhren, schräg angerollt. Mehrmals schlugen Brecher über das Boot. Ohne Spritzdecken wäre die Fahrt nicht möglich gewesen. Dazu der Nieselregen. Ich hatte nur einen Wollpullover an. Bald waren wir völlig klamm. Mit Hilfe eines Traubenzucker-Energietrunks hielten wir uns jedoch einigermaßen fit. Nach ca. 3 Stunden klarte es auf und ich erkannte das ca. 30 km entfernte Leuchtfeuer von Gedser. Also Kurs auf West und volle Fahrt voraus. In der Morgendämmerung ereichte unser Boot unweit des dänischen Militärhafens Gedser den steinigen Strand. Wir zogen das Boot an Land und meldeten uns im Militärcamp.

Die Dänen nahmen uns freundlich auf. Heiße Dusche, trockene Wäsche und warme Getränke. Die Dänen bargen inzwischen das Boot und brachten uns unsere Habseligkeiten. Danach wurden wir in einem Militärfahrzeug in das Gefängnis von Nyköping eskortiert, wo wir uns in einer bequemen Zelle erst einmal ausschliefen. Der Gefängnisdirektor selbst kam mit Schokolade und Kaffee und hörte sich unsere Geschichte an. Wir mussten bestätigen, dass wir illegal eingereist waren und dass wir einer Ausweisung in die Bundesrepublik Deutschland zustimmen, dann ging es über die Vogelfluglinie zu den deutschen Behörden, nach Lübeck und in das Auffanglager Gießen, wo wir zahlreiche Befragungen hinter uns bringen mussten. Als wir diese Prozedur endlich hinter uns gebracht hatten, bin ich zurück nach Berlin, natürlich mit dem Flieger und in den Westteil der Stadt, auf die andere Seite der Mauer."

Wie aus einer NVA-Basis eine Marina wird

Durch blühende Rapsfelder mit Ausblicken über die Wismarer Bucht und zur Naturschutz-Insel „Walfisch" radeln wir durch hügeliges Land. Auf einer Anhöhe, etwas abseits des Ostseeradwegs, steht die Dorfkirche von Hohenkirchen, ein wuchtiger Backsteinbau aus dem 15. Jahrhundert, der weit über das Land schaut und sich den über die Ostsee fegenden Winterstürmen trotzig entgegen stellt (Punkt 1 Karte S. 18). Der Kirchhof grenzt an die Feldflur. Beerdigung mit Lerchengesang und Blick auf die See. Auf der Landstraße rollen wir zum Wohlenberger Wiek hinunter, wo es direkt am Strand entlang geht. Dann führt uns der Ostseeradweg wieder durch die Feldflur. Auf einem Hügel bleibt Wolfgang stehen und weist in östliche Richtung. „Da hinten liegt die Halbinsel Tarnewitz (Punkt 2). Dort war die Marineeinheit stationiert, die uns bei dem Transport der Fischkannen behilflich war."
„Da waren keine Grenzsoldaten stationiert?"
„Zunächst nicht. Die Grenzbrigade kam erst nach dem Mauerbau."
Wir radeln in das zweitälteste Seebad der Ostsee hinein. Ein Quartier ist schnell gefunden, noch ist Vorsaison. Während der Sommermonate sei es hier proppevoll, erklärt uns die Wirtin. Und das sei auch zu DDR-Zeiten so gewesen. In dieser Hinsicht hätte sich nicht viel geändert. Nur der Service wäre jetzt besser. Stundenlanges Warten und Schlangestehen für ein Eis oder ein Abendessen, das sei passé.

Literaturhaus „Uwe Johnson“

„Was ist eigentlich aus dem Militärgelände auf der Halbinsel Tarnewitz geworden?“
„Das hat man für den Naturschutz sichergestellt. Ich weiß gar nicht, was die da schützen wollen? Da ist doch fast alles zubetoniert! Na, jedenfalls haben sie uns jetzt den alten Militärhafen zu einer Marina umgebaut und der TUI-Konzern hat dort für zig Millionen ein Dorfhotel errichtet. Vom Feinsten, sage ich Ihnen.“

Am nächsten Morgen radeln wir nach Klütz, zum kulturellen und wirtschaftlichen Zentrum des Klützer Winkels, in ein Landstädtchen inmitten der fruchtbaren Hügellandschaft, die die eiszeitlichen Gletscher an der Küste hinterlassen haben. Eine gepflasterte Hauptstraße, über die Lieferwagen und LPG-Traktoren rattern, ein Restaurant, von dem aus man den Verkehr beobachten kann, ein dicker Kirchturm, dessen Dach von Klützer Einwohnern mit einer Bischofsmütze verglichen wird – die Klützer sind Protestanten – und ein ehemaliger Getreidespeicher, in dem das Touristenbüro untergebracht ist. Dazu Bürgerhäuser aus Backstein und am Ortsrand ein Schloss der früheren Großgrundbesitzer – insofern der Inbegriff einer mecklenburgischen Kleinstadt.

Mutmaßungen über Uwe Johnson

Doch etwas ragt da heraus. Und dieses Etwas findet man, direkt neben dem Marktplatz, im 1. und 2. Stock des ehemaligen Getreidespeichers: eine Ausstellung über das Leben und das Werk von Uwe Johnson, einem in Mecklenburg beheimateten Literaten, der in seinen Romanen die Problematik von Deutschen in ihrem zweigeteilten Land schildert und der neben Wolf Biermann und Jürgen Fuchs zu den „Linken“ der DDR-Widerständler gehörte. Dass Uwe Johnson ein Problem mit der staatlichen Vorgehensweise beim Aufbau des Sozialismus hatte, zeigte sich schon während seiner Studentenzeit. Im Frühjahr 1953, er war 18 Jahre alt, wird der Leipziger Studentenschaft eine Kampagne gegen die evangelische „Junge Gemeinde“ verordnet. Vor der „Großversammlung der FDJ-Gruppe Philosophische Fakultät“ erklärt Johnson, dass dies gegen die DDR-Verfassung verstoße. Der staatliche Apparat reagiert umgehend: Uwe Johnson wird exmatrikuliert. Im Gegenzug tritt Johnson aus der „Freien Deutschen Jugend“ aus, ein mutiger Schritt, der nicht gerade Karriere fördernd war.

Im Herbst 1959 wird sein Roman „Mutmaßungen über Jakob“ vom westdeutschen Suhrkamp-Verlag veröffentlicht. In der DDR hat man den Druck seines Werkes abgelehnt. Auf der Frankfurter Buchmesse wird der Roman enthusiastisch aufgenommen und

westdeutsche Kritiker stellen ihn in die Reihe von Werken wie „Billard um halbzehn" von Heinrich Böll und „Die Blechtrommel" von Günter Grass. „Mutmaßungen über Jakob" handelt vom Leben im geteilten Deutschland. Der aus dem mecklenburgischen „Jerichow" stammende Eisenbahner Jakob gerät in Konflikt mit der Staatssicherheit und folgt seiner Jugendliebe, Gesine Cresspahl, die 1953 der DDR den Rücken gekehrt hat, in den Westen. Doch in der BRD fühlt er sich nicht wohl und er kehrt in die DDR zurück. Wenige Tage später wird er auf dem Weg zur Arbeit von einem Zug erfasst und getötet. Auch in den Folgewerken geht Johnson kritisch auf die Verhältnisse in der DDR ein und so drängt man ihn zur Ausreise. 1959 siedelt er nach Westberlin über. Ein Jahr lang arbeitet er als Lektor in New York. Seit 1974 lebte er in England, wo er 1984 im Alter von 50 Jahren an Herversagen starb.

Auch in den Romanen und Erzählungen, die in der Fremde entstanden, stehen die Lebensumstände in der DDR im Fokus. In den „Jahrestage(n)" erinnert sich die Wahl-New Yorkerin Gesine Cresspahl an ihre Kindheit und Jugend im mecklenburgischen „Jerichow", dem „Jerichow" des Rangierers Jacob. Johnson hat seinem fiktiven Ort zahlreiche topographische Merkmale von Klütz angedichtet. Die hinter dem Bruchwäldchen liegende Ostsee, die nahe Grenze am Dassower See, der kleine Bahnhof und die Bahnhofsgaststätte und selbst der bischofsmützige Kirchturm kommen vor. Durch Uwe Johnsons Werk hat das kleine Klütz Eingang in die Literatur gefunden, wenn auch nur in verdeckter und nicht immer stimmiger Form – in „Jerichow" finden sich auch Merkmale von Güstrow. Und Klütz ist dankbar: Aus einem Getreidespeicher wurde ein Literaturhaus „Uwe Johnson", in dessen Ausstellungsräumen Lesungen, Workshops und Diskussionen veranstaltet werden. *www.literaturhaus-uwe-johnson.de*

Schloss Bothmer und die Gabe der Improvisation

Mit dem Besuch des Literaturhauses hat sich unser Abstecher nach Klütz bereits gelohnt. Doch Klütz bietet mehr: ein barockes Schloss, das ein gewisser Graf von Bothmer erbauen ließ. Bothmer muss sehr reich gewesen sein, denn er hat dem alteingesessenen Adel den gesamten Grund und Boden abgekauft. Dementsprechend großzügig ist der Bau seines Schlosses ausgefallen, das man, wie könnte es anders sein, über die Schlossstraße erreicht. Dabei radeln wir unweit des verwaisten Bahnhofs von „Jerichow" - pardon Klütz - vorbei. Eine bemerkenswerte Allee kommt ins Blickfeld. Über 200 Jahre alte spalierartig gezogene Linden ziehen sich vom Schloss über einen Hügel zum nächsten Dorf. Wir überqueren einen breiten Wassergraben, der das Schloss mitsamt seiner Parkanlage umgibt und fahren zur Freitreppe des in Rot prangenden Barockbaus. Eine Frau und ein Mann mit offensichtlich „offizieller" Funktion sitzen auf der Treppe und rauchen. Zögernd und mit fragenden Blicken steigen wir die Schlosstreppe empor. „Ja, ja, gehen Sie ruhig rein!" Wir betreten einen Vorraum. Links werden Karten für die Schlossführung verkauft. Doch die „Offiziellen" machen, wie wir gesehen haben, gerade Pause. Was tun? Nach kurzer Beratung entscheiden wir uns, dem Hinweis zum Café zu folgen. Zögerlich öffnen wir eine altertümliche Holztür. „Kommen Sie ruhig herein, wir haben geöffnet." Wir blicken in einen lichtdurchfluteten Saal mit hohen Fenstern und ebenso hohen, zur Schlossterrasse führenden Türen. Hinter einer Theke, auf der große Kuchenbleche lagern, steht eine freundlich blickende Mittvierzigerin. „Möchten Sie vielleicht einen Kaffee oder ein Stück Kuchen? Sie können sich auch einfach umschauen!"

Natürlich bestellen wir. „Sagen Sie, wozu brauchen Sie die großen Plastikkanister, die hinter der Theke stehen?", fragt Wolfgang, als uns die Bedienung den Kuchen bringt. „Wissen Sie, hier ist manches noch ein wenig provisorisch. Das Schloss wird zurzeit zwar renoviert, für eine Wasserleitung in den Gartensaal hat es leider noch nicht gereicht. Aber wir wissen uns zu helfen. Wichtig ist, dass sich unsere Gäste wohl fühlen." Und das tun wir. Der Blick durch die Flügeltüren in den Schlosspark und die freundliche Aufnahme wiegen die kleinen Unzulänglichkeiten auf. Das Provisorische wirkt liebenswert und das leicht morbide Flair des Saals weckt Erinnerungen an die DDR.

„Die Toilette ist rechts hinten im Park", sagt unsere Bedienung, als ich wegen eines Bedürfnisses frage. Etwas verunsichert öffne ich eine der altersschwachen Flügeltüren und steige die Treppe zur Parkanlage hinunter, wo ich mich an die Sichtachse halte. In der Nähe eines Teichs finde ich ein Hinweisschild und unter hohen Bäumen entdecke ich, was ich suche. Doch in diesem Augenblick schrecke ich zusammen. Ein Trompetenstoß! Dann erschallt die Melodie vom Jäger aus Kurpfalz. Vor einer Freibühne haben sich drei Hornisten postiert. Rasch verschwinde ich in dem benachbarten Häuschen. Als ich wieder herauskomme, sind die Bläser beim Ännchen von Tharau angelangt. In einer Pause erfahre ich, dass es sich um eine Übungsstunde von Mitgliedern des Blasorchesters Klütz handelt. Im Schlosspark wird nicht nur geübt. Einmal im Jahr wird vor dem Gartensaal eine Bühne errichtet, auf der Stars der Orchestermusik auftreten.

Schloß Bothmer

Das Grüne Band am Ostseestrand und der ehemalige Küstengrenzstreifen

Wir verlassen Klütz über die Lübekker Straße Richtung Elmenhorst, wobei wir bis auf 33 m ü.d. Meeresspiegel hinauffahren müssen. In Elmenhorst wird die Straße schmaler. Wir fahren an einzeln stehenden Höfen vorbei und bald ist der Weiler Steinbeck erreicht. Ein Weg führt steil hinunter zur Ostsee, genau zu der Stelle, an der der Grenzzaun seinen Anfang nahm. Neben dem Weg stürzt ein Bach über abgerundete Blöcke durch das enge Tal. Wir kommen uns vor wie im Harz. Doch dann ist da die See, und anstelle des Bachs rauscht die Brandung. Auf den letzten Metern zum Strand schieben wir unsere Räder über Lochbeton-Platten, über die zu DDR-Zeiten die Grenzer mit ihren Kübelwagen geholpert sind. Aus dem Gebüsch ragt eine verrostete Lampe ohne Leuchtkörper hervor. Der große Reflektor hat einst die Zufahrt zur Landungsstelle der Grenzkontrollboote beleuchtet. Von der Plattform ist nichts mehr zu sehen. Stattdessen ragt ein Haufen ehemaliger Grenzpfähle buhnenförmig ins Wasser. Praktisch, wie die ehemaligen DDR-Bürger veranlagt sind, haben sie den Grenzrelikten die Aufgabe zugedacht, den Strand am Fuße der lehmigen Steilküste zu verbreitern. Während der Sommermonate kommen nämlich zahlreiche Feriengäste, um hier zu baden.

Kliff-Wildnis

Eine Familie, die sich am Strand niedergelassen hat, ist bereit, ein Auge auf unsere Räder zu werfen und so können wir in Ruhe eine kleine Wanderung entlang der Steilküste unternehmen. Bald haben wir die Strandbesucher hinter uns gelassen und sind allein mit dem Meer. Es geht über Sand, Kies und Geröll. Wolfgang sucht den Strand mit seinem

Beginn des Küsten-Grenzstreifens

Sandregenpfeifer

Fernglas ab und entdeckt ein Regenpfeiferpaar, das zwischen dem Geröll eilig hin und her trippelt. Auf den nächsten hundert m halten wir uns an die „Waterkant", um nicht das Gelege der beiden zu zertreten, das irgendwo versteckt in einer Sandkuhle liegt. Doch immer wieder müssen wir den trittfesten Spülsaum verlassen, um Findlingsblöcken auszuweichen. Manchmal liegen auch große Mengen an Muschelschalen im Wege: schwarze Miesmuscheln, weiße Herz- und Sandklaffmuscheln, dazwischen einige vertrocknete Seesterne, Seegras und Tang. Hin und wieder schaut ein Krabbenarm oder ein Krabbenpanzer hervor. Die Muscheln sind leer. Seevögel und die Muschel knackenden Seesterne hatten eine reiche Mahlzeit. Auf einem größeren Findling steht ein Reiher und starrt in das flache Wasser. Daneben wiegt sich ein Trupp Schwäne in den Wellen. Immer wieder stecken sie ihren Kopf unter Wasser, um nach Seegras und Algen zu gründeln.

Unterwasserwälder und Seegraswiesen, Horte der Vielfalt

Seeskorpion

In den flachen Randzonen der Lübecker Bucht hat sich reiches Leben entwickelt. Das Licht dringt bis auf den Meeresboden und lässt üppige und artenreiche „Wälder" aus Tang und „Wiesen" aus Seegras entstehen. Auf 1 kg Horntang in der Wismarer Bucht haben Forscher 60.000 Tiere gefunden mit einer Biomasse von sage und schreibe 370 g. Hier leben Garnelen, Asseln, Flohkrebse, Schnecken, Würmer, Moostierchen, Glockenpolypen und die merkwürdige Schlauch-Seescheide.

Der Flachwasserbiotop stellt eine ideale Fisch-Kinderstube dar. Hier sind sie vor Fressfeinden relativ sicher und finden zugleich reichlich Nahrung. Auch Grasnadel und Seenadel, zwei extrem schlanke Fische, verstecken sich hier. Mit ihren Pipettenmäulern saugen sie Kleintiere von den Halmen und Blättern des Seegrases auf. Hier leben zudem Flunder, Seehase und Seeskorpion. Die Flundern haben ihre flachen Körper tagsüber in den Sand eingebuddelt. Nur die Augen schauen hervor. Erst nachts machen sie sich auf Nahrungssuche. Schließlich bevölkern Muscheln den flachen Seegrund. Miesmuscheln haften sich an Steinen an oder bilden, dicht aneinandergedrängt, Bänke aus. Sandklaffmuschel, Herzmuschel und die farbenprächtige Rote Bohne haben sich dagegen im Sand eingegraben. Vom reichen

Seenadeln können je nach Umgebung die Farbe wechseln

Seegras (Zostera marina)

Sandklaffmuschel

Miesmuschel mit Seepocken

Unterwasserleben profitieren zahlreiche Wasservögel. Sie tauchen nach Fischen und Muscheln oder weiden, wie die Schwäne, die Seegraswiesen und den Tang ab. Früher fand getrocknetes Seegras Verwendung als Polstermaterial für Sofas und Matratzen. Heute wird Seegras, das mit Tangen an Land gespült wird, von den Touristikmanagern in Boltenhagen (und nicht nur dort) als Strandverunreinigung angesehen und in der Saison täglich geräumt.

Die Steilküste macht ihrem Namen Ehre. Über uns bauen sich senkrechte Lehmwände von über 20 m auf. Klein-Klütz-Höved wird dieser Küstenabschnitt genannt. Hinter einer Biegung plätschert ein kleiner Bach, der sich tief in den lehmigen Boden des Kliffs eingeschnitten hat. In der engen Schlucht, die steil nach oben führt, hat sich ein Pionierwald aus Eschen etabliert. Oben auf dem Plateau steht alter Eschen-Buchenwald. An einigen Stellen zeigt das Kliff frische Abbrüche. Tonnenweise ist kalkreicher Lehm heruntergestürzt. Am Fuß des Steilabbruchs, wo sich der herabgestürzte Boden anhäuft, wächst Huflattich und an einer sickerfeuchten Stelle hat sich der Riesenschachtelhalm eingestellt.

„Mensch, da sind Uferschwalben!", ruft Wolfgang und im selben Augenblick schwirrt ein großer Trupp dicht über meinen Kopf. Nach einer lang gezogenen Schleife über der See kehrt der Schwarm zum Kliff zurück. Jetzt sehe ich die Eingänge zu den Nisthöhlen, die die Schwalben in die senkrechte Wand gegraben haben. Einige verschwinden in den Röhren, die meisten docken nur kurz an und drehen eine weitere Runde. Direkt über der Kolonie, inmitten der Wand, blüht Klatschmohn. Seine knallroten Blüten und der ockerfarbene Lehm bilden ein prächtiges Farbenspiel. Nach ökologischen Untersuchungen ist das Kliff des Klütz-Höved voller Leben. Selbst Schnecken, die man in solch einer unsicheren Wand kaum erwartet, sind mit über 20 Arten vertreten. Einige davon sind hoch spezialisiert und ausgesprochen selten. Weiter im Westen, in der Nähe des Travemünder Strandes, kommen deutlich weniger Arten vor und ausschließlich solche, die man überall antrifft.

Hinter der nächsten Biegung blikken wir auf eine weit geschwungene Bucht mit breitem Strand. Das Kliff flacht ab. Wald und Gebüsch ziehen sich bis hinunter zum Strand. Kein Haus ist zu sehen. Kein Boot. Kein Motorenlärm. Nur das sanfte Rollen der Brandung und das Rauschen des Westwindes dringen an unsere Ohren. Hinter uns die wilde, von keiner Menschenhand beeinflusste Steilküste, vor uns die sanften, naturbelassenen Kliffs mit ihren Strandwäldern. Wir kommen uns vor, als seien wir weit weg in ei-

Schachtelhalm

Das Kliff Klein-Klütz-Höved

nem fernen Naturland. Ein Zelt, das sich hinter einem umgestürzten Baum versteckt, holt uns zurück in die Realität. Ranger würden sich sofort auf den Störenfried stürzen. Doch die Naturwacht ist weit und so kann der Zelter, der auf einem Baumstamm liegt und liest, die Welt genießen. Wir kehren um. Es wird Zeit, dass wir zu unseren Rädern zurückkommen. Bald merken wir, welch weite Strecke wir gelaufen sind, immer angetrieben von der Neugier, was es hinter der nächsten Biegung der Küste zu entdecken gibt. Wir sind uns einig: Das Klein-Klütz-Höved ist eines der Highlights am Grünen Band.

Klatschmohn im Kliff

Die Gänsesäger vom Brooker Wald

Nach Travemünde ist es nicht mehr weit, in 1 ½ Stunden müssten wir es geschafft haben. Doch es hat länger gedauert, zum einen wegen vieler Pausen, zum anderen wegen der recht anspruchsvollen Strecke. Gleich hinter dem Steinbecker Strandparkplatz geht es zum Wald des Klein-Klütz-Höved hinauf. Dahinter, auf den freien Agrarflächen, weht uns der Westwind ins Gesicht und der Radweg wird zur Achterbahn. Immer wieder werden schluchtartige Täler gekreuzt. Der Radweg folgt dabei dem ehemaligen Kolonnenweg, neben dem der Grenzzaun und der Spurensicherungsstreifen verliefen, heute er-

Ausblick vom Brooker Wald

Im Brooker Wald

Gänsesäger am Brooker-Wald-Strand

kennbar an dem Aufwuchs von Birken und Weiden.

Auf der Höhe des Ortes Brook sausen wir fast bis auf Höhe des Strandes hinunter, nur um uns danach in Wellen wieder bergauf zu mühen. Schließlich stehen wir auf dem Kliff des Brooker Waldes, von dem wir einen klasse Blick auf die Ostsee haben. Zwischen Buchenstämmen sehen wir einer von Travemünde kommenden Skandinavien-Fähre nach, die unter finnischer Flagge fährt. Fernweh kommt auf. Ein Blick in den heimischen Wald, und Finnland ist vergessen. Zwischen uralten Buchen breiten sich Teppiche weißer Buschwindröschen, aus denen Himmelschlüsselchen gelb hervorleuchten. Auch Aronstab und Teufelskralle sind nicht zu übersehen. Und als wir genau hinschauen, entdecken wir zwei Orchideen: das Mannsknabenkraut und die Grünliche Waldhyazinthe. Das Kliff und der naturnahe Küstenwald wurden bereits 1942 unter Naturschutz gestellt. 1961, im Jahr des Mauerbaus, hat man das Schutzgebiet beträchtlich erweitert und die forstliche Nutzung eingestellt, u. a. weil sich im Wald Kraniche angesiedelt haben und Seeadler und Rotmilan im Gebiet brüten. Doch durch den Bau der Grenzsicherungsanlage hat man dem Wald auch eine schwere Wunde zugefügt. Die Grenzschneise ist bis heute kilometerweit sichtbar.

Wir schwingen uns wieder auf die Räder und rauschen -Wolfgang voran- steil den Hang hinunter. „Haaaalt, waaarte!", rufe ich Wolfgang hinterher, als ich am Fuße der Abfahrt bin. Ich habe einen Strandzugang entdeckt und was liegt näher, als das Kliff in Augenschein zu nehmen. Es sieht wunderschön aus, dieses Kliff. Die Spätnachmittagssonne taucht die bewaldeten Steilhänge in ein warmes Licht. Zwischen knospendicken Buchenzweigen schauen ockerfarbene Lehmwände hervor. Das Kliff ist noch aktiv, wenn auch längst nicht so dynamisch wie das Klein-Klütz-Höved. Inzwischen ist Wolfang bei mir. Wir hocken uns hin und genießen die Ruhe. Plötzlich watscheln vom Fuß des Kliffs aus zwei Gänsesäger auf den Strand zu. Gänsesäger sind recht seltene, entenartige Vögel, die ihre Nester in Baumhöhlen anlegen. Einen Augenblick bleiben die beiden scheinbar unschlüssig vor dem Spülsaum stehen. Dann, wie auf ein Kommando, beginnen sie flügelschlagend loszurennen und ab geht es auf die See hinaus. Später erfahren wir, dass die Gänsesäger im Gebiet brüten. Ob sie den zunehmenden Betrieb auf dem Ostseeradweg verkraften? Schließlich zerschneidet er ihren Weg zwischen Nisthöhle (Wald) und Nahrungsraum (Ostsee).

Serviceteam an Kräutersalat

Nicht weit vom Broker Wald führt eine um 1750 angelegte Lindenallee zum Strand. Am oberen Ende der Allee steht das „Barockschloss" Groß Schwansee, ein dreigeschossiges, massig wirkendes Gebäude, das von hohen Bäumen umgeben ist. Nach der „Wende" stand das Schloss jahrelang leer, bis es 1999 die Familie Dornier erwarb und es zu einem Hotel der gehobenen Klasse umbauen ließ. Ein Restaurant im Parterre des Noblissements, in dem es Seeteufelmedaillons an (und nicht mit) Kräutersalat gibt, soll „zum entspannten Verweilen einladen". Wir ziehen es vor, in der

Gedenkkreuz für die Toten der „Cap Arkona"

benachbarten Brasserie einzukehren, dem ehemaligen Marstall des Schlosses, wo man dem „Serviceteam" (Koch und Bedienung) beim Zubereiten des Mahls „über die Schulter schauen kann" (gekocht wird direkt hinter der Theke). Wir entscheiden uns für Latte macchiatio, den großen Hunger heben wir uns für Travemünde auf.

Die Tragödie der Cap Arcona

Die Räder rollen. Das Land ist flach und der Gegenwind wird durch Bäume und Gebüsch auf ein erträgliches Maß abgebremst. Ein dichter und breiter Gehölzriegel legt sich schützend vor den Strand. Das Grüne Band ist auch hinter Groß Schwansee intakt. Ab und an sind noch die Betonpfosten des alten Stacheldrahtzauns zu sehen, den man in den 60er Jahren gezogen hat. Vom Streckmetallgitterzaun der „modernen Grenze" ist dagegen nichts geblieben.

Auf einer Lichtung treffen wir auf ein Birkenkreuz, unter dem ein verblasster Kranz aus Plastikrosen liegt. Kreuz und Kranz erinnern an eine Tragödie, die sich am 3. Mai 1945, fünf Tage vor dem Ende des Zweiten Weltkriegs, in der Lübekker Bucht ereignet hatte. Ein paar km von hier, auf der Höhe des holsteinischen Ortes Neustadt, wurde der Passagierdampfer „Cap Arcona" von englischen Jagdbombern angegriffen. Die Briten hatten die Information, dass sich auf dem Schiff prominente Nazis befänden, die sich nach Norwegen absetzen wollten. In Wirklichkeit war der ehemalige Luxusliner mit Häftlingen des Konzentrationslagers Hamburg-Neuengamme vollgepfercht. Himmler hatte die Räumung des KZs angeordnet. Die SS hatte Angst, dass den Alliierten Zeugen in die Hände fielen. Man muss davon ausgehen, dass die „Cap Arcona" mitsamt den Häftlingen versenkt werden sollte: Die SS hatte alle automatischen Schotten deaktiviert, die Rettungsmittel beseitigt und brennbare Flüssigkeiten an Bord gebracht. Die „Cap Arcona" und die beiden Begleitschiffe gerieten gleich bei der ersten Angriffswelle in Brand und sanken. Tausende von Menschen sprangen über Bord und hatten trotz der nahen Küste keine Chance. Die Piloten der Royal Air feuerten im Tiefflug aus ihren Bordkanonen auf die im Wasser treibenden Überlebenden. 7.500 Menschen starben. Neustädter Bürger beschreiben ihr Grauen über die Ermordung von Häftlingen, die völlig entkräftet

Pfosten des ehemaligen Grenzzauns im Küstenwald bei Groß Schwansee

das Ufer erreichen konnten und dort den Nazis in die Hände fielen.

Während des gesamten Sommers 1945 wurden Leichen an die Strände der Lübecker Bucht gespült. Aus Angst vor Seuchen verfügten die Besatzungsmächte eine sofortige Beerdigung der Opfer. Hier, nicht weit vom Schloss Groß-Schwansee, wurden 407 Tote in ein Massengrab gebettet, das man mit einem Birkenkreuz markierte. 1950 wurden die Gebeine nach Grevesmühlen umgebettet. Eine Zählung der Grablagen ergab, dass ca. 3.000 Opfer auf See geblieben sind. Das schlichte Kreuz, das an die Katastrophe und die Gräueltaten erinnert, steht direkt an einem Strandzugang. Neben dem Kreuz befindet sich ein Guck-Kasten, in dem die Ereignisse vom 3.5.1945 dargestellt sind. Es bleibt zu hoffen, dass möglichst viele Badegäste in den Kasten schauen.

Die Harkenbäk

Auf der Höhe von Barendorf quert der Ostsseeradweg das breite, mit Röhricht bestandene Tal der Harkenbäk. An der Brücke über das Flüsschen entschließen wir uns zu einem kurzen Abstecher zum Strand. Kaum haben wir den Radweg verlassen, wühlen unsere Räder im Sand. Wir müssen absteigen und schieben. Der Strandweg führt dieses Mal nicht an den Rand eines Kliffs, sondern zu niedrigen Dünen und Strandwällen. Wir sind allein und genießen die Abendstimmung. Im Westen ist das Hochhaus des Travemünder Hotels „Maritim" zu erkennen. Jetzt sind es nur 3 km bis zur ehemaligen Staatsgrenze West. Das Land hinter uns befand sich bereits im Sperrgebiet zur „BRD". Da wir noch vor Einbruch der Dunkelheit in unserem Quartier ankommen wollen, verzichten wir auf den Sonnenuntergang und brechen auf. Es geht über einen Bohlenweg. Rechts und links Röhricht, aus dem der Gesang der Rohrsänger dringt. Das Röhricht ist Bestandteil des Naturschutzgebiets "Küstenlandschaft zwischen Priwall und Barendorf mit Harkenbäkniederung", das vom Priwall entlang der Küste bis Groß Schwansee reicht. Das weiträumige Tal der Harkenbäk bildet einen Seitenast des langnamigen Küstenschutzgebiets. Bei Sturmflut kommt es vor, dass die Ostsee in das nur wenig über dem Meeresspiegel liegende Tal bis weit in das Innere des Klützer Winkels vordringt. Landwirte hatten der sumpfigen Harkenbäkniederung einst Grünland abgerungen. Zu DDR-Zeiten wurde die Nutzung wieder aufgegeben. Rasch breitete sich Röhricht aus, das inzwischen vom gesamten Tal Besitz ergriffen hat.

Die Dämmerung bricht herein. Die Erkundung des Priwalls müssen wir auf morgen verschieben. Kurz vor der Landesgrenze treffen wir auf die Landstraße Pötenitz-Travemünde. Bei Dämmerlicht durchqueren wir den ehemaligen Todesstreifen. Kein Haus, kein Weg, auf beiden Seiten der Straße nur Sanddorngebüsch und verwilderte Ölweiden. Dann das Ortsschild von Travemünde und wir sind in einer anderen Welt: Auf der einen Seiten reihen sich Datschen und Ferienhäuser, auf der andere Seite Parkplätze, dahinter unser Nachtquartier, das Haus der Naturfreundejugend.

Die Grüne-Band-Küstenradtour

Länge: *48 km*
Wegestruktur: *überwiegend asphaltierter Radweg sowie verkehrsarme Landstraße*
Steigungen: *mehrere, mit Anstiegen von 20-30 Höhenmetern*
Charakter: *mit Strandbesuchen ausgewachsene Tagestour*
Dauer: 6-8 Stunden
Ausgangspunkt: *Priwall-Fähre Travemünde*
Gastronomie: *Imbiss Parkplatz Steinbeck, Klütz, Brasserie am „Barockschloss" Groß-Schwansee*

Mit der Fähre von der Travemünder Altstadt zum Priwall übersetzen. Personen- und Radfahrkarte für Hin- und Rückfahrt am Automaten lösen. Auf der Fähre werden keine Tickets verkauft. An Kleingeld denken! Auf der Landstraße nach Pötenitz geradewegs über den Priwall. Hinter dem ehemaligen Grenzstreifen nicht der rechts abknickenden Straße folgen, sondern geradeaus über den Radweg durchgehend bis Steinbeck. Interessante Punkte:

1. Strandzugang am Priwall, direkt hinter dem Grenzstreifen
2. Harkenbäkniederung
3. Gedenkkreuz Cap Arkona, Strandwälle
4. „Schloss" Groß Schwansee
5. Brooker Wald mit Kliff
6. Steinbeck, Ende des Küsten-Grenzzauns

Bei Steinbeck bietet sich eine Erkundung des Kliffs an (natürlich zu Fuß). Danach mit dem Rad über die Strandzufahrt hinauf nach Steinbeck und rechts weiter über die Feldflur nach Elmenhorst. Am Ortseingang links ab nach Klütz, dem kulturellen Zentrum des Klützer Winkels (Punkt 7). Der Abstecher, der über die Landstraße führt, ist lohnend, vor allem wegen der Uwe-Johnson-Ausstellung und Schloss Bothmer. Zurück zunächst wieder bis Elmenhorst. Auf der Landstraße weiter nach Brook. In Brook rechts über die Strandzufahrt zum Radweg. Über diesen zurück zur Priwall-Fähre.

Pötenitzer Wiek und Dassower See - von Ost-West-Grenzgewässern zum Naturrefugium

DDR-Grenze am Priwall in den 80er Jahren

Das Travemünder Naturfreundehaus liegt nur wenige Schritte vom Grünen Band entfernt und so benötigen wir am nächsten Morgen nur zwei Minuten, um an die Stelle zu gelangen, an der wir gestern die ehemalige DDR-Grenze passiert haben. Was wir im Dämmerlicht schemenhaft gesehen haben, wirkt bei Tageslicht noch krasser. Mit seinem Sanddorngebüsch stemmt sich das Grüne Band wie ein Wall gegen die vordringende Wochenendsiedlung des Travemünder Priwall. Nach endlosen Reihen von Datschen plötzlich Natur pur. Auf einer Radlerspur am Rande der Pö-

Begrünter Grenzstreifen am Priwall. Ehemalige Demarkationslinie gelb gestrichelt

Fruchtstände der Wiesen-Küchenschelle

tenitzer Landstraße queren wir den ehemaligen Grenzstreifen. Nach knapp 300 m Wildnis streben wir über einen Bohlenweg dem Strand zu.

Grünes Band stemmt sich gegen Datschenland

Die Sonne scheint, weiße Wolken jagen über den Himmel und es weht ein frischer Wind. Kaiserwetter! Plötzlich quert ein Unbekleideter unseren Weg und verschwindet hinter dem Gebüsch. Etwas verunsichert steigen wir über den Dünenwall und blicken hinunter auf den Strand. Da, im Schutz von Windschirmen, liegen weitere Anhänger der Freikörperkultur. Wolfgang fährt sich mit der Hand an den Kopf: „Na klar, da drüben im „Westen" ist ein FKK-Strand." Wir gehen Richtung Travemünde. Ein paar Strandwanderer kommen uns entgegen. Dann, neben einer Abfalltonne ein Schild: „FKK-Strand Travemünde Ende". An genau dieser Stelle verlief die Grenze. Zu Hause habe ich ein Foto aus den 80er Jahren, wonach der Grenzverlauf nur durch eine niedrige rot-weiße Barriere und durch den schwarz-rot-goldenen Grenzpfahl der DDR markiert war. Den eigentlichen Sperrriegel mit Stahlgitterzaun, Wachtturm, beleuchteten Spurensicherungsstreifen, KFZ-Sperrgraben und Kolonnenweg hatte man ca. 50 m zurückversetzt. Was für ein Kontrast! Auf der einen Seite ein quirliger FKK-Strand, auf der anderen Seite ein menschenleerer Grenzstreifen, bewacht von Soldaten, die angewiesen waren, im Falle von „Grenzprovokationen" von der Schusswaffe Gebrauch zu machen. Den mit Feld-

Wiesen-Küchenschelle

stechern ausgerüsteten Grenzsoldaten ist es in ihrem Küstenwachtturm, zumindest im Sommer, sicher nicht langweilig geworden.

Der Himmel zieht sich zu. Ein paar Tropfen fallen. Einige Strandwanderer spannen ihren Regenschirm auf. Wir kehren zu unserem mecklenburgischen Strandzugang zurück. Als wir den Bohlenweg erreichen, prasselt es los. Hagel mischt sich unter den Regen. Wir flüchten unter ein Espengehölz. 5 Minuten, dann ist der Schauer weiter gezogen. Am Gras hängen dicke Tropfen und dazwischen... also das hätte ich hier

Seeschwalbe bei der Balz

wirklich nicht erwartet! „Wilde Männle", die Fruchtstände von Küchenschellen, und die massenweise! Und da sehe ich auch noch einige Blüten, behaart, glockenförmig und marineblau. „Das sind Wiesenküchenschellen", klärt mich Wolfgang auf, „die kommen vor allem im Osten vor." Sie wären früher häufig gewesen, gehörten aber inzwischen zu den vom Aussterben bedrohten Arten. So einen großen Bestand hätte er auch noch nicht gesehen. Das 1400 km lange Grüne Band wartet gleich auf den ersten 100 m mit einer Rarität auf. Später erfahren wir, dass am Priwall leider auch nicht alles Gold ist, was glänzt. Matthias Braun, der Chef der Naturschutzstation Dummersdorfer Ufer, berichtet uns, dass der wilde Badebetrieb, der unmittelbar nach der Grenzöffnung einsetzte, die Brutvögel des Strandes, wie die Seeschwalben und Sandregenpfeifer, vertrieben habe. Im Umfeld des FKK-Strandes seien alle Wiederansiedelungsversuche zum Scheitern verurteilt. Der Besucherdruck wäre für Strandbrüter einfach zu hoch. Seine Station sei daher dabei, mit Hilfe kleiner Flöße an ruhigen Stellen am Grünen Band, in der Pötenitzer Wiek und auf dem Dassower See, ein Ersatzbiotop zu schaffen.

Wie der Priwall entstand

Zurück zum Bohlenweg und den Rädern. Wir wollen entlang dem ehemaligen Grenzstreifen nach Dassow radeln, um von dort zum Travemünder Priwall zurückzukehren. Dassow liegt etwa 5 km von der Küstenlinie entfernt am Dassower See, der über einen 500 m breiten Arm mit der Lübecker Förde in Verbindung steht. Davor erstreckt sich die Pötenitzer Wiek, die vor einigen tausend Jahren noch eine Bucht der Ostsee war. Sand, der von den abbrechenden Ufern der Steilküsten stammt, wird seit Jahrtausenden entlang der Küste verfrachtet und an ruhigen Stellen abgelagert. Auf diese Weise schob sich von Pötenitz aus nach und nach eine Landzunge in die Förde hinein. Inzwischen hat diese Landzunge (der Priwall) die Trave erreicht und die Förde nebst Wiek von der Ostsee abgeriegelt.

Die Grenze zur DDR querte diese Landzunge (den Priwall) an ihrer schmalsten Stelle und verlief dann entlang der Uferlinie Pötenitzer Wiek - Dassower See und am östlichen Ufer der Untertrave weiter Richtung Lübeck. Das Wasser und die mit Röhricht bestandene Uferlinie waren westdeutsch. Erst das Land, das sich hinter der mittleren Hochwasserlinie befand, gehörte zur DDR. Da westdeutsche Freizeitkapitäne es nicht wagten, an den östlichen Ufern anzulegen und die DDR-Grenzer an der Uferlinie nicht patrouillieren durften – der Grenzstreifen verlief oberhalb des Steilufers - konnte sich die Natur völlig ungestört entfalten. Die Gemeinde Dassow plant seit Lan-

Ehem. Landungssteg der Erprobungsstelle See der deutschen Wehrmacht an der Pötenitzer Wiek

gem den Bau eines Radweges, der auf dem Kolonnenweg zum Priwall führen soll. Doch bisher konnte das Projekt nur im Ansatz verwirklicht werden, wofür die vielen Enten und Gänse, die den Dassower See und die Pötenitzer Wiek bevölkern, sicher dankbar sind.

Blauer Enzian auf grünen Strandwiesen

Wir müssen uns den Weg nach Dassow selber suchen. Zunächst kommen wir gut vorwärts. Wir folgen der Pötenitzer Landstraße über einen Damm, der im Jahre 1935 aufgeschüttet wurde, um die Pötenitzer Strandwiesen vor hereinbrechenden Fluten zu schützen. Das Ufer der Wiek ist an dieser Stelle ausnahmsweise flach. Der Blick zur Pötenitzer Wiek wird uns durch Bäume und Büsche verwehrt, die sich auf dem ehemaligen Grenzstreifen eingestellt haben. Zum Ausgleich haben wir freien Blick auf die ehemaligen Strandwiesen, die so heißen, weil sie aus einem Strandsee hervorgegangen sind. Bereits in grauer Vorzeit wurde der Pötenitzer Strandsee durch Strandwälle von der Ostsee abgeschnitten und begann zu verlanden. Die Pötenitzer nutzten das Gelände als Mähwiesen, auf dessen morastigem und kalkhaltigem Grund zuhauf Raritäten wuchsen, wie Sumpf-Orchidee, Lungen-Enzian und Bitterer Enzian. 1935, im Zuge des Dammbaus, gelang es den Landwirten die Wiesen trockenzulegen. Naturschützer streben seit Langem eine Wiedervernässung an, womit man Zugvögeln und Wiesenbrütern einen neuen Lebensraum schaffen würde. Warum sich bisher nichts getan hat, hoffen wir auf der Dummersdorfer Naturschutzstation zu erfahren.

Ehem. DDR-Grenzwachturm

Ehem. DDR-Grenz-Beobachtungsstand

Kormoran beim Flügeltrocknen

Grüne Band Wildnis erobert Heeresflugplatz

In einer Linkskurve, kurz vor Pötenitz, verlassen wir die Straße und tauchen in die Wildnis ein. Es geht über ausgefahrene Wege mit riesigen Pfützen und nicht enden wollendem Morast. Rechts und links der eben noch erkennbaren Fahrspuren schießt Wald in die Höhe. Kein Förster, kein Waldarbeiter hat auf diesen Flächen jemals Hand angelegt. Birken, Eichen, Eschen und Salweiden kommen in bunter Mischung von selbst hoch. Plötzlich taucht ein ehemaliger DDR-Grenzwachtturm auf. Auf seinem Dach befindet sich eine große Antenne, die von Amateurfunkern errichtet wurde. Das aufwachsende Grün hat den Empfang sicher nicht verbessert, aber es heilt die Wunden, die die Pioniere der NVA für die Anlage des Grenzsicherungsstreifens geschlagen haben. Dabei ist dies hier der zweite Anlauf, den die Natur unternimmt, das Gelände zurückzuerobern. Von 1929 bis zum Ende des Zweiten Weltkriegs befand sich an dieser Stelle nämlich die Erprobungsstelle See der deutschen Wehrmacht, auf der Flugzeuge getestet wurden. An die 50 große Lagergebäude, Hallen, Bunker, Unterkünfte, ein Heizwerk und eine Werft wurden an der Pötenitzer Wiek emporgezogen. Dazu kamen Rangiergleise mit einer Länge von fast neun Kilometern und natürlich ein Flugplatz. Auch der Priwall wurde in die Erprobungsstelle einbezogen sowie die Halbinsel Tarnewitz bei Boltenhagen. Mit dem Ende des Zweiten Weltkrieges kam das Aus für die Erprobungsstelle. Im Sommer 1947 wurden die Gebäude an der Pötenitzer Wiek von den Sowjets gesprengt. Gehölze wuchsen auf und überwucherten die herumliegenden Betonbrocken. Im höher gelegenen Teil des über 50 Hektar großen Militärgeländes wurde die Rückkehr der Natur bisher nicht gestört. Nur im Bereich des Ufers, dort wo die inner-

Wildgänse

Karmingimpel

Ufer der Pötenitzer Wiek. Das Röhricht war BRD-, der weiß blühende Schlehenbusch DDR-Territorium

Fisch-Anlandungsstelle in Dassow

deutsche Grenze verlief, hat sie zwischenzeitlich weichen müssen.

Weiter geht´s, über abenteuerliche Wege und Pfade, bis wir an eine von Rindern beweidete Lichtung kommen. Mitten über die Weide verläuft der ehemalige Kfz-Sperrgraben, dahinter eine Reihe Birken, die den Verlauf des Todesstreifens markieren. An einigen Stellen ist der Kfz-Graben mit Wasser gefüllt, weiter abwärts schließt sich ein Sumpf an; die ehemalige Sperre als Biotop. Auch in den trockeneren Teilen der Weide haben sich Gebüsche etabliert. Überall blühen Blumen. Auf einem mit Schlehen und Wildkirschen bestandenen Hügel entdeckt Wolfgang den Rest eines Erdbunkers. Von hier aus hatten die Grenzsoldaten freie Sicht auf das nahe Seeufer. Heute ist von dieser Stelle aus kein Wasser mehr zu sehen. Die Wiek liegt hinter einem grünen Wall verborgen. Natürlich reizt es uns, das Ufer zu erkunden und so zwängen wir uns durch Dornengestrüpp, hüpfen über matschige Stellen und rutschen durch Brennnesseln einen Steilhang hinunter, um schließlich am Ufer vor einer Wand aus Röhricht zu stehen. Also den Steilhang wieder hinauf, vorbei an einem Bestand von Riesenschachtelhalm, wo wir bis an die Knöchel im Morast versinken. Schmerzhaft schreie ich auf. Ein Dorn ist mir unter den Fingernagel geraten. Vorsichtig ziehe ich ihn heraus. Es schmerzt gehörig. Wolfgang hat sich inzwischen oberhalb der Abbruchkante ein Stück weiter durchgeschlagen. Als ich ihn erreiche, deutet er mit dem Arm durch die Zweige und reicht mir sein Glas. Endlich, das Wasser der Wiek. Und am Ende einer mit Röhricht bestandenen Landzunge sehe ich eine Reihe zerborstener Betonelemente aus dem Wasser ragen. Das müssen die Fundamente der Landungsbrücke der Erprobungsstelle sein oder vielmehr das, was nach ihrer Sprengung übrig geblieben ist. Durch das Fernglas sehe ich weit über hundert Kormorane auf den Betonbrocken sitzen und ihre Flügel trocknen. In der Nähe werden hoffentlich bald wieder Seeschwalben brüten, und zwar auf kleinen, mit Sand bedeckten Flößen, die die Dummersdorfer Naturschutzstation ausbringen will. Da wir keine Vögel stören wollen,

Skandinavienfähre auf der Trave zwischen Priwall und Travemünde

ziehen wir uns, ohne den Strand betreten zu haben, wieder zurück. (Anmerkung: Die Flöße wurden im Mai 2008 installiert.)

Im Naturschutzgebiet Priwall

Stille Natur am Dassower See

Kurz darauf erreichen wir die Dassower Feldflur und einen Haufen aufgetürmter Findlinge, von wo aus wir freie Sicht über die Pötenitzer Wiek haben. Doch hinter blühendem Raps erscheint nicht wie erwartet die heile Natur, sondern technische Größe. Unser Blick wird gefangen von den Megafähren des neu errichteten Skandinavienkais. Ein Trupp Gänse, der Richtung Dassower See fliegt, lenkt unsere Gedanken wieder in die richtige Bahn. Wir radeln über Feldwege und erreichen die kleine Ansiedlung Volkstorf, die bessere Zeiten erlebt hat. Von dem großen Hof, der einst hier gestanden hat, ist nur das Grundstück geblieben, das mit Bäumen und Büschen aus der Agrarflur hervorsticht. Zum See hin stehen noch zwei Bauernhäuser. Eines wurde als Wochenenddomizil wieder hergerichtet, das andere wartet auf einen neuen Besitzer. In dem von Brennnesseln überwucherten Garten blühen die Apfelbäume. Wir stellen die Räder ab und folgen einem von Kopfweiden gesäumten Weg hinunter zum See. Ein Pfad führt durch Röhricht an das Ufer, das bei Niedrigwasser zur BRD gehörte. Kein Lüftchen rührt sich, keine Wellen, das Wasser der Wiek ist völlig glatt. Schneeweiß blühende Schlehen und Kirschbäume spiegeln sich im Wasser. Wolfgang steckt einen Finger in das glasklare Seewasser und leckt ihn ab. „Und, schmeckst Du was?", frage ich. „Nicht viel, aber warte, mit ein wenig Fantasie kann man Salz herausschmecken." Es ist herrlich ruhig hier. Wolfgang lauscht den Stimmen der Vögel. Hier macht sich seine Ausbildung als „Junger Naturforscher" bezahlt. Neben Drossel- und Schilfrohrsänger, Rohrschwirl und Sperbergrasmücke glaubt er das melodische Pfeifen des Karmingimpels zu hören. In den offiziellen Beschreibungen des Naturschutzgebietes Dassower See werden auch der Gänse- und Mittelsäger, die Brandgans, der Flussuferläufer und die Bartmeise erwähnt. In die Wände des Steilufers gräbt der Eisvogel seine Brutröhren. In den Schilfbeständen brütet die Rohrweihe. Zudem wurde hier die seltene Salz-Bunge, die Salz-Binse und der Strand-Dreizack gesichtet, Pflanzen, die den Einfluss des Brackwassers anzeigen. Durch die jahrzehntelange Abgeschiedenheit im Grenzsperrgebiet haben sich hier zuhauf bedrohte Arten halten können. Das Grüne Band am Dassower See umfasst den ehemaligen Grenzstreifen auf dem Hochufer, das flache Ufer am

Sanddorn

Fuße des Steilabbruchs sowie die Wasserflächen des Sees mit der Insel Buchhorst: Das Grüne Band zu Wasser und zu Land.

Der Fischer von Dassow

Wer von Volkstorf aus nach Dassow will, muss den Weg über Johannstorf und die Pötenitzer Landstraße nehmen. Kurz vor Dassow führt dann doch ein Radweg hinunter zum See, sodass man ein kleines Stück Grünes Band entlangradeln kann. Am Ortsrand von Dassow treffen wir auf einen Supermarkt, in dem wir uns versorgen. Dann folgen wir der Landstraße nach Lübeck bis zur Brücke über die Stepnitz, von der aus wir auf den Dassower See schauen. An der Mündung der Stepnitz hat ein Fischer seinen Kutter vertäut. „Ostsee- u. Binnenfischerei Detlev Jürß" steht auf einem großen, mit spitzen Zähnen bewehrten Metallfisch. Fischverkauf Sa. ab 10 Uhr. Hinter einem Bauzaun stapeln sich rote, grüne und blaue Wannen, daneben die Fahnen, mit denen die Fischer die Lage ihrer Netze markieren. Hinter dem Container kommen zwei Männer hervor. Einer davon ist Detlev Jürß. Er hat heute keinen Fisch da. Aber zu Hause bei seiner Frau, in der Thälmannstraße, könnten wir etwas bekommen. Was er anzubieten hätte? „Dorsch, Butt, Matjes, Heilbutt, Makrele, Rotbarsch, Forelle und Räucheraal", lautet die Antwort. Ob er mit seinem kleinen Kutter auch auf die Ostsee fahre, wollen wir wissen. Nein, den Seefisch kaufe er teilweise zu. Butt und dergleichen würde er aber auch im Dassower See fangen. Aber zu DDR-Zeiten wäre er zur See gefahren, als Hochseefischer. Doch die ehemals so stolze DDR-Fischflotte hätten sie ja sang- und klanglos abgewickelt. Als Notbehelf fische er jetzt halt auf dem Dassower See. Wir verabschieden uns; die Männer haben zu tun. Noch ein kurzer Blick auf den ehemaligen Speicher auf der anderen Straßenseite, dann machen wir uns auf dem schnellsten Weg zurück zum Priwall. Richtung Lübeck gibt es für uns kein sinnvolles Weiterkommen. Entlang der stark befahrenen Bundesstraße existiert kein Radweg. Zudem wollen wir das NSG Priwall erkunden und einen Halt an der Naturschutzstation einlegen.

Der Travemünder Priwall

Bis um das Jahr 1880 war der Travemünder Priwall noch ein Naturparadies, eine aus Strandwall-Staffeln bestehende Wildnis, ideal für die Vogelwelt der Küste. Dann kam jemand auf die Idee, auf dem Priwall eine Ferienkolonie für bedürftige Familien zu errichten. Eine Art „Kuhle Wampe" entstand und als Travemünde sich zum Seebad mauserte, ließ die Lufthansa auf dem Priwall einen Flugplatz anlegen. Ab 1926 starteten hier Maschinen nach Berlin, Breslau, Leipzig, Frankfurt und Skandinavien. 1935 beanspruchte die Reichsluftwaffe das Gelände und der Priwall wurde Bestandteil der Wehrmachterprobungsstelle See. Doch mit dem Ende des Kriegs kamen die Badegäste zurück und nach und nach wurde der Priwall bis hart an die Grenze zur DDR mit Ferienhäusern überbaut. Nur der südliche Teil der Halbinsel blieb verschont. Doch hatte man auch hier durch Aufschüttungen und Anpflanzungen von Pappeln die ursprüngliche Natur schwer geschädigt. Inzwischen hat man die Pappelforsten aufgelichtet

Die „Passat"

und das Gebiet unter Schutz gestellt. Ein Rundwanderweg führt durch das Naturschutzgebiet, das wir als nächstes erkunden wollen.

Das NSG Südlicher Priwall, Bastion der Natur

Wir radeln über die Landstraße bis zum Travemünder Fähranleger, von wo aus alle paar Minuten eine Fähre hinüber in die Altstadt fährt. Neben dem Fähranleger erstreckt sich das Gelände der Seniorenresidenz Rosenhof, eines der jüngsten Beispiele des Baubooms auf dem Priwall. Mit der Anlage eines Yachthafens und weitläufigen Grüns haben die Planer versucht, die Dimension der Gebäudezeilen zu brechen. Doch wenn man, wie wir, von einer Reise entlang der mecklenburgischen Küste kommt, wähnt man sich eher in einem großstädtischen Neubauviertel als in einem Seebad. Auf unserem Weg zum Naturschutzgebiet „schreiten" wir die Front des hufeisenförmig angelegten Mega-Komplexes ab. Noch ein Hausdurchgang, dann haben wir das Naturschutzgebiet erreicht. Der Wanderweg führt zunächst am Ufer der Trave entlang, mit Blick auf die pittoreske Travemünder Altstadt und den Skandinavien-Kai. Eine riesige Fähre strebt der offenen See zu.

Gut einen km radeln wir an der Schifffahrtsstraße entlang. Dann erreichen wir die Südspitze des Priwalls, von der aus wir über die weiten Wasserflächen der Pötenitzer Wiek und der unteren Trave blicken. Ein Vogelschwarm zieht über die weiten Wasserflächen der Förde von West nach Ost. Am flachen Sandstrand wachsen Röhrichte und Weidengebüsche. Ein Schwanenpaar beginnt mit dem Liebesspiel. Nach kurzem Geplänkel taucht sie den Kopf unter Wasser, er steigt auf und beißt sie verzückt in den langen Hals. Ein kurzes Schütteln. Sie kommt wieder empor und nun schlingen sie voller Anmut die Hälse umeinander.

Ein Steg führt uns trockenen Fußes durch ein Brackwasserröhricht, eine seltene Lebensgemeinschaft, die anderorts durch Eindeichungen vernichtet wurde. Winterstürme treiben das Seewasser weit in das Land hinein und so halten sich hier seltene Pflanzen wie Küsten-Engelwurz, Meer-Simse und Wasserfenchel. Zudem kommen im Röhricht gefährdete Nachtfalterarten vor. Weiter geht es auf einem von Kopfweiden gesäumten Pfad. Rechts und links wächst Gebüsch in einer für uns recht ungewöhnlichen Kombination aus Sanddorn, Heckenrosen, Weißdorn und vereinzelt Kreuzdorn, dazwischen immer wieder Erlen und Eschen. Vom Luftbild aus kann man noch die Strandwälle erkennen. Auf einen steinigen, trockenen Wall folgt ein nasses „Tal". Wir queren ein lichtes Pappelwäldchen und erreichen erneut den Strand, dieses Mal mit Blick auf das Pötenitzer Ufer. Deutlich können wir die zerborstenen Fundamente des ehemaligen Landungsstegs erkennen. In dem dahinter liegenden Wald haben wir uns heute Morgen durch das Gebüsch geschlagen. Auf den Wasserflächen vor uns schwimmen zahlreiche Blässhühner und Enten. Weiter hinten, an den Betoninseln, landet eine große Schar Gänse. Die Wasserflächen, auf die wir blicken, haben große Bedeutung als Rast-, Mauser- und Überwinterungsgebiet für Wasservögel. Mit ihren geringen Tiefen von 2-3 m stellen sie zudem ein hervorragendes Revier für Tauchenten dar. Die Pötenizer Wiek und der Dassower See sind dementsprechend als EU-Vogelschutzgebiet ausgewiesen worden.

Zum Abschluss unserer Priwall-Runde kommen wir an einer großen Weidefläche vorbei, auf der einige pechschwarze Rinder, ein paar stämmige Pferde und ein Trupp Wildgänse weiden. Mit dem Fernglas erkenne ich zudem einige Watvögel, die in Lachen nach Würmchen suchen. Von Oktober bis Juni finden sich hier größere Schwärme von Kiebitzen, Löffel- und Pfeifenten oder Waldwasserläufer ein. Wenig später sind wir wieder am Fähranleger und schauen ins Wasser der Trave. Dann stellt Wolfgang die zu erwartende Frage: „Und was machen wir nun mit dem angebrochenen Nachmittag?" „Wir besichtigen die Passat, das alte Segelschulschiff, das dort unten im Hafen liegt. Und danach gebe ich dir eine Runde Seeaquarium aus. Das liegt genau gegenüber vom Schulschiff." In beiden Fällen hat sich der Besuch gelohnt.

Ostseestation

„Ostseestation Priwall - Fragen u. Antworten aus dem Meer", steht über der Tür des großen Backsteingebäudes am Yachthafen. Wir zücken unsere Portemonnaies, doch vergebens, auch hinter der zweiten Tür ist keine Kasse in Sicht. Stattdessen empfängt uns ein freundlicher junger Mann - schätzungsweise Mitte dreißig - und geleitet uns in einen Raum, der uns an die zoologischen Großpraktika an der Universität erinnert. In Regalen liegen Haifischgebisse, Skelette von Seeteufeln und Robbenschädel. An der Wand hängt die meterlange „Säge" eines Sägerochens. Rechts, auf einer von mehreren Tischreihen, steht ein Binokular.

„Herzlich willkommen in der Ostseestation", werden wir begrüßt, „mein Name ist Thorsten Walter. Ich bin Meeresbiologe und werde Ihnen, sofern Sie bleiben möchten, einen Einblick in die Unterwasserwelt der Lübecker Bucht verschaffen. Die Führung dauert je nach Ihrem Interesse 1 bis 1 ½ Stunden. Gezahlt wird zum Schluss."

„Und wie viel soll der Spaß kosten?", fragt Wolfgang.

„Für Sie als Erwachsene 5 Euro, für Kinder wären es 3,50 Euro."

„Ja, und Sie machen die Führung für uns beide alleine?"

„Manchmal ist die Gruppe groß, manchmal klein, je nach Tageszeit und Saison. Das gleicht sich aus. Wir bleiben übrigens nur zu Anfang in diesem Raum. Später geht es zu den Aquarien, wo Sie auch mal die Fische füttern dürfen."

Und dann beginnt Thorsten Walter mit seinem „Unterricht", der ungeheuer lebendig und spannend ist und von dem sich mancher Lehrer eine Scheibe abschneiden kann. Wir betasten das Revolvergebiss von Katzenhaien, bestaunen das breite Maul des Seeteufels und sehen, wie sich von einem Polypen eine Qualle abschnürt, um sich kräftig pulsierend durch ihre kleine Unterwasserwelt zu bewegen. Die junge Qualle und der sie gebärende Polyp sind gerade mal 1 mm groß und leben in der mit Hafenwasser

Junger Seehase

Krabbe

gefüllten Schale, die unter dem Binokular steht, einer stark vergrößernden Lupe mit zwei Okularen. Das Bild der Lupe wird über einen Beamer auf eine Leinwand projiziert, auf der die Winzlinge kopfgroß erscheinen. Auch eine Garnele wuselt über den Bildschirm, um sich dann wieder hinter einem Polster von Moostierchen zu verbergen. Thorsten Walter zeigt uns noch zahlreiche andere Kleinlebewesen und wir sind erstaunt, welche Vielfalt sich in so einem „Schluck" Hafenwasser verbirgt.

Dann kommt der Höhepunkt unserer „Unterwasser-Erkundung": Thorsten Walter führt uns in den Raum, wo die Aquarien stehen. Hier kommt nahezu alles vor, was in der Lübecker Bucht umherschwimmt oder auf dem Seeboden herumkriecht: von der Scholle über die Aalmutter und die Seenadeln bis zu den Krabben. Wir bestaunen den gespenstischen Seeskorpion und erfreuen uns an dem jungen Seehasen. Wir füttern den Aal und die Einsiedlerkrebse und versuchen die Schollen, Flundern und Steinbutts zu zählen, die sich im Sand eingebuddelt haben; nur die Augen schauen heraus und das schiefe Maul. Walter winkt mit einem kleinen Leckerbissen und schon schießen die platten Fische nach oben, um sich kurz darauf wieder im sandigen Untergrund zu verbergen.

Über eine Stunde sind wir jetzt schon in der Ostseestation, die Zeit vergeht wie im Flug, obwohl, anders als in den großen Zooaquarien, hier nur eine überschaubare Anzahl von Fischen und Krustentieren ausgestellt wird. Aber vielleicht ist es gerade die Beschränkung auf wenige heimische Arten, die den Besuch der Ostseestation zu einem Erlebnis macht. Klein, aber oho, und das Oho sind die Erläuterungen und Vorführungen von Thorsten Walter und anderen Mitgliedern des Stations-Teams. Wir jedenfalls sind begeistert und nehmen uns vor, die Station uneingeschränkt zu empfehlen.

Seeanemonen und Einsiedlerkrebse

Dorsch

Priwall-Radrunde nebst Abstecher zur Luftwaffen-Wildnis

Länge: *Rundtour 9 km, Abstecher 3 km*
Wegestruktur: *befestigte Rad- und Wanderwege, Straße; auf dem Abstecher zuletzt unbefestigter Weg,*
Steigungen: *unwesentlich*
Charakter: *einfache und erholsame Rundtour für jedermann; Abstecher erfordert zuletzt etwas Fahrgeschick*
Dauer: *Rundtour 1-2 Stunden, Strandzugang ¼ Stunde, Abstecher ½ - ¾ Stunde (Strandaufenthalte zusätzlich einplanen)*
Ausgangspunkt: *Priwall-Fähre*
Gastronomie: *an der Fähre oder in der Travemünder Altstadt*

Direkt am Fähranleger (Punkt 1) (von der Fähre kommend) rechts ab und entlang dem Yachthafen und der Seniorenresidenz, schließlich durch Hausdurchgang. Von nun an über Wanderwege durch das NSG Priwall. Zunächst entlang dem Ufer bis zur Südspitze des Priwall (Punkt 2). Weiter über Bohlensteg durch ein Röhricht. Wenig später rechts abbiegen. Durch Pappelwäldchen bis zum Ufer-Aussichtspunkt „Pötenitzer Wiek" (Punkt 3). Durch Wald bis zu einer großen Weide (Punkt 4), dabei links halten. Wieder kurz durch Wald, dann durch bebautes Gelände (Fliegerstraße). Die Mecklenburger Landstraße queren und geradeaus über den Weg „Am Priwallhafen" zu dem Hafengelände, in dem die Passat vertäut ist (Seeaquarium) (Punkt 5). Am Traveufer bis zum Strand. Dort rechts auf dem Dünenweg bis in die Wochenendsiedlung. In der Siedlung weiter geradeaus über den „Seeweg" bis direkt vor die ehemalige Grenze. Rechts über den „Waldweg" zur „Mecklenburger Straße" (Punkt 6). Auf einem Radweg entlang der Straße den ehemaligen Grenzstreifen queren. An der Stelle, an der die Straße nach rechts abknickt, links über den Bohlenweg bis zum Strandwall schieben. Dort Räder abstellen. Strandbesuch (Punkt 7).

Zurück über die „Mecklenburger Straße" zum Fähranleger.

Abstecher: Am Ende des Bohlenwegs der „Mecklenburger Straße" in die entgegengesetzte Richtung folgen. Bis zum Beginn von Pötenitz-Siedlung Radweg, danach bei leichter Steigung noch 250 m auf der Landstraße. An der Linkskurve rechts abbiegen. Auf unbefestigtem Weg weiter bis zum Grenzkontrollturm (Punkt 8). Zurück zur Straße und auf ihr bis zum Fähranleger.

Ochsenzunge, Blume am Priwall

Luftwaffenwildnis: Ruine eines Hangers der Seeerprobungsstelle

Die Steilufer-Wildnis von Brodten

Am nächsten Morgen setzen wir mit der Fähre nach Travemünde über. Wir wollen zum Brodtener Steilufer, dem aktivsten Kliff in der Lübecker Bucht. Auf der noch menschenleeren Flaniermeile der Travemünder Altstadt geht es Richtung Strandpromenade, vorbei am Backstein-Leuchtturm, der neben der Fassade des Hochhaushotels „Maritim" klein und erfrischend altmodisch wirkt. Wir passieren das noble Casino-Hotel, wo erste Gäste beim Frühstück sitzen, und fahren an dem breiten, mit Strandkörben bestückten Sandstrand entlang. Ein paar Jogger und einige Hundebesitzer sind unterwegs. Pensionen und Hotels aus verschiedenen Epochen säumen den Weg. Der Strand wird schmaler, bis er einem Wall aus Wasserbausteinen weicht, die die bebauten Uferpartien sichern. Am Beginn des Kliffs endet der Strandweg. Wir ketten die Räder aneinander und machen uns zu Fuß auf den Weiterweg. Bald liegt das Seebad hinter uns.

Uferschwalben

Das Kliff, an dem wir nun entlang wandern ist zwar recht steil und hoch, mit seinem Gehölzbewuchs macht es jedoch keinen sonderlich spektakulären Eindruck. Mit dem Ende der Uferverbauung ändert sich das schlagartig. Die Wildnis beginnt mit einem Paukenschlag. Schwarzgrau aufragende Steilwände aus massigem Ton, haushoch, am Fuß mit meterbreiten, tief reichenden Brandungshöhlen, davor mannshohe, von Rissen durchfurchte schwarze Tonballen, die, zerborstenen Lavabomben gleich, vor den Auskehlungen liegen. Daneben gelbe bis ockerfarbene Lehmwände, aus denen wässrige Breie aus Ton hervorquellen, die sich über Wandvorsprünge zum Strand ergießen. Ein Baum steckt kopfüber in der Brandung und reckt seinen vom Wasser abgeschliffenen Wurzelteller in die Luft. Wir stehen am Fuße eines Kliffs, wie wir es bisher noch nicht gesehen haben. Hier

Travemünder Leuchtturm vor „Hotel Maritim"

Travemünder Strand

Casino

Thomas-Mann-Gemälde im Casino

prallen Meer und Land ungebremst aufeinander und das, wie wir bald merken, auf einer Länge von mehreren km. Inmitten dieses mineralischen Chaos Uferschwalben. Zu Dutzenden hängen sie vor den Einfluglöchern ihrer Brutröhren. Dann, wie auf Kommando, schwirrt ein Schwarm Richtung See. Ähnliches haben wir auch am Klütz-Höved beobachtet, doch hier ist die Menge der Schwalben überwältigend. Bis zu 2.600 Brutröhren wurden am Brodtener Ufer gezählt. Einige hundert Meter weiter müssen wir über ein Gewirr aus herabgestürzten Bäumen klettern. 15- 20 Meter höher breitet sich Buchenwald aus. Wald sei der beste Erosionsschutz, sagt man. Doch gegen die winterlichen Sturmfluten der See vermögen selbst die tief reichenden Wurzeln der Buchen und Eschen nichts auszurichten. Jedes Jahr muss der Brodtener Wald einen Meter an die See abtreten.

Schon wieder entdecken wir eine Schwalbenkolonie, dieses Mal direkt neben einem blühenden Kirschbaum, der sich in halber Höhe hat halten können. Oben schaut das Dach eines Wochenendhauses hervor, das nur 1-2 m vom Abgrund entfernt steht. Die Rohre der Drainage ragen bereits frei in die Luft. Über eine Stunde wandern wir jetzt schon am Strand entlang und es wird Zeit, dass wir einen Aufstieg finden. Ab und zu sehen wir Pfade, doch angesichts des glitschigen Lehmbodens und der herabgestürzten Erdmassen hat sich bisher keiner als gangbar erwiesen. Endlich entdecken wir einen Pfad, der machbar sein müsste. Er führt neben einem Sturzbach nach oben.

Dicke Betonrohre, halb zerbrochen, liegen in dem Graben, den der Bach in das Kliff gefräst hat. Der Aufstieg ist kritischer als wir

„Lehmbombe" am Brodtener Kliff

Uferschwalben-Brutkolonie im Kliff

Uferschwalbe

gedacht haben. Nur mit Mühe bewältigen wir steile und ausgesetzte Passagen, die so glatt wie Schmierseife sind. Oben, gerade einmal zwei Meter vom Abgrund entfernt, sind wir wieder in der Zivilisation. Über einen asphaltierten Weg kommen uns fröhlich grüßende Nordic Walker entgegen. Etwas verhalten grüßen wir zurück. Wir müssen uns erst wieder an die normale Welt gewöhnen. Doch so ganz normal ist die Welt hier oben auch nicht. Manchmal führt der Weg ganz nah an die Abbruchkante heran und man wundert sich, dass die Kurverwaltung keine Absperrung vorgenommen hat.

Tribut an die Kliffdynamik

Dann stehen wir vor dem exponierten Wochenendhaus, das wir vom Strand aus gesehen haben. Höchstens zwei oder drei Jahre wird es sich noch halten können. Sicher haben die Besitzer schon das Inventar geräumt. Die Gartenanlage ist noch gepflegt. Ein paar Schritte weiter erreichen wir das Gasthaus Hermannshöhe. Noch liegen zwischen Gasthaus und Kliff ca. 60 m Rasenfläche. Doch schon heute kann sich der Besitzer ausrechnen, wie lange es dauert, bis er landeinwärts ein neues Haus hochziehen muss. Seit Anfang des 20. Jahrhunderts gingen vom Ufer 200 m verloren. Vor 7.000 Jahren ragte noch eine Landzunge über mehrere km in die Lübecker Bucht hinein. Wir bestellen Kaffee und erzählen von unserem waghalsigen Aufstieg. Die Bedienung lacht. Wir hätten nur ein paar hundert Meter weiter gehen müssen, dann wären wir an einer niedrigen Stelle des Kliffs angelangt, an der eine Treppe nach oben führt. Nicht darüber nachdenken und weiter geht´s Richtung Travemünde, erst durch Buchenwald, dann über offenes Gelände. Schließlich erreichen wir die Stelle, an der wir die erste Uferschwalbenkolonie entdeckt haben. Der asphaltierte Wanderweg ist hier auf mehrere Meter frisch weggebrochen. Wir legen uns bäuchlings auf die Abbruchkante. Ein bis zwei Meter unter uns kleben die Schwalben an der senkrechten Wand, die meisten direkt neben ihren Brutröhren. Dann husch... fliegen sie auf und davon, um kurz darauf als Trupp zurückzukehren, ein Knäuel flatternder Leiber, bis jede Schwalbe an ihrer Röhre angedockt hat. Fasziniert schauen wir dem Spiel der Vögel zu. Dass hinter uns Legionen stockbewehrter „Walker" den frisch planierten Ersatzweg

Huflattich im Kliff

entlang hasten, nehmen wir kaum war. Die Natur nimmt uns so gefangen, dass wir alles andere vergessen. Das gilt leider auch für unsere Verabredung mit Matthias Braun, dem Leiter der Naturschutzstation Dummersdorfer Ufer. Wolfgang erinnert mich an den Termin. Ich schaue auf die Uhr, nenne Wolfgang die Zeit und dann sehen wir uns betreten an. Also auf, hoffentlich ist der Mann noch da. Hinunter zum Rad und dann volle Kraft voraus, um wenigstens ein paar Minuten unserer Verspätung wettzumachen.

Am Rande des Kliffs

Erkundung Brodtener Steilufer

Länge: *ca. 8 km*
Wegestruktur: *am Strand Sand und Kies, teilweise verblockt, mühsame Passagen durch das Geäst umgestürzter Bäume, Kliff-Höhenweg befestigt*
Charakter: *anspruchsvolle Strandwanderung am Fuß der Klippen, leichter Rückweg über Klippen-Höhenweg*
Dauer: *3-4 Stunden*
Ausgangspunkt: *Strandpromenade Travemünde, Anfahrt mit der DB von Lübeck zum Strandbad-Bahnhof Travemünde*
Gastronomie: *Gasthaus Hermannshöhe am Klippenweg oder in Travemünde*

Wer mit dem PKW anreist, findet vor der Travemünder Altstadt, nicht weit von der Kirche, kostenpflichtige Parkplätze. Über die Torstraße in ca. 250 m zur Kirche bzw. ins Stadtzentrum und über die St. -Lorenzstraße (hinter der Kirche rechts) in weiteren 50 m zum Fähranleger Priwall und zur Travemünder Flaniermeile, die an der Trave entlang laufende „Vorderreihe" (Punkt 1). Nach ca. 500 m Straße verlassen, halb rechts ans Ufer und weiter über die Travepromenade (ca. 500 m) bis zum Travemünder Ostseestrand. Am Beginn des Strandes kleiner Abstecher zur Mole, die weit in die See hineinragt. Von hier schöner Blick auf den Priwall und das Grüne Band (Punkt 2). Zurück zur Strandpromenade, der man Richtung Casino folgt.

Wer mit dem Zug anreist, benötigt nur 200 m bis zur Strandpromenade, auf die man am Casino stößt. Auf der Strandpromenade Richtung Norden. Am Ende des Sandstrands weiter, hart an der Wasserkante, auf dem Strandweg (Punkt 3). Das Ufer ist ab hier mit Blockpackungen gesichert. Nach ca. 500 m endet der Weg. Jetzt über Sandstrand, der aber noch auf weitere 400 m durch Blockpackungen von der See separiert ist. Die Strecke wird bereits vom Kliff begleitet, das aber aufgrund der Ufersicherung (Blockpackung) nicht mehr aktiv ist. Am Ende des auf der Höhe sich entlang ziehenden Waldes endet die Ufersicherung. Hier beginnt das freie, dynamische Kliff, die Uferwildnis (Punkt 4). Ab hier ist der Weg nur noch für Personen geeignet, die angstfrei, konditionsstark, berg- und seeerfahren sowie absolut trittsicher sind.

Wer unsicher ist, ob er diese Anforderungen erfüllt, sollte sich das wilde Kliff von oben anschauen. Dazu biegt man im letzten Drittel des Sandwegs links ab (Punkt 4). In 70 m ist der Kliffweg erreicht, dem man bis zur Ausflugsgaststätte Hermannshöhe folgt. Wer sich für die wilde Strandtour entscheidet, muss die nächsten 3 ½ km bis zum nächsten Strandzugang, einer zum Kliffweg hinauf führenden Treppe, durchhalten (Punkt 5). Zurück über den Kliffweg, wobei man an der Gaststätte Hermannshöhe vorbeikommt.

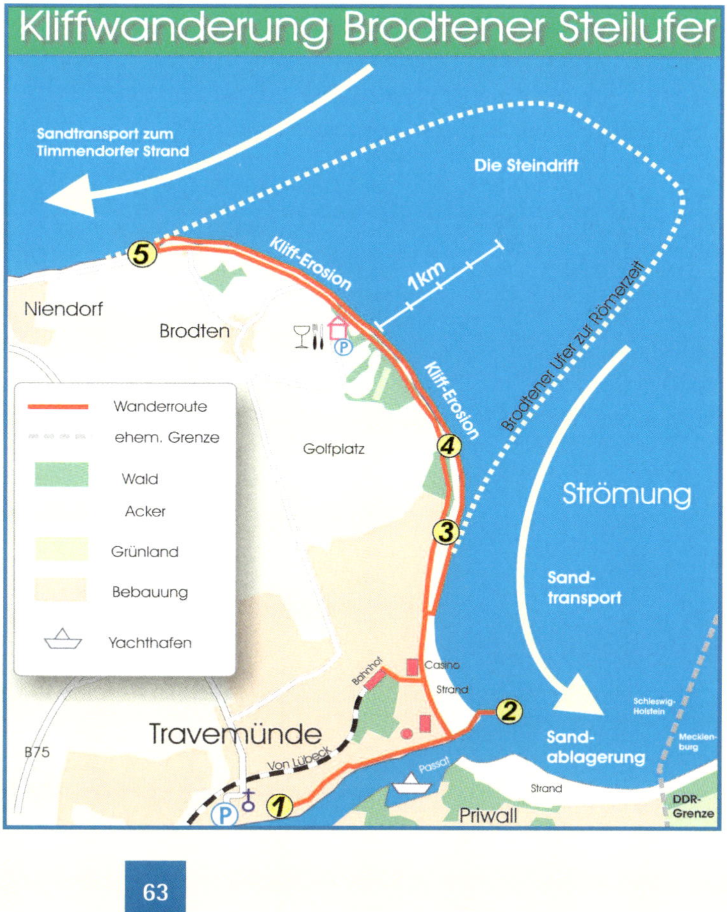

Dummersdorfer und Selmsdorfer Traveufer - Grünes Band in Ost und West

Im Garten der Naturschutzstation

Matthias Braun lächelt, doch er scheint etwas nervös. „Ich habe ein Problem", sagt er nach ein paar einleitenden Worten, „ich erwarte einen Schmetterlings-Spezialisten aus Hamburg. Ich dachte Sie wollten früher kommen." Wir entschuldigen uns und schieben alles auf die Schwälbchen. Braun lächelt wieder, wenn auch etwas verkrampft. Und dann führt er uns über seinen alternativen Dreiseithof, der auf einer Anhöhe, dem Schafsberg, inmitten einer von Knicks geprägten Landschaft steht. Kinder rennen die kreuz und die quer. Betreuer beantworten Fragen und verteilen Butterbrote und Sprudel. In einem Gärtchen sind Kleinkinder und Mütter mit Schubkarre und Schippchen eifrig bei der Arbeit. Ganz in der Nähe ist eine Gruppe Hühner damit beschäftigt, den frisch umgeschichteten Komposthaufen nach Würmchen abzusuchen und in einem Gatter neben der Hofauffahrt weiden Ziegen und Heidschnucken. Angebote für Schulklassen und Eltern-Kind-Gruppen seien eine der Einnahmequellen der Naturschutzstation. „Wir haben einen eigenen Naturkindergarten aufgebaut und wir machen Angebote für externe Kindergartengruppen, Schulkinder und Erwachsene." „Was bieten Sie den Leuten an?" „Wir organisieren Kindergeburtstage und Abschlussfeste mit Stockbrotbacken, Grillen, Schatzsuche oder einer Schafrallye. Man kann bei uns im Heu übernachten und dann an naturkundlichen Führungen zum Priwall, zum mecklenburgischen Traveufer und natürlich entlang dem Dummersdorfer Ufer teilnehmen. Und wir bieten eine Trave-Expedition an, bei dem wir vom Boot aus die Tier- und Pflanzenwelt erforschen. Die Ergebnisse besprechen wir abends am Lagerfeuer."

Wir gehen zum Kleinviehgatter. „Die Tiere sind wichtige Anziehungspunkte für unsere Besucher, besonders die Ziegen, weil sie so neugierig sind." Und wie auf Bestellung kommt eine Ziege auf uns zu und legt den Kopf auf das Gattertor. „Reichen die Tiere hier aus, um die Trockenrasen am Dummersdorfer Ufer offen zu halten?", frage ich. „Natürlich nicht! Für die Pflege haben wir eine Herde Heidschnucken angeschafft, die von einem Schäfer geführt wird. Harry Lüdermann heißt er. Er ist jetzt mit den Tieren auf unseren Wiesen in der Nähe des Hirtenbergs. Das Winterhalbjahr verbringt die Herde auf hofnahen Koppeln und wenn es draußen richtig kalt und das Futter knapp wird, kommen die Tiere in den Stall, wo sie ausschließlich mit Heu und Haferschrot von unseren eigenen biologisch kontrollierten Feldfrüchten ernährt werden. Wir sind ein Biobetrieb."

Die Sonne brennt für die Jahreszeit ganz ordentlich. Kein Wölkchen ist am Himmel. Wir sind froh, als es wieder ins Haus geht. Im Vorraum zum Büro hängen großformatige Bilder und Karten von der Umgebung der Station. Hier erzählt Braun, wie alles an-

Matthias Braun und Laszló Klein vor der Naturschutzstation Dummersdorfer Ufer

gefangen hat, 1977, nach massiven Protesten gegen die geplante Zerstörung des Naturschutzgebietes Dummersdorfer Ufer. Damals hat er mit Mitstreitern den „Landschaftspflegeverein Dummersdorfer Ufer e.V." gegründet. Heute ist der Verein in der gesamten Region Untertrave aktiv. Betreut werden 6.500 Hektar EU-Naturschutzgebiete, die eine herausragende Bedeutung für die Artenvielfalt und den Schutz bedrohter Arten haben. Braun fährt mit der Hand über eine Karte und umreißt die Flächen. Er deutet auf die mecklenburgische Küste, auf den Priwall, den Dassower See und auf die Ufer der Untertrave, d.h. der Verein kümmert sich um das Grüne Band an der Küste. „Haben Sie auch mit den Pötenitzer Strandwiesen zu tun?", frage ich. „ Ach ja, die Strandwiesen", Brauns Gesicht verfinstert sich. „Da haben Sie einen wunden Punkt angesprochen. Eigentlich wollten wir die Wiesen wiedervernässen. So sah es auch die Planung der Naturschutzbehörde vor. Aber der Eigentümer legt sich quer und ist weder durch gute Worte noch durch sonst etwas zu bewegen, einer Öffnung des Deichs zuzustimmen. Außerdem pumpt er mit dem Schöpfwerk

An der Naturschutzstation

Schäfer Harry Lüdermann

Wasser aus dem Boden so viel er nur kann." „Gehört das Gelände einer ehemaligen LPG?" „Mit denen könnte man sicher reden. Nein, der Eigentümer ist Wessi. Er hat das Gelände erst nach der Wende erworben."

Von Grünwidderchen, Bläulingen und Feuerfaltern

Im Hof der Station hält ein Auto mit Hamburger Kennzeichen. Ein kräftig gebauter Mann mit angegrauten Haaren tritt zu uns. „Darf ich vorstellen. Laszló Klein Schmetterlingsspezialist und Bildautor vom Falteratlas Schleswig-Holstein." Wir schütteln die Hände. „Ja, äh, also, eigentlich wollte ich jetzt mit Herrn Klein an den Uferhängen der Trave nach Tagfaltern Ausschau halten." „Kein Problem,", antworte ich, „vielleicht können wir es so machen, dass Sie schon mal vorgehen. Wir beehren in der Zwischenzeit den Schäfer und danach treffen wir Sie an der Trave." „Okay, das wäre eine Lösung." „Kommen Sie, ich zeig´ ihnen draußen die Richtung, in die sie fahren müssen, um auf die Herde zu treffen." Als Braun und ich wieder in den Ausstellungsraum kommen, sind Klein und Wolfgang mitten in einer angeregten Diskussion über Tagfalter. „Warten Sie." Klein geht zu seinem Auto und holt ein Buch voller Schmetterlingsfotos, den Falteratlas Schleswig-Holstein. Dann

Himmelschlüssel am Hirtenberg

zeigt er uns Arten, die auf den Trockenrasen des Dummersdorfer Ufers vorkommen: Hauhechel-, Vogelwicken- und Sonnenröschen-Bläuling, Weißbindiges Wiesenvögelchen, Dickkopf-, Schachbrett- und Perlmutterfalter sowie das Heide-Grünwidderchen, um nur die herausragenden zu nennen, wie Laszló Klein betont. Wir sind beeindruckt.

Klein legt nach: „Drüben, auf der ehemaligen DDR-Seite, zwischen dem Grenzstreifen und dem Traveufer, hat sich ganz von alleine ein Naturwald entwickelt und hier habe ich den Großen Schillerfalter, den Kleinen Eisvogel, das Waldbrettspiel, den Kaisermantel, den Eichen- und den Ulmen-Zipfelfalter und den Baumweißling beobachtet, alles Wert gebende Waldarten. Und auf den Lichtungen und den offenen Stellen des Steilufers leben Trockenrasenfalter wie das Kleine Ochsenauge und das Rotbraune Wiesenvögelchen." Wir sind erschlagen. Schließlich zeigt uns Laszló Fotos von allen genannten Faltern und wir sehen, dass der Kleine Eisvogel ein Schmetterling ist und keine Zwergform eines uns allen bekannten Vogels. Braun und Klein steigen ins Auto, wir schwingen uns auf die Räder. In einer knappen Stunde wollen wir die Beiden am Traveufer wieder treffen.

Heidschnucken, Pommersche Landschafe und Thymian-Aromawolken

Harry Lüdermann verkörpert den Prototyp eines Schäfers. Als wir zu ihm stoßen, steht er auf einen langen Stock gestützt vor der grasenden Herde, auf dem Kopf einen breitkrempigen Hut und an der Seite eine lederne Tasche. Neben ihm sitzt ein pechschwarzer Hütehund, der aufmerksam die Herde beobachtet. Harry Lüdermann ist der erste von dem Dutzend Schäfern, die ich auf den 1400 km entlang dem Grünen Band kennen lerne, und zugleich einer der nettesten. Er stammt aus Rhena, einem mecklenburgischen Ort zwischen Schönberg und Gadebusch und ist erst seit einigen Tagen mit den Schafen draußen auf der Weide. Das sei normal, denn nach dem Abflammen im Frühjahr weiden die Tiere zunächst auf den kleereichen Flächen in der Nähe der Naturschutzstation. Erst wenn die Lämmer einige Wochen alt und reisefähig sind, geht es auf die freie Weide, wo sie vom Schäfer gehütet werden. Die Herde setzt sich aus Heidschnucken und Pommerschen Landschafen zusammen, beides genügsame Rassen, die zugleich hervorragendes Fleisch liefern. Da die Lämmer auf den artenreichsten Weiden Schleswig-Holsteins heranwachsen, wobei

Primeln am Hirtenberg

sie zwischen 200 verschiedenen Gräsern und Kräutern auswählen können, entwickelten sie ein zartes, an Wildbret erinnerndes Fleisch, so der Schäfer. Allein die Thymianbestände des Naturschutzgebietes seien so groß, dass im Sommer bei jedem Schritt Aromawolken aufstiegen. Bei diesem Futter wäre das Fleisch schon gewürzt, bevor es in den Kochtopf käme. Geschlachtet werde im Spätherbst, bevor auf den Winterweiden oder im Stall Platz und Futter knapper werde. Die Einnahmen durch den Verkauf des Lammfleisches kämen direkt dem Naturschutz am Dummersdorfer Ufer zugute. Während die Schafe den Rasen kurz halten und damit Blumen wie Baltischem Enzian, Skabiosen und Heidenelken einen Platz an der Sonne sichern, drängen mitgeführte Ziegen die aufwachsenden Dornensträucher zurück. Biologische Landwirtschaft dient auf dieser Weide zugleich der Sicherung der Artenvielfalt. Wir verabschieden uns von Harry Lüdermann und folgen einem markierten Wanderweg in Richtung Hirtenberg.

Zauneidechse am Ballastberg

Blaues Wasser, grüne Wiesen, Vogelgesang

Nach fünf Minuten Fahrt über Wiesen- und Wirtschaftswege, entlang Knicks und durch ein Wäldchen, stehen wir plötzlich vor einem Zaun. Hinter dem Zaun ist hängiges Weideland, das steil zum Ufer der Trave abfällt. Ein kahler, hügeliger Sporn ragt in die Förde. Davor ein Strandsee, der dem Sporn den Charakter einer Halbinsel verleiht. Das muss der Hirtenberg sein, von den Seefahrern und Fischern „Stülper Huk" genannt. Wolfgang entdeckt ein Türchen im Zaun. Wir schließen unsere Räder zusammen und stürmen über die Weide hinunter zum „Isthmus", um gleich darauf die Besteigung des Hügels in Angriff zu nehmen. Oben überkommt uns ein Gefühl von Weite und Freiheit. Im Norden ahnt man die See, im Süden erstreckt sich die von steilen Moränenhängen umrahmte Förde, die, fast schon ein Fjord, den Eindruck einer unberührten Naturlandschaft vermittelt. Gegenüber schließlich das mecklenburgische Steilufer, an dem der DDR-Grenzzaun verlief. Kein Wunder, dass diese herausragende Warte als Kontrollstelle für den Schiffsverkehr diente. Im 12. Jahrhundert ließ Graf Adolf II. hier einen Turmhügel errichten, auf dessen Wälle wir stoßen, als uns eine Info-Tafel darauf aufmerksam macht.

Brandgänse an der Traveförde, Blick auf das mecklenburgische Ufer

Dass der benachbarte Travehang durch menschliche Eingriffe umgeformt wurde, erkennen wir als archäologische Laien dagegen sofort. Inmitten großer Kuhlen, nicht weit vom Strand, erheben sich kegel- und wellenförmige Hügel. Es sieht so aus, als hätte jemand am Hang gebaggert und einen Teil des Materials liegen gelassen. Die Info-Tafel bestätigt unseren Eindruck. Allerdings datiert diese Sand- und Kiesentnahme auf das Zeitalter der Segelschiffe. Unbeladene, in die Ostsee auslaufende Schiffe nahmen hier Ballast auf, um besser im Wasser zu liegen. Der Hang hat daher auch den Namen „Ballastberg" erhalten.

Wir legen uns ins Gras und verfolgen weißbauschige Schönwetterwolken. Wolfgang lauscht dem Gesang eines Wiesenpiepers, der ständig aufs Neue zum Singflug ansetzt. Auch eine Sperbergrasmücke meint er zu hören. Ihr Gesang kommt wohl aus einem Busch am Ballastberg. Ich erfreue mich an den vielen Schlüsselblumen, an den zartblauen Blüten des Hain-Veilchens und dem zierlichen Kreuzblümchen. Schön muss es hier auch im Sommer sein, wenn die Grillen zirpen und überall Schmetterlinge umhergaukeln. Früher, das heißt bis in die 1950er Jahre, waren der Hirtenberg und die Hänge um den Ballastberg von Heide überzogen. Schafherden müssen das Gelände über lange Zeit intensiv genutzt haben. Dann wurde die Nutzung aufgegeben, die Heide verschwand und es breiteten sich Büsche und hoch wachsende Gräser aus, die fast alle Blumen verdrängten. Die Wende kam Ende der siebziger Jahre, als die Naturschutzstation Dummersdorfer Ufer begann, Gebüsche und Hochgräser zurückzudrängen. Als Lohn für diese mühevolle Arbeit werden die Hänge heute von blumenreichen Weiderasen eingenommen. Selbst der seltene Baltische Enzian – er blüht im Spätsommer - kommt hier wieder vor. Damit dies alles so bleibt, zieht Harry Lüdermann mit seiner Heidschnuckenherde über die Hügel. Er weiß genau, wie intensiv die Beweidung sein muss, damit Blumen und Schmetterlinge zu ihrem Recht kommen.

Wir laufen hinunter zum Strandsee, dem Silkteich, der einst aus einer Bucht entstanden ist. In den 30er Jahren hatte man den kleinen See zugeschüttet, 1984 wurde er wiederhergestellt. Seitdem hat sich der Silkteich wieder zu einem wertvollen Naturelement entwickelt, in dessen Röhricht der seltene Rothalstaucher brütet. Als Nächstes besteigen wir den Ballastberg, wo ich zwischen trockenem Gras und Steinen eine Zauneidechse entdecke. Ganz vorsichtig gehe ich in die Knie, um den

Schillerfalter von der "Hohen Meile"
Grünes Band Mecklenburgisches Traveufer

„Minisaurier" zu fotografieren. Wolfgang sucht derweil mit seinem Glas das Ufer ab und hat bald etwas Bemerkenswertes entdeckt: eine Schar Brandgänse, 9 an der Zahl, die gemächlich zum Spülsaum watscheln. Um die Gänse nicht zu stören, meiden wir den Strand und ziehen schräg den Hang hinauf. Nicht lange und wir erreichen einen Trampelpfad, der entlang einem Weidezaun gradewegs nach oben zur Hangkante führt. Hier treffen wir die beiden „Schmetterlingsjäger" Matthias Braun und Laszló Klein wieder. Sie sind nicht vorangekommen, weil sie mehr Falter entdeckt haben als erwartet. Woran es liegen kann, dass wir nicht so viele Schmetterlinge gesehen haben, frage ich. „Ganz einfach. Ihr habt auf dem windigen Hirtenberg gesessen. Falter mögen es sonnig und windarm", belehrt uns Klein, „Schaut, hier am Gebüschrand ist einiges los!" und er deutet auf einen C-Falter und einen Bläuling. Ich frage Matthias Braun, wo die seltene Stranddistel vorkommt. „Die kann bei uns leider nur noch unter Ausschluss der Öffentlichkeit existieren, d.h. in dem abgesperrten Strandabschnitt, in dem auch unsere Strandvögel brüten. Den immensen Störungen durch den Badebetrieb ist die Stranddistel ebensowenig gewachsen wie die Zwergseeschwalbe." Wir wandern mit den Beiden über den Weg, der an der Hangkante entlang führt, bis zu unseren Rädern. Dann verabschieden wir uns.

Das mecklenburgische Traveufer

Auf einem Wanderweg radeln wir an den Steilabhängen der Trave entlang in Richtung Lübeck. Der Weg, teilweise nur als Pfad ausge-

bildet, bewegt sich im Grenzbereich von Wald und Wiese. Ab und an haben wir einen Ausblick auf das gegenüberliegende mecklenburgische Ufer. Hier wächst der von Laszló beschriebene Naturwald heran. Der Försterwald beginnt erst hinter dem ehemaligen Kolonnenweg, der weitgehend geradlinig von Lübeck-Schlutup bis an die Spitze der Teschower Halbinsel verläuft. Die zwischen den Buchten vorspringenden Nasen lagen daher vor dem Zaun und wurden über 4 Jahrzehnte so gut wie nie betreten. Unmittelbar am Traveufer durften die DDR-Grenzer ohnehin keine Patrouille laufen.

Die Grenzpatrouillen des Hans-Rathje Reimers

Hans-Rathje Reimers, ehemals Förster der Stadt Lübeck, zuständig für den Priwall und das Dummersdorfer Ufer, hat mir dazu eine nette Anekdote erzählt:

„Ihnen ist sicher bekannt, dass die Wasserflächen der Lübecker Förde zu Schleswig Holstein gehören. Der Uferstreifen auf der mecklenburgischen Seite ist bis zur mittleren Hochwasserlinie seit Barbarossas Zeiten Lübecker und damit schleswig-holsteinisches Gebiet. Das wurde von der DDR so auch respektiert. Als Westler konnte man so am mecklenburgischen Ufer entlang laufen, ohne dass einem die Grenzorgane der DDR etwas anhaben konnten. Natürlich sah der Bundesgrenzschutz es nicht gerne, wenn Zivilpersonen auf eine solch abenteuerliche Weise die DDR-Grenzer provozierten. Bei mir lag die Sache jedoch anders. Als für den Bereich Untertrave zuständiger Förster bin ich einmal im Jahr am mecklenburgischen Ufer Kontrolle gelaufen, wobei ich mir meist eine Gruppe Interessierter mitnahm. Also, wir waren wieder einmal auf der Mecklenburger Seite unterwegs und befanden uns am Selmsdorfer Ufer. Das ist nicht weit von Lübeck-Schlutup entfernt. Da tat es einen furchtbaren Knall. Alle altgedienten Wehrmachtsangehörigen und Bundeswehrabsolventen warfen sich sofort bäuchlings in den Sand, die Hände über den Kopf. Mit dem Gesicht im Sand erwarteten sie einen Angriff der DDR-Grenzer. Doch es blieb still. Nichts passierte. Ich war als Einziger stehen geblieben und schmunzelte, wusste ich doch, dass auf dem Gelände des Metallhüttenwerks am jenseitigen, dem Lübecker Ufer, wieder einmal ein Schlackenblock auseinander gesprengt worden war und das tat immer einen Knall wie ein Kanonenschlag."

In den Zuständigkeitsbereich von Hans-Rathje Reimers fiel auch die Insel Buchhorst. Sie liegt mitten im Dassower See und war daher ringsum von DDR-Gebiet umgeben. Vor dem Ausbau der Grenzanlagen war die nur 100 m vom Ufer entfernte Insel einige Male das Ziel von Flüchtlingen gewesen. Deswegen hatte der BGS dort einen Unterstand angelegt, in dem sich etwas Proviant und Trockenes zum Anziehen befanden. Zu dieser exponierten Insel weiß Reimers folgendes zu erzählen:

„Die Insel Buchhorst gehört seit 1962 zur Försterei Waldhusen. Obwohl ich diese Försterei schon 1965 übernommen hatte, dauerte es lange, bis ich einen Versuch starten konnte, die Insel kennen zu lernen. Bei meinen Kontrollgängen entlang der Untertrave machte ich nämlich am Eingang zum Dassower See Stopp. Weitergehen am mecklenburgischen Ufer war zu gefährlich. Und so bot sich mir erst in dem strengen Winter 1979/80 eine Gelegenheit,

Kaisermantel auf der „Hohen Meile"

Hans-Rathje Reimers vor seinem Forsthaus

auf Buchhorst mal nach dem Rechten zu sehen. Ostsee, Trave, Pötenitzer Wiek und Dassower See waren zugefroren. Nur die Fahrrinne in der Trave und in der Ostsee war offen, zwar nicht mit blankem Wasser, aber mit lockeren Schollen. Der Weg musste also vom Priwall über die Pötenitzer Wiek durch die Enge in den Dassower See führen. Zu dieser Zeit hatte ich einen Revierförster-Anwärter, mit dem ich die Tour unternehmen wollte. Wir sprachen das Unternehmen mit dem Bundesgrenzschutz (BGS), der Wasserschutzpolizei in Travemünde und dem Zoll ab, wohlweislich aber nicht mit meiner Frau Ellen. Sie hätte sicher alles vermasselt. Die öffentlichen Institutionen dagegen hatten keine Bedenken und so marschierten wir los. Als wir den engen Zugang zum Dassower See passierten, wurde es auf den beiden DDR-Seiten lebendig. Auf den Kolonnenwegen, die auf den Ufern rechts und links von uns verliefen, erschienen Armeetransporter. Auf unserer Höhe stoppten sie und jeweils eine Kompanie Grenzsoldaten sprang herunter und stellte sich auf. Uns wurde mulmig zumute. Während wir noch überlegten, was zu tun sei, näherte sich, dem Travelauf folgend, ein Lübecker BGS-Hubschrauber, der uns wohl schützen und ermuntern sollte. Doch uns hatte der Mut verlassen und wir zogen es vor, unverrichteter Dinge zum Priwall zurückzukehren. Wir hatten keine Lust, um die Demonstration westdeutscher Rechte Versuchskaninchen zu spielen.

Nach der Wiedervereinigung wurde die Insel Buchhorst Teil des schleswig-holsteinischen Naturschutzgebietes „Dassower See". Als ich anlässlich des GEO-Tages der Artenvielfalt am Grünen Band mit einem Expertenteam die Insel besuchte, rief ein Käferspezialist, der am Steilufer herumkraxelte, nach einem Pflanzenspezialisten: „Hier steht so ein Neophyt (aus Übersee zugewanderte Pflanze), den ich nicht kenne." Da ich als Erster zur Stelle war, hatte ich das Glück, den „Neophyten" als Schwalbenwurz - Vincetoxicum hirundinaria - zu identifizieren. Die in Schleswig-Holstein nur an zwei Stellen vorkommende heimische Pflanzenart war ehemals auch auf dem Buchhorst präsent, dann aber seit 1906 verschollen. Nach fast 90 Jahren ist die Schwalbenwurz nun plötzlich wieder aufgetaucht!"

Buchhorst ist bis heute nicht öffentlich zugänglich. Auch das mecklenburgische Traveufer ist nicht erschlossen und allenfalls über den verwachsenen Kolonnenweg zu erreichen. Das ist auch gut so, denn das Grüne Band ist hier bereits von der Trave aus Störungen ausgesetzt. Immer häufiger legen Bootseigner am Ufer an und campieren in den flachen Uferbereichen. Eine Regelung des Bootsverkehrs ist vonnöten, denn das Grüne Band ist hier voller Kostbarkeiten. Neben der Waldwildnis existieren entlang dem Kliff zahlreiche offene Abbruchkanten, wo auf Rohböden Wärme und Licht liebende Pflanzenarten wie Wundklee, Nickendes Leinkraut oder die Wiesen-Kuhschelle wachsen. Hier finden auch zahlreiche Wildbienen einen Lebensraum. Winterlicher Wellenschlag sorgt dafür, dass Teile des Kliffs dynamisch bleiben. Endmoränenkies, Geschiebemergel und Kalkbeimischungen sorgen für Blütenvielfalt. Die Abbruchkanten sind vom Dummersdorfer Ufer aus gut zu erkennen. Ganz deutlich sehen wir auch breite Röhrichtstreifen, vor allem in den Buchten. In den flachen Uferpartien des mecklenburgischen Traveufers finden sich auch Salzwiesen mit Salzaster und anderen salzliebenden Arten. Der Einfluss des Salzes ist bis nach Lübeck hinauf zu spüren und so ist die Traveförde auch ein bedeutendes Laichgewässer des Ostsee-Herings. Schließlich stellt die Förde für ca. 100.000 Wasservögel ein Überwinterungs- und Mausergebiet dar, insbesondere für Singschwan, Blässgans, Bergente, Tafelente, Schellente und Zwergsäger.

Am Dummersdorfer Ufer nach Lübeck

Unser Weg am Dummersdorfer Ufer führt nun zumeist durch Wald, der sich als schmales Band am Steilufer der Trave entlang zieht. Im Schatten von Eichen, Hainbuchen und Haselnuss finden wir noch einige Frühjahrsblüher: die blau-rot gefärbten Blüten des Lungenkrautes, die schwefelgelbe Wald-Schlüsselblume und den Aronstab mit seiner eigenartigen Fliegenkesselfalle. Auch Buschwindröschen, Christophskraut und die Vielblütige Weißwurz sind zu sehen. Zeitig im Frühjahr erscheint hier das Leberblümchen, das sich mit seinen blauen Blüten vom brauntrockenen Buchenlaub abhebt. An einer Stelle hat sich ein Bach schluchtartig in das Kliff eingegraben. Wir lassen das Rad stehen und folgen einem Pfad, der durch die Schlucht hinunter zum Ufer führt. Von hier aus sehen wir, dass es auch am Dummersdorfer Ufer offene Abbruchkanten gibt.

Leberblümchen am Dummersdorfer Ufer

Auf unserer Weiterfahrt treffen wir jetzt häufiger auf Menschen. Wir nähern uns den Vororten von Lübeck. Schließlich fahren wir an einer begrünten Deponie von riesigen Ausmaßen entlang. Dahinter beginnt das Lübecker Industriegebiet Herrenwyk, auf dem sich früher das von Hans-Rathje Reimers erwähnte Metallhüttenwerk befand. Heute dominieren hier Recycling-Industrien. Von dem verbauten Ufer des Industrieparks aus sehen wir unser heutiges Ziel, das idyllisch gelegene Schlutup, ein ehemaliges Fischerdorf an der Trave mit Kirchhügel, kleinem Hafen und allem anderen, was dazu gehört. Was für uns Schlutup so interessant macht, ist zunächst einmal die Übernachtungsmöglichkeit bei Manfred Vesper, einem weiteren ehemaligen Lübecker Förster, zum anderen die Tatsache, dass das Grüne Band unmittelbar an den Häusern von Schlutup entlang läuft - ein Haus lag sogar beiderseits der Grenze - und dass der Grenzstreifen hier in den Stadtwald von Lübeck übergeht.

Vesper hat bis 2005 das Revier Lauerholz geleitet, das an Mecklenburg grenzende Revier des Lübecker Stadtwaldes, das sich südlich von Schlutup erstreckt. Am Lauerholz, so haben wir in Telefongesprächen mit dem Förster erfahren, „umschifft" das Grüne Band gut gepuffert den Ballungsraum Lübeck. Vesper will uns mit dem Rad durch sein ehemaliges Revier führen und dabei natürlich auch einen Abstecher über die ehemalige Grenze hinweg in die mecklenburgische Palinger Heide unternehmen. Zudem hat uns Vesper den Kontakt zu seinem ehemaligen Chef, dem Leiter der Forstdienststelle Lübeck, Herrn Lutz Fährse vermittelt, dem wir morgen früh, bevor wir mit Vesper auf Tour gehen, in seinem Büro einen Besuch abstatten wollen. Er hat versprochen, uns über die besondere Bewirtschaftungsweise des Lübecker Stadtwaldes zu informieren.

Heute Abend sitzen wir erst mal mit Manfred Vesper auf der Terrasse seines Haus. Bei einem kühlen Bier genießen wir den Blick auf die Trave und unterhalten uns über ferne Länder. Manfred Vesper hat nämlich mit seiner Pensionierung eine neue Aufgabe übernommen: Er hilft beim Aufbau einer nachhaltigen Forstwirtschaft in der Mongolei. Vesper erzählt uns über seine Aufenthalte in der Waldsteppe und zeigt uns Bilder von einer weiten, unverbrauchten Landschaft und freundlichen Menschen (siehe www.manfred-vesper.de.). Nach einer anregenden Diskussion gehen wir voller Fernweh ins Bett. Vespers Schilderungen über seine Kontakte mit mongolischen Hirten haben Wolfgang und mich an unsere Zeit in Nord-Kenia bei den Samburu erinnert, wo wir untersucht haben, ob Herden aus Schafen, Kamelen, Ziegen und Rindern die Savanne nachhaltiger nutzen als reine Rinderherden.

Naturerlebnistouren am Dummersdorfer Ufer

Kombinierte Rad- und Fußtour mit Besuch der Naturschutzstation

Länge: *10 km Rad, 1 km zu Fuß*
Wegestruktur: *Straße, befestigte Wanderwege, Fußpfade*
Steigungen: *mit dem Rad unwesentlich, zu Fuß gering (2 x knapp 10 Höhenmeter)*
Charakter: *erholsame Unternehmung, bei der man viel Zeit zum Schauen mitbringen sollte*
Dauer: *reine Fahr- und Gehzeit 1 ½ Stunden, mit Info- und Naturgenusszeiten 3-4 Stunden*
Ausgangspunkt: *Lübeck-Kücknitz Ortsmitte an der Straße Lübeck-Travemünde*
Gastronomie: *keine, Selbstversorgung*

Durch Kücknitz und in der Feldflur den Hinweisen zur Naturschutzstation folgen. Besuch der

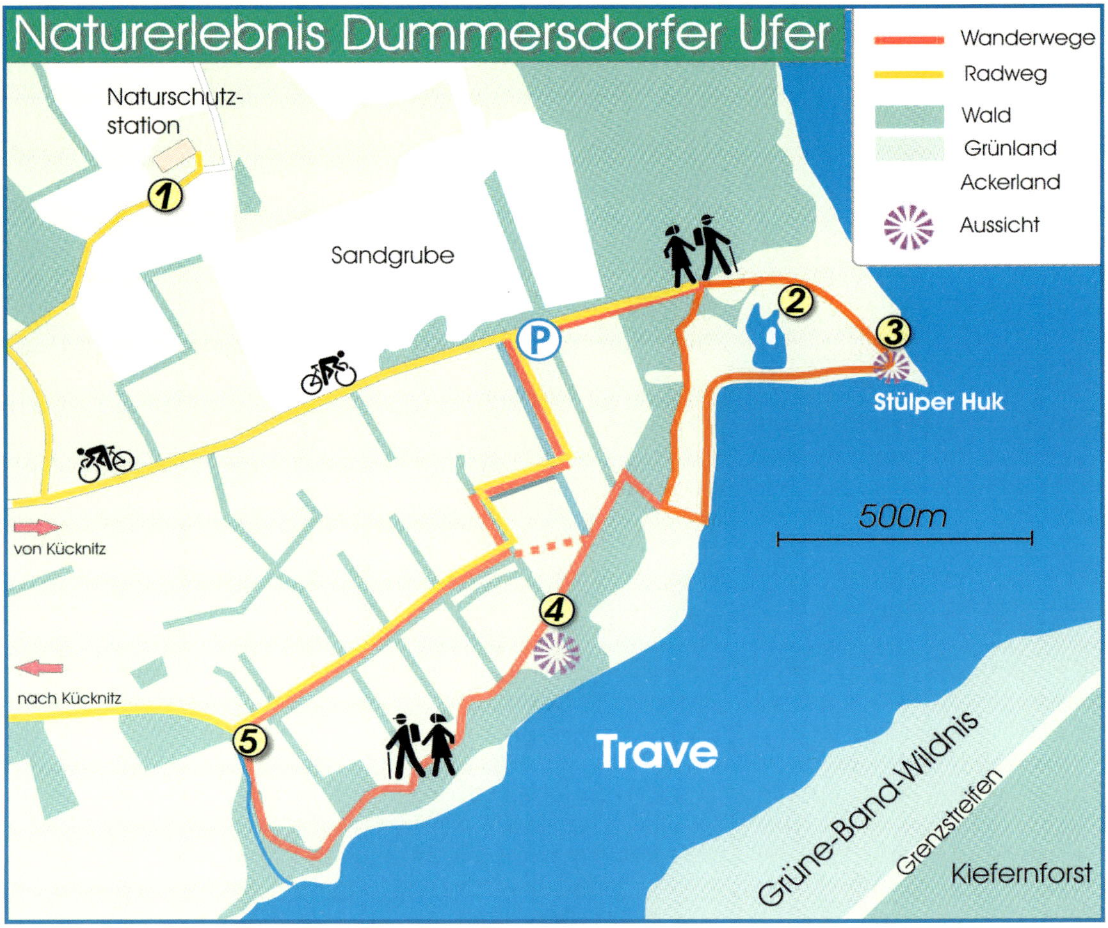

Die Ballastberge

Station (Punkt 1). Zurück zu der geradlinig verlaufenden Hauptverbindung Kücknitz – Stülper Huk. Am Wanderparkplatz vorbei bis zur Hangkante des Traveufers. Räder am Zaun anschließen. Zu Fuß über die Schafweide (Tür am Zaun sorgfältig schließen) hinunter zum Silker Teich (Punkt 2) und von dort auf den Hirtenberg (Punkt 3). Zurück zu den Rädern. Entweder über selben Weg oder über Pfade entlang dem Traveufer, vorbei an den Ballastbergen (Punkt 4) bis zum Weidezaun. Am Zaun bergan, durch Tür hindurch und rechts über Weg an der Hangkante zurück zu den Rädern. Fortsetzung der Radtour über einen parallel laufenden Weg (links vom Hangkantenwald) durch die von Knicks geprägte Flur bis nach Kücknitz. Nach ca. 1 ½ km kommt man am Beginn einer Waldschlucht vorbei (Punkt 5), der man zu Fuß auf einem schmalen Pfad zum Traveufer folgen kann.

Kleine Wanderung entlang dem Traveufer

Länge: *4 km*
Wegestruktur: *Naturpfade, Graswege, befestigte Wege*
Steigungen: *gering, 2 x knapp 10 Höhenmeter*
Charakter: *erholsame Naturerlebniswanderung*
Dauer: *reine Gehzeit 1 ¼ Stunden, mit Naturgenuss mindestens 2 Stunden*
Gastronomie: *keine, Selbstversorgung*

Vom Wanderparkplatz Hirtenberg über Hauptweg zur Schafweide am Stülper Hük. Weidezauntür passieren, hinunter zum Silker Teich (Punkt 2) und von dort auf den Hirtenberg (Punkt 3). Zurück bis zum Hangfuß, nach links wenden und Pfaden folgen, die, an den Ballastbergen (Punkt 4) vorbei, am Traveufer entlang führen. Am Weidezaun bergan, durch Tür hindurch und dahinter links hal-

Stranddistel

ten. Man quert den schmalen Hangkantenwald, hinter dem man sich wieder links wendet. Am Waldrand markiertem Grasweg folgen. Ein Aussichtsturm wird passiert. Weiter über Graswege bis zu einer Schlucht (Punkt 5), die von der Feldflur hinunter zur Trave führt. Man folgt dem Rand der Schlucht bis zu deren Beginn in der Feldflur. Dann rechts über Wanderweg durch die von Knicks geprägte Flur zurück zum Wanderparkplatz.

Palinger Heide und Lauerholz - oder wie das Grüne Band die Hansestadt Lübeck umschifft

Der Lübecker Stadtwald muss etwas Besonderes sein. Schließlich hat Greenpeace Mitte der 90er Jahre das Lübecker Wald-Konzept als das nachahmenswerte Beispiel herausgestellt und auch der BUND machte sich die Eckpunkte der naturnahen Lübecker Waldwirtschaft zu eigen. Ich erinnere mich noch genau an die Lübecker Pressekonferenz von Greenpeace, auf der die Umweltschutzorganisation sich offiziell hinter das „Lübecker Modell" stellte und damit den Angriffen der konventionellen Forstwirtschaft gegen das Lübecker Forstamt Wind aus den Segeln nahm. Die Positionierung der Umweltverbände blieb nicht ohne Folgen: Im Jahre 1996 verlieh die Europäische Papierindustrie den Lübecker Förstern den Preis für „Umweltmanagement". Auch die amtliche Unterstützung ließ nicht mehr lange auf sich warten: Im Jahre 1998 wurde das Stadtforstamt anlässlich des 1. Naturschutzwettbewerbes des Bundes und der Länder von Dr. Angela Merkel für besondere Leistungen in Sachen „Naturnahe Waldnutzung" ausgezeichnet. Und als Krönung wurde der Stadtwald Lübeck als erster deutscher Wald 1997 durch „Naturland e.V." und 1998 durch den Forest Stewardship Council (FSC) international zertifiziert, was besagt, dass der Lübecker Wald gemäß den Beschlüssen der Konferenz für Nachhaltige Entwicklung in Rio bewirtschaftet wird.

Wir hielten es daher für unumgänglich, den Spiritus Rector des „Lübecker Modells", Dr. Lutz Fähser, kennen zu lernen, der als Leitender Forstdirektor der Hansestadt Lübeck die naturnahe Bewirtschaftung des Lübecker Waldes initiiert und vorangetrieben hat. Manfred Vesper, sein ehemaliger Revierförster, verschafft uns auf die Schnelle einen Termin. Leider befindet sich Fähsers Dienststelle am anderen Ende der Stadt, in einem Wald bei Kronsforde. Doch unser Gastgeber fährt uns bis ins Stadtzentrum und von dort aus kommen wir mit dem Bus direkt zum Forstamt.

Forstdirektor Dr. Lutz Fähser während einer seiner Forschungsreisen, hier in einem Küstenwald in Chile

Bei Lutz Fähser im Stadtforstamt Lübeck

Das Forstamt ist, wie es sich gehört, rings von hohen Bäumen umgeben. Neben einem Backsteinbau, in dem die Büroräume untergebracht sind, existiert ein Wirtschaftsgebäude. „Die Förster bekamen früher nur ein geringes Gehalt und unterhielten daher wie Lehrer und Pfarrer eine kleine Landwirtschaft", erklärt uns Dr. Lutz Fähser. Zu seinen Füßen liegt ein weißer, glatthaariger Hund, eine ungarische Rasse, ein Hütehundmischling, wie Fähser betont. Und dann kommt Fähser rasch auf die Kernfragen des Lübecker Modells zu sprechen:

„Bei uns werden seit 1994 nur einzelne Bäume oder kleine Baumgruppen gefällt. Kahlhiebe gibt es im Lübecker Stadtwald nicht mehr. Zudem werden Sie bei uns keine Neuanlage von Monokulturen finden. Das gilt auch für Laubhölzer wie Buchen und Eichen. Wir setzen grundsätzlich auf Naturverjüngung. Und wie Sie nachher bei Ihrer Wald-Rundfahrt mit Herrn Vesper sehen werden, funktioniert das hervorragend. Ein weiterer wichtiger Punkt unserer Bewirtschaftung ist das hohe Alter, das wir den Bäumen gewähren. Forstbetriebe, die auf Massenproduktion aus sind, „schlachten", wie Horst Stern es einmal treffend formuliert hat, „die Bäume im Kälberal-

Strukturreicher Buchen-Eichen-Mischwald

Hirschkäfer

ter". Wir fällen Bäume erst, wenn sie den optimalen Zustand der Reife erreicht haben."
„Was heißt optimale Reife?", möchte ich wissen.
„Die Reife wird durch einen Mindestdurchmesser des Stammes definiert, den erreichen Buchen häufig im Alter von 150 Jahren. Bei Eichen können Sie noch einmal hundert Jahre dazuzählen. Mit unserem späten Eingriff wird der Wald insgesamt älter und damit strukturreicher."
„Aber Sie führen doch bestimmt auch Durchforstungshiebe durch? Die sind, was ich bisher von Förstern gehört habe, für die Produktivität des Bestandes unverzichtbar. Wenn der Aufwuchs zu dicht werde, drücke das auf die Vitalität", wende ich ein. „Das sei wie im Garten mit den Salatpflanzen, die müsse man auch vereinzeln."
„Förster sind keine Gärtner!", bekommen wir als Antwort. „Wir haben es nicht mit Salat zu tun, son-

Buntspecht

Der Eichelhäher hilft den Förstern beim Aufbau des naturnahen Waldes: Er sammelt Eicheln und versteckt sie unter Laub und Moos. Viele von seinen Vorratseicheln vergisst er wieder und so kommen überall im Wald vom Häher gepflanzte Eichen hoch.

dern mit langlebigen Gehölzen, und deren Vitalität und Produktivität entwickelt sich am besten in einem naturnahen Umfeld." Fähser ist in seinem Element.

„Natürlich durchforsten wir in Lübeck auch, aber nicht um die Produktivität unnatürlich anzuheizen. Wir schlagen derzeit nur qualitativ schlechte, standortfremde und nichtheimische Bäume. Der Anteil von Fichten, Lärchen, Douglasien und Roteichen geht daher seit Jahren zurück, der Anteil von Buchen, Eichen, Ahorn, Eschen, Birken, Erlen und Wildobst steigt an. Auf diese Weise entwickelt sich der Wald natürlicher und widerstandsfähiger. Für eine Optimierung der Holzproduktion bedarf es aber, entgegen der herrschenden Lehrmeinung, keiner intensiven Durchforstungen, zumindest nicht auf unseren Standorten. Und das sagen wir nicht aus dem hohlen Bauch heraus, sondern auf der Basis wissenschaftlicher Untersuchungen, die auf unseren acht nutzungsfreien Weiserflächen durchgeführt wurden. Eine von diesen Weiserflächen, der Schattiner Zuschlag, ist für Sie im Hinblick auf das Grüne Band von Interesse. Kommen Sie, ich zeige Ihnen an der Karte, wo dieses Revier liegt." Dr. Fähser führt uns in ein Nebenzimmer, in dem eine Bestandeskarte hängt.

„Sehen Sie hier unten, nicht weit von der Nordspitze des Ratzeburger Sees entfernt, liegt der Schattiner Zuschlag."

„Die Fläche lag ja mitten in der DDR!"

„Mitten ist etwas übertrieben, der Schattiner Zuschlag befand sich innerhalb des Grenzsperrgebietes. Aufgrund dieser exponierten Lage hat dieser Wald in DDR-Zeiten auf weite Strecken keine Axt mehr gesehen. Und so steht da heute Baum an Baum, ganz dicht und himmelhoch aufragend. Genauso wie es nach der üblichen Forstpraxis nicht sein sollte. Und was meinen Sie, was herauskam, als Wissenschaftler der Universität Kiel die Produktivität des Schattiner Zuschlags und unserer anderen Weiserflächen mit den normal durchforsteten Beständen verglichen?" Fähser wartet nicht auf unsere Antwort und gibt sie selbst:
„Die Produktivität der nicht durchforsteten Bestände war höher als die der durchforsteten."
„Also, Förster raus aus dem Wald?", entfährt es mir.
„Nein, natürlich nicht. Schließlich wollen wir weiter Holz ernten, sonst hätten wir auch nicht das FSC-Zertifikat bekommen. Aber die Untersuchungsergebnisse zeigen, dass wir die forstlichen Eingriffe minimieren sollten. Wir haben daher gerade beschlossen, unsere Buchenwälder im Laufe eines Baumalters anstatt vier- bis sechsmal nur noch zwei- bis dreimal zu durchforsten. Unser Bewirtschaftungsprinzip kann am besten mit dem Wort „Bioautomation" umschrieben werden. Und dazu gehört selbstverständlich auch, dass wir nicht mit Pflügen in das Bodengefüge eingreifen."
„Pflügen ist doch Sache der Bauern. Wer pflügt denn im Wald?"
„Pflügen ist in vielen konventionellen Forstbetrieben ein übliches Verfahren zur Anlage neuer Kulturen, sei es um den Boden für die Bepflanzung vorzubereiten oder um die Naturverjüngung einzuleiten."

Buchentotholz mit Zunderschwamm

„Und was hat das mit Naturverjüngung zu tun?"
„Wenn der Waldboden vergrast ist – und das ist in Kiefernmonokulturen fast der Regelfall – dann haben die Baumkeimlinge es schwer, sich gegen die Konkurrenz der Graswurzeln zu behaupten. Wenn Sie aber einen gemischten Bestand aufbauen und den dazu dicht halten, dann gibt es keine Vergrasung. Sie sehen also, bei unserer Waldbewirtschaftung machen wir keine Anleihen bei der Landwirtschaft. Bei uns gibt es keine Holzäcker. Und selbstverständlich ist im Lübecker Wald der Einsatz von Pestiziden und Mineraldüngern verboten. Wenn wir Anleihen machen, dann bei der Natur."
„Das hört sich alles ungeheuer ökologisch an. Aber garantiert Ihre Form der Waldbewirtschaftung auch den Artenschutz? Ich denke an Spechte, Fledermäuse und Käfer, die Alt- und Totholz benötigen."
„Ihre Fragen sind berechtigt. Auch wir haben sie uns gestellt, als wir das Lübecker Forstkonzept entworfen haben und wir sind zu

Manfred Vesper

dem Ergebnis gekommen, dass wir zusätzliche Punkte in unser Programm aufnehmen müssen, vor allem, weil der Lübecker Wald bis 1994 konventionell bewirtschaftet wurde und damit weit von seinem Idealbild, dem natürlichen Wald entfernt war. Wir haben die Bürgerschaft von Lübeck - die ja unserem Programm zustimmen musste- dafür gewinnen können, dass in ihrem Wald jeder zehnte Baum überhaupt nicht geerntet wird, sondern sein natürliches Alter erreichen darf. Auch Horst- und Spechtbäume oder besonders schöne Exemplare bleiben bei uns von der Holznutzung verschont. Aber das ist noch längst nicht alles. Zehn Prozent des Waldes wurden gänzlich aus der Nutzung genommen. Das alles dient nicht nur dem Artenschutz, sondern es fördert auch die Erlebnisvielfalt. Und das ist für die Akzeptanz unseres Konzeptes wichtig. Schließlich ist der 5000 Hektar große Lübecker Wald das Naherholungsgebiet für die Lübecker Bürger."

Wir sind beeindruckt. Nach den Ausführungen von Dr. Fähser sind wir fast geneigt zu sagen, dass dem Grünen Band nichts Besseres hätte passieren können, als an Lübeck vorbeizuführen.

„Herr Fähser, noch eine persönliche Frage: Was hat Sie zur Entwicklung des Lübecker Konzeptes bewogen?"

„Da ist zunächst einmal mein Studium an der Universität Freiburg, in dem ich mich auf forstliche Betriebswirtschaft spezialisiert habe und in dessen Verlauf ich 1977 mit einem entsprechenden Thema promovierte. In meiner Arbeit fand ich heraus, dass Forstbetriebe nur dann langfristig erfolgreich sein können, wenn sie die Natur die Hauptarbeit leisten lassen und ihren Arbeits- und Kapitaleinsatz so klein wie möglich halten. Meine Motivation resultiert also nicht auf Naturschwärmerei, sondern auf harten ökonomischen und ökologischen Fakten. Beeinflusst hat mich aber auch meine Mitarbeit an forstlichen Entwicklungsprojekten in der Dritten Welt. Die Anforderungen, die dazu von der Bundesrepublik im Hinblick auf eine Förderung gestellt werden, sind sehr anspruchsvoll: kein Kahlschlag, heimische Baumarten, keine Gifte, Beteiligung der örtlichen Bevölkerung usw. Im Vergleich dazu waren die Anforderungen, die man an die Bewirtschaftung der deutschen Staatsforsten stellte (und noch stellt) geradezu lächerlich. Ich wollte das einführen, was Deutschland von den Ländern der Dritten Welt verlangt. Schließlich habe ich die Beschlüsse der Rio-Konferenz von 1992 ernst genommen, besonders die Konventionen zur biologischen Vielfalt, die Walderklärung und die Regeln der Agenda 21. Ich wollte zeigen, dass man diese wirklich umsetzen kann. Mir war klar, dass die Beschlüsse auf nationaler Ebene zu Tode verhandelt werden, was ja auch geschah. Der Begriff „Nachhaltigkeit" ist bis heute völlig inhaltsleer geblieben. Im Zuge der Energieholz-Nachfrage und dem angeblich notwendigen Umbau der Wälder im Zeichen der „Klima-Anpassung" werden die meisten Staatswälder zum Teil hoffnungslos zusammengehauen."

„Stimmt, Letzteres kann ich für Thüringen, das sich sonst für das Grüne Band stark engagiert, voll bestätigen", falle ich Fähser ins Wort (Siehe Bd. V der Grünen-Band-Buchreihe).

„Ja, und umso wichtiger ist es, dass die ökologisch orientierten Stadtforstämter, zu denen inzwischen auch die von Bonn, Berlin, Düsseldorf, Hannoversch-Münden und München gehören, ihre Fahne hochhalten." Lutz Fähser hat uns überzeugt. Bei der Verabschiedung versprechen wir, für Lübecks Forstmodell Werbung zu machen. Und dann fahren wir theoretisch bestens gerüstet zurück nach Schlutup, zu Manfred Vesper, Fähsers ehemaligen Grenzrevierförster, um den Lübekker Wald zu erkunden, dort, wo er Teil des Grünen Bandes ist.

Die Munitionsfabrik von Schlutup

Am frühen Nachmittag starten wir mit Manfred Vesper zu unserer Waldexkursion. Zu dritt geht es mit dem Rad Richtung Lauerholz, zunächst durch den heimeligen, alten Schlutuper Dorfkern, dann auf einem Radweg entlang einer schnurgeraden Ausfallstraße (Wesloer Straße), bis wir nach ca. 2 km, am Rande des Waldes, auf die Bundesstraße 104 treffen. Vesper hält an und macht uns auf halb im Wald versteckte Industriegebäude aufmerksam: „Hier befand sich während der NS-Zeit eine der größten deutschen Waffen- und Munitionsfabriken, die DWM. Auf über 400 Hektar hatte man um die 100 Gebäude errichtet, in denen Handgranaten, Artillerie- und Patronenhülsen sowie Nebelkerzen und Bombenzünder produziert wurden. Das Produktionsgelände erstreckte sich vom Traveufer bis zur östlichen Stadtgrenze. Die Dächer der Produktionshallen hatte man mit Bäumen und Sträuchern bepflanzt. Sie waren so gut getarnt, dass die Alliierten den Komplex erst entdeckten, als sie davor standen. Die Hälfte der Gebäude haben die Engländer dann gesprengt. Die Ruinen stehen bis heute in meinem Revier."

„Bei so einem großen Betrieb haben die Nazis wohl auch Zwangsarbeiter eingesetzt?", frage ich.

„Natürlich, während des Kriegs lebten in Lübeck an die 20.000 Polen, Russen, Dänen, Belgier, Niederländer und Franzosen. Sie waren in einem Ring von Barakkenlagern untergebracht. Auch in der mecklenburgischen Palinger Heide, die an das Lauerholz grenzt, hatte man Lager aufgebaut. Ein großer Teil dieser Menschen hat in der Munitionsfabrik gearbeitet. Man hat hier auch Munition getestet. Die Reste der bis zu 2 km langen Schießstände finden Sie noch heute im Wald."

Nachdenklich folgen wir Manfred Vesper, der auf einem Radweg entlang der B 105 auf den ehemaligen Grenzstreifen zufährt. Auf Berichte über gescheiterte Fluchtversuche an der DDR-Grenze und die Handhabung des Schießbefehls waren wir vorbereitet. Dass wir gleich zu Beginn unserer Exkursion mit der NS-Vergangenheit konfrontiert würden, haben wir nicht erwartet.

Lübecker Grenzwälle

Knapp hundert Meter vor der ehemaligen Grenze biegen wir von der Straße ab und fahren über eine Waldwiese in das Lauerholz hinein. Kurz darauf befinden wir uns in einem Buchenwald mit mächtigen Bäumen und viel Unterholz. Auf einer Holzbrücke, die über einen breiten Graben führt, steigt Vesper vom Rad. „So in etwa stellen wir uns den Lübecker Wald vor", sagt Vesper und erschlägt eine Mücke. „Warten Sie, ich habe ein Mittel dabei. Reiben Sie sich das ins Genick und in die Haare, sonst werden Sie auf unserer Exkursion keine Freude haben." Während Vesper das Mittel bei sich anwendet, haut sich Wolfgang, der eine kurze Hose anhat, auf seine Beine. Ich wehre mich gegen einen ganzen Schwarm und bin froh, als Vesper das Mittel an mich weiterreicht.

„Ja, wir haben in unserem Wald halt viele Gräben, Moore und Tei-

Schwarzspecht

che. Feuchtgebiete zu entwässern kommt nach unseren Richtlinien nicht in Frage. Unser Wald ist voller Leben. Da..., sehen Sie den Schwarzspecht?" Wir sehen ihn nicht, aber wir hören sein lang gezogenes „Tüt-tüt-tüt". „Bei uns wird kein Baum gefällt, in den der Specht eine Höhle gezimmert hat. Auch Horstbäume sind für uns tabu. Übrigens, die Gräben und Wälle, die Sie hier sehen, haben nichts mit der Munitionsfabrik zu tun. Das sind die Reste einer Landwehr, die so genannten Schwedenschanzen. Die Lübecker verfügten früher über ein eigenes Heer. Und was macht man mit Soldaten, wenn kein Krieg ist? Man beschäftigt sie mit mehr oder weniger sinnvollen Arbeiten. Die Lübecker Landsknechte mussten Wälle anlegen, hier, entlang der mecklenburgischen Grenze, gleich mehrere hintereinander. An den übrigen Stadtgrenzen begnügte man sich mit einem einfachen Graben-Wall-System, das mit Büschen bepflanzt wurde. Auf weiten Strecken gab man sich auch mit einer „nassen Grenze", also mit Flüssen und breiten Wassergräben zufrieden, nur halt nicht gegenüber den mecklenburgischen Nachbarn. Mit denen gab es immer wieder Auseinandersetzungen." „Wann war das?", fragt Wolfgang. „Die Landwehr hatte bis in das 16. Jahrhundert Bestand. Mit der Grenze zur DDR hat das nichts zu tun, obwohl sich der Grenzzaun der DDR nur wenige Meter von hier durch den Wald zog. Wir schauen gleich mal, was aus dem Todesstreifen geworden ist." Und damit schwingt sich Vesper wieder auf sein Rad und wir folgen ihm zur „Grenze".

Der Todesstreifen

Als der schattige Buchenwald plötzlich einem lichten Birkenwald Platz macht, wissen wir, dass wir die ehemalige Grenze zur DDR überschritten haben. Die Grenzsoldaten hatten auf den sandigen Flächen vor dem Zaun alle paar Jahre den Aufwuchs zurückgeschnitten, wovon die rasch wachsende Birke, deren Samen mit dem Wind überall hin verbreitet wird, profitierte. Hundert Meter weiter, dann plötzlich dicht an dicht stehende Jungkiefern. Unsere Räder mahlen sich durch Zuckersand, doch nur kurz, dann haben wir die rettenden Lochbetonplatten des Kolonnenweges erreicht.

„Direkt nach dem Fall der Mauer hat sich auf dem Grenzstreifen

Schwedenschanzen im Lübecker Lauerholz

Heide eingestellt", berichtet Vesper, „doch mit der Heide kamen auch Kiefern hoch. Rechts von uns stehen ja reichlich Samenbäume."

„Werden in diesem Abschnitt auch Heideflächen durch Pflege erhalten?", fragt Wolfgang, der Botaniker, der lieber blühende Heideflächen sieht als Kieferndikkungen. „Ja, da ist so ein Lehrer, der hackt mit seinen Schülern auf einigen Flächen immer wieder die jungen Kiefern ab. Aber die arbeiten damit gegen die Natur!" Hier hat der Forstmann gesprochen. „Außerdem", ergänzt Vesper, „gibt es im Bereich des Grenzstreifens noch jede Menge offener Flächen, auf denen Heide wächst. Übrigens, in diesem Abschnitt hat im September 1970 ein junger Elchbulle die Grenze überwunden. Trotz Stacheldraht und Minengürtel blieb er unverletzt."

Ehem. Grenzstreifen mit Kolonnenweg nahe der Lübschen Schwedenschanze

Elch überwindet Grenzsperren

Hans-Rathje Reimers, Vespers Kollege erzählt: „Mehrere Tage hielt sich der Elch im Westen auf und, wie ich anhand von Fährten, Äsungsbildern und Losung feststellen konnte, kehrte er zwischendurch mal wieder in den Osten zurück. Zudem durchschwamm er mehrmals die Trave und kreuzte einige Male viel befahrene Straßen, wobei er meist für ein Pferd gehalten wurde. Einige gefährliche Situationen hatte er dabei schon heraufbeschworen. Als er dann am 15.9.1970 mitten im Stadtteil Lübeck-Kücknitz seinen Einstand nahm, entschloss man sich, ihn zu narkotisieren, um ihn darauf in ein Gatter zu bringen. Leider verhinderten einige Tausend Schaulustiger, dass die Narkose richtig wirkte. Der Hirsch starb an Stress. 14 Tage später lief wohl ein Wanderkumpan des so traurig geendeten Elchbullens am Südende der „Palinger Heide", genauer gesagt bei Herrenburg, auf eine Grenzmine. Auch nach der Wiedervereinigung kreuzten bei Lübeck und etwas weiter südlich Elche die ehemalige Grenze. Zwei wurden Opfer des Straßenverkehrs, zwei wurden wegen der Straßenverkehrsgefährdung erlegt. In den stark besiedelten Gegenden Schleswig-Holsteins ist es für Elche wohl zu eng geworden.

Der Elch in Kücknitz (19.9.1970)

Blindschleiche

Mit Manfred Vesper geht es weiter über den Kolonnenweg, auf dem man immer in der Gefahr schwebt, mit einem Reifen in eines der Löcher der Lochbetonplatten zu versinken. Gott sei Dank existieren hier lange lochlose Abschnitte. An einer von Ost nach West führenden Schneise queren wir wieder den ehemaligen Todesstreifen, dieses Mal Richtung Westen. Noch immer auf Mecklenburger Territorium radeln wir über eine wunderschöne Lichtung mit einzelnen Birken, Weißdorn und blühenden Obstbäumen. Zwischen Heidekraut und Rasenflächen tummelt sich eine Gruppe Kinder des „Wesloer Waldkindergartens". Eben machen sie sich auf den Weg Richtung „Westen". Zwei ziehen einen Bollerwagen, der mit den Rucksäcken der Übrigen beladenen ist. „Eine Schlange, eine Schlange!", rufen die beiden plötzlich. Ein Betreuer bückt sich und rettet eine Blindschleiche, die sich auf dem sandigen Weg gesonnt hat. Das verdatterte Reptil, das keine Schlange ist, sondern eine von „Geburt an" beinlose Eidechse, wird herumgezeigt, dann will man es mit in den nahen Wald nehmen. „Lassen Sie das Tier doch hier", mischt sich Vesper ein, „setzen Sie es einfach an die Seite. Es liebt die Heide und die offenen Flächen."

Wenig später, wir sitzen zusammen im „Westen" an einem Waldteich, bekommen wir echte Schlangen zu Gesicht, und nicht nur eine. Vesper kennt die Tiere,

Ringelnatter

Alter Torfsee (Wesloer Moor) im Lauerholz

Wesloer Forsthaus

die in dem klaren Wasser von einer Seite des Teichs auf die andere schwimmen. Es sind Ringelnattern. Während unserer kurzen Rast zählen wir zwölf Schlangen. Die Weibchen haben ihre Nester auf der gegenüber liegenden Insel. Der vielfach verästelte Teich, der aus einem Torfstich im Wesloer Moor entstanden ist, stellt ein echtes Naturparadies dar, und das unmittelbar am Rande einer über 200.000 Einwohner zählenden, quirligen Stadt. Im Bereich des Lübecker Stadtwaldes und der in Mecklenburg anschließenden „Palinger Heide" existieren über 10 solcher Moorteiche.

Vesper hat noch etwas Interessantes für uns auf Lager: die Reste eines aus dem Dritten Reich stammenden Beobachtungsbunkers am Ende einer kilometerlangen Schießbahn der Munitionsfabrik. Die Betonwände des ehemaligen Kolosses sind inzwischen mit Grafitti bemalt. Dann schaut Vesper auf die Uhr. Um eins hat er im Forsthaus Wesloe einen Pressetermin. Wir müssen los. Aber kein Problem: Mit dem Rad sind wir in 10 Minuten dort und Vesper hat noch Zeit, uns den Naturgarten seines Waldkindergartens zu zeigen, den er einmal mit aufgebaut hat. Dort treffen wir auch die Kindergruppe wieder, die die Blindschleiche gefunden hat. An dem alten, mitten im Wald gelegenen Forsthaus, heute ein Holzhof des Lübecker Forstamtes, blühen die Apfelbäume. Ein romantisches Bild – nur die stark befahrene Wesloer Straße stört ein wenig. Übrigens, auf dem Holzhof kann man neben Feuerholz auch Rundhölzer, Pfähle, Bänke und Gartentische erstehen, alles Produkte aus dem FSC-zertifizierten Lübekker Stadtwald. Der Reporter vom NDR ist eingetroffen und hat Vesper in Beschlag genommen. Wir verabschieden uns auf die Schnelle und machen uns auf den Weg in die Altstadt. Wolfgang will noch heute zurück nach Berlin. Zuvor wollen wir uns noch die Ausstellung „Im Reich des Wassermannes" im „Museum für Natur und Umwelt" anschauen, eine Sehenswürdigkeit, die wir jedem empfehlen können. Ansonsten ist es mit Lübeck wie mit Wismar. Will man die Stadt kennen lernen, sollte man mehrere Tage einplanen. Der Abschied von Wolfgang ist wie immer kurz und herzlich. Einige hundert Mal haben wir diese Zeremonie nun schon hinter uns gebracht und jedes Mal sind wir in völlig verschiedene Welten gefahren. Meine Welt ist auch in den nächsten Wochen das Grüne Band. Bis zum Beginn des Sommers will ich auf dem höchsten Punkt der ehemaligen innerdeutschen Grenze stehen, auf dem 1142 m hohen Brocken im Harz. Doch bis dahin sind es noch einige Wochen und heute übernachte ich erst mal in Lübeck bei einem Freund.

Relikte der Schießbahn im Lauerholz

Naturerlebnisrunden Lauerholz (Lübeck) und Palinger Heide (Mecklenburg)

Wanderrunde Nord

Länge: *ca. 5 km*
Wegestruktur: *befestigte und naturbelassene Wanderwege, sandige Pfade, Betonplattenweg*
Charakter: *abwechslungsreiche Waldwanderung mit schönen, zum Verweilen einladende Lichtungen*
Dauer: *1 ½ -2 Stunden*
Ausgangspunkt: *Forsthaus Wesloe an der B 104*
Gastronomie: *Selbstversorgung notwendig*

Vom Wesloer Forsthaus den Hauptwanderweg (Markierung Tanne) bis zur „Großen Schießbahn" (heute Wanderweg). Rechts, auf einer Lichtung, am Ende der ehemaligen Schießbahn, die mit Graffiti verzierten Betonwände eines gesprengten Bunkers (1). Nach links über die „Große Schießbahn" (Wanderweg Markierung Tanne) zu den Torfstichteichen am Wesloer Moor (2). Weiter auf der „Schießbahn". Nicht dem Abzweig der Wanderwegmarkierung Tanne nach links folgen, sondern weiter auf der „Schießbahn" geradeaus. Am nächsten Weg rechts ab zu den „Schwedenschanzen" (3), der aus der Zeit des Dreißigjährigen Krieges stammenden Grenzbefestigung Lübecks gegenüber Mecklenburg. Durch prächtiges Buchenaltholz zur ehemaligen DDR-Grenze. Ein naturbelassener Weg führt über die ehem. Demarkationslinie, heute Landesgrenze zwischen Schleswig-Holstein und Mecklenburg. Zunächst durch Birkenaufwuchs (vorgelagertes Hoheitsgebiet der DDR), dann auf Sand durch jungen, dicht stehenden Kiefernaufwuchs (ehemaliger Todesstreifen) zum Kolonnenweg (4).

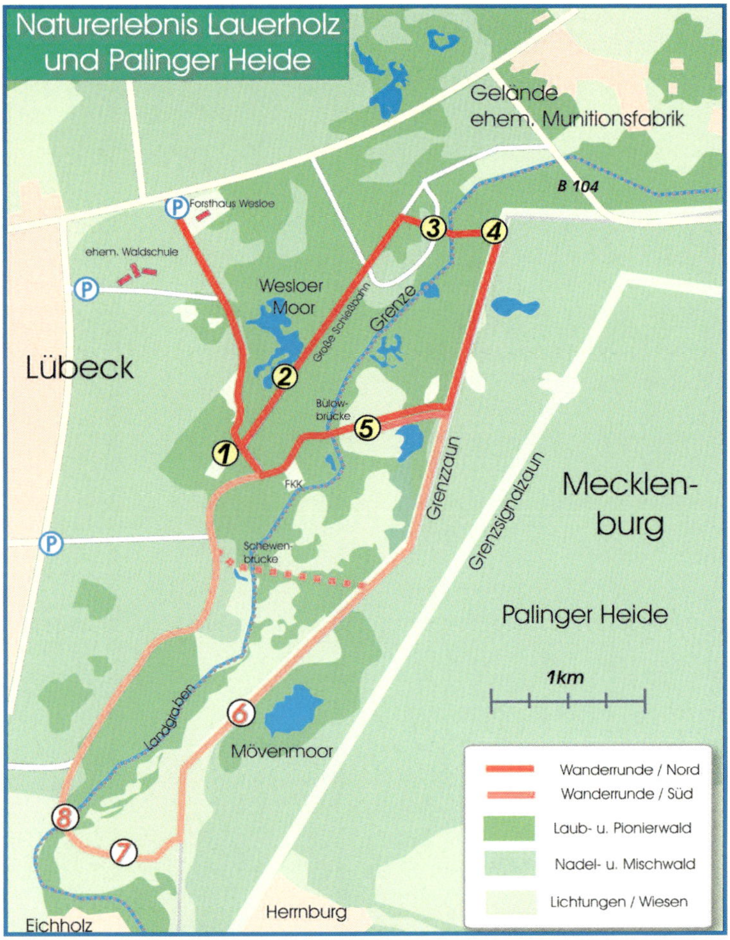

Nach rechts über den Kolonnenweg, der hier überwiegend mit lochlosen Platten verlegt wurde. Nach ca. 600 m wird eine Sandblöße erreicht, die - von Spuren zerfurcht - über den ehemaligen Grenzstreifen (Todesstreifen) und den Kraftfahrzeugsperrgraben führt. Auf einem Pfad ein Stück am Rande einer Lichtung entlang, dann wieder kurz durch Pionierwald und schließlich auf eine große, 200 m breite Lichtung mit Gehölzgruppen, einzelnen Bäumen, Heide und gemähten Magerrasen (5). Auf einem Brückchen wird der Landgraben gequert, der zugleich die ehem. innerdeutsche Grenze markiert. Am FKK-Gelände vorbei, 80 m dahinter links abbiegen und in ca. 150 m zum Ende der „Großen Schießbahn". Von dort über den mit der Tanne markierten Wanderweg zurück zum Wesloer Forsthaus.

Wanderrunde Süd

Länge: *7 km (Abkürzung)*
Wegestruktur: *befestigte und naturbelassene Wanderwege, sandige Pfade, Betonplattenweg*
Charakter: *abwechslungsreiche Wald-Heide-Wanderung*
Dauer: *2-3 Stunden*
Ausgangspunkt: *Forsthaus Wesloe an der B 104*
Gastronomie: *Selbstversorgung notwendig*

Zunächst wie unter a) zum südlichen Ende der „Großen Schießbahn" (1). Nun aber, anstatt dem Wanderweg „Schießbahn" zu folgen, geradeaus und nach 140 m links zum FKK-Gelände. An diesem vorbei und auf der Bülow-Brücke über die ehem. DDR-Grenze auf die große Heide-Rasen-Lichtung im ehem. vorgelagerten Hoheitsgebiet der DDR (5). Über einen Pfad zum Kolonnenweg. Dort rechts, Richtung Süden, an dem von Pionierwald umgebenen Möwenmoor vorbei (6). Ca. 200 m weiter wendet sich der Kolonnenweg leicht nach links und man erreicht eine große Gras-Heidelichtung (7). Nach weiteren 200 m den Kolonnenweg verlassen und auf einem Pfad Richtung Westen quer über die von Birken begrenzte Lichtung. Durch den Birkensaum hindurch und über den Landgraben (8) wieder auf Lübecker „Hoheitsgebiet", wo man auf eine Kleingartenkolonie stößt. Rechts halten und durch Wald auf einen Hauptwanderweg. Auf diesem rechts bis kurz vor das FKK-Gelände und zum südlichen Ende der „Großen Schießbahn". Auf dem mit der Tanne markierten Wanderweg zurück zum Wesloer Forsthaus.

Mit einem geländegängigen Rad kann man die beiden Touren auch gut kombinieren.

Waldwiese im ehemaligen vorgelagerten Hoheitsgebiet der DDR / Palinger Heide

Die Wakenitz, Amazonas des Nordens

Grünes Band Palinger Heide

Am nächsten Morgen radele ich wieder zum Wesloer Forsthof, um meine Reise an der Stelle fortzusetzen, an der wir uns gestern von Manfred Vesper verabschiedet haben. Über Wanderwege gelange ich zur Schewenbrücke, auf der ich den Landgraben quere. Birken, Heide, Magerrasen: Ich bin wieder auf dem Grünen Band. Nach 300 m dann der Kolonnenweg. Ich halte mich rechts und nehme Kurs auf den Ratzeburger See. Gott sei Dank! Auf diesem Streckenabschnitt haben die DDR-Pioniere auch Betonplatten ohne Löcher verlegt. Nach drei Minuten passabler Fahrt passiere ich das Möwenmoor, das versteckt im Wald der Palinger Heide liegt. Heide, das war einmal, Ende des 19. Jahrhunderts hat man sie mit Kiefern bepflanzt. Doch schon nach der nächsten Biegung entschädigt mich das Grüne Band. Vor mir breitet sich eine weite Gras- und Heideflur aus. Ein Pfad schlängelt sich durch Kräuterteppiche und Flecken von Besenheide. Gelb blühende Ginsterbüsche und das frische Grün von Birken setzen Farbtupfer. Keine Menschenseele ist zu sehen. Kein Laut. Nur der Gesang einer Heidelerche. Es ist, als wäre ich irgendwo fernab der Städte. Das Donnern eines Verkehrsflugzeugs, das zum Landeanflug auf den Flughafen Blankensee ansetzt, holt mich in die Realität zurück.

Bausünde am Grünen Band Lübeck schwappt in den „Osten“ über

Wenige Radlerminuten weiter erlebe ich das Grüne Band auf ganz andere Weise. Häuschen an Häuschen reiht sich da, einige hundert Mal, dicht aneinander, aber immer mit Vorgarten. Junge Familien aus dem Lübecker Raum sind hier eingezogen. Schließlich war der Baugrund hier, in der mecklenburgischen Gemarkung Herrnburg, preiswerter als im „Westen“. Und man wohnt mitten im Grünen. Ein paar hundert Meter weiter, hinter der ehemaligen Grenze, drängen sich die Häuser der Lübecker Vorortsiedlung Eichholz. Dort können die „Häuslebauer“ einkaufen gehen. Sie brauchen nur einen schmalen Streifen Brachland zu queren, das Grüne Band oder vielmehr das, was der Bauboom vom ehemaligen Grenzstreifen übrig gelassen hat. Ich radle nach Osten in das eigentliche, das alte Herrnburg, das sich mit einer Ziegelsteinkirche, Fachwerk und Kopfsteinpflaster noch recht ländlich gibt. Dann geht es über eine schmale Nebenstraße weiter Richtung Schattin.

Die Wakenitz - Fischotterwanderweg und Blaukehlchenheimstatt

Am Rande eines Kiefernforstes biege ich in einen Sandweg ein, wo eine Info-Tafel auf das Naturschutzgebiet „Wakenitzniederung“ aufmerksam macht, das mit dem Naturschutzgebiet „Wakenitz“ des Landes Schleswig Holstein eine Einheit bildet. Hinter weiten, sandigen Wiesenflächen, Büschen und Wald schauen die Kirchtürme von Lübeck hervor. Und direkt vor mir verläuft der Kolonnenweg in Richtung Süden. Irgendwo da unten im Wald muss die Wakenitz sein, der Barschfluss, an dessen Ufer die innerdeutsche Grenze verlief. Die Wakenitz, die vom Ratzeburger See kommt und in Lübeck in die Trave mündet, führt reichlich Wasser, was die Lübecker Ende des 12. Jahrhunderts veranlasst hat, einen Mühlenstau anzulegen. Was die Lübecker in Angriff nehmen, machen sie richtig: Der Stau wurde auf eine Höhe von 4,2 m ausgelegt und das bei einem natürlichen Gefälle von nur 2 cm pro km. Quellen haben von Natur aus bereits eine Vermoorung der Wakenitzniederung bewirkt. Der Lübecker Mühlenstau hat sein Übriges getan und eine Seenlandschaft erzeugt, worauf weite Teile der Niederung, bis „hinauf“ zum Ratzeburger See, versumpften. Dabei haben sich Torfdecken von mehreren Metern Mächtigkeit gebildet.

Ich folge einem Weg, der hinunter zum Wald führt. Vielleicht kann ich dort einen Blick auf die Wakenitz werfen. Die Spur führt jedoch nur zu einem alten Torfstich. An den Fluss gelange ich nicht. Er ist von dichten Sumpfwäldern umgeben. Am Ufer des Sees stoße ich auf eine Badestelle, die wohl nur von Einheimischen genutzt wird. Solange der Badebetrieb nicht überhand nimmt, ist dies für die Tiere der Wakenitz, wie Fischotter und Eisvogel, kein Problem. Gravierender ist der rege Ausflugs- und Sportbootverkehr auf dem ehemaligen Grenzfluss. Doch das ist in der Nähe einer Stadt vom Ausmaße Lübecks kaum zu verhindern. Man würde nur die Paddler und Ruderer gegen den Naturschutz aufbringen, womit niemandem gedient wäre, auch nicht den Wakenitzer Blaukehlchen und Beutelmeisen oder gar den Moorfröschen und Rotbauchunken.

Krachtrockenes „Steppenland“

Ich schiebe mein Rad wieder hinauf zum Kolonnenweg. In sanften Wellen geht es nun über sandiges, trockenes Land, wobei mich die Lochreihen der Betonplatten gehörig durchrütteln. Wenn mein Vorderrad in ein Loch rutscht, beiße ich die Zähne zusammen. Schließlich habe ich noch einige hundert km Kolonnenweg vor mir und da gilt es zu trainieren. Zum Ausgleich erfreuen mich rechts

Fischotter

und links des „Weges" Silber- und Ruchgrasfluren, rosa Grasnelken und gelber Englischer Ginster. Auf Sandblößen entdecke ich neben der Rentierflechte die Rotfrüchtige Becherflechte. Ich steige ab und fotografiere, wobei ich gleich einen Sandlauf- und den eindrucksvollen Stierkäfer auf die Platte bannen kann. Die beiden sind wie der stark gefährdete Brachpieper an offene und trokken-warme Standorte gebunden. Das nasse Element stellt hier nur eine Seite des Grünen Bandes dar. Das andere Extrem, die sandigen Brachflächen, sind ebenso vertreten. Bei Herrnburg gab es früher sogar eine Binnendüne. Sie wurde im Zuge der Grenzsicherung eingeebnet und in Ackerland umgewandelt. Nach dem Fall der Grenze hat man die ertragsarmen Äkker wieder aufgelassen. Die Herrnburger „Dünen" und die anschließenden Magerrasen, über die ich nach Süden strebe, werden mit Schafen und Mähwerk offen

Beutelmeise mit Nest

gehalten. Heidelerche, Steinschmätzer, Neuntöter und Raubwürger haben sich angesiedelt und selbst der extrem selten gewordene Ziegenmelker ist gesichtet worden.

Blaukehlchen im Schilf

Zum „Amazonas"

Inmitten der weiten Grasfluren halte ich an. Ich habe wieder einen Weg entdeckt, der in Richtung Wakenitz führt. Von Luftbildern her weiß ich, dass vier Torfstichseen an die Wakenitz grenzen. Der Fluss und die Seen bilden zusammen den unzugänglichen „Amazonas des Nordens", den die Touristiker immer wieder hervorheben. Nach meiner Schätzung müsste ich jedoch die Seen bereits passiert haben, womit die Chance besteht, über den Weg die Wakenitz zu erreichen. Mein Weg endet an einer Jagdkanzel am Rande des Waldes. Doch ein Pfad führt in den Wald hinein und weiter hinunter in den Sumpf. Dort haben Wildschweine den nassen, schwarz glänzenden Boden so gründlich durchwühlt, dass ich den Pfad verliere. Also einfach geradeaus, irgendwann werde ich schon auf die Wakenitz treffen. Immer wieder muss ich Umwege machen, da mir Wasserlachen den Weg versperren. Dann erreiche ich einen schattigen Tümpel, der voller Entengrütze ist. Süßlicher Geruch von blühenden Traubenkirschen liegt in der Luft. Es ist, wie so oft im Zentrum des Grünen Bandes, völlig still. Wenn ich stehen bleibe, höre ich das Surren der Mücken, die mich massenhaft angreifen. Von der Wakenitz ist nichts zu sehen. Ich winde mich durch Unterholz, springe über wassergefüllte Gräben und steige über abgestorbene Äste und umgefallene Erlen. Immer noch nichts. Dann plötzlich höre ich zwei Frauenstimmen, die sich über eine gelungene Geburtstagsfeier austauschen. Das kann nur von der Wakenitz kommen. Ich muss ganz nah an dem Fluss sein. Ich tapse nach vorne. Dann höre ich das Geräusch von Paddeln und zwischen Eschenlaub erkenne ich die Silhouette zweier Kajaks. Ich will versuchen, dem Ufer ein kleines Stück zu folgen. Für ein paar Meter gelingt mir das. Doch dann versperrt mir ein Graben, der die Wakenitz mit einem der Torfseen verbindet, den Weg. Egal, ich habe es geschafft. Ich bin mitten im „Amazonas des Nordens". Während ich darüber nachdenke, wie ich aus diesem Dschungel unbeschadet wieder herausfinde, kommt ein Ausflugsdampfer angetuckert, voller fröhlicher Menschen, die an Tischen sitzen und Kaffee und Kuchen genießen. Ich muss an den Klaus-Kinski-Film Fitzcarraldo und das Urwald-Opernschiff denken. Jetzt fehlt nur noch Wagner. Auf meinem beschwerlichen Rückweg denke ich, dass man den „Amazonas" doch besser mit dem Schiff erkundet.

So oder so ähnlich wäre mein Dschungel-Trip abgelaufen, wenn ich wirklich den Kolonnenweg verlassen hätte. Doch natürlich respektiere ich in Naturschutzgebieten das Wegegebot, zumal man ein paar hundert Meter weiter problemlos mit dem Rad ans Ufer der Wakenitz gelangen kann. Also, weiter geht's auf dem Kolonnenweg durch trockenes Grasland. Dann versperrt eine Autobahn den Weg, die A20 Lübeck - Rostock. Doch zu meiner Erleichterung existiert in dieser Einöde ein Übergang. Eine Grünbrücke, ca. 40 m breit - gegen die Wildbrücken in der Schweiz ist das nichts - aber immerhin! Eigentlich hatten die Naturschutzverbände eine Untertunnelung der Wakenitz gefordert. Doch daraus ist nichts geworden. Die Grünbrücke, das ist das Trostpflästerchen.

Vierer mit Steuermann, eine Schildkröte und Radwegebau durch den „Amazonas-Dschungel"

Ein kleines Stück weiter treffe ich auf einen im Bau befindlichen Weg, der zur Wakenitz hinunter führt, wo er an einer frisch aufge-

Scharlach-Flechte

schütteten Rampe endet. Auch am schleswig-holsteinischen Ufer ist eine Aufschüttung zu sehen. Seit August 2008 verbindet hier eine Radlerbrücke das lauenburgische Groß Grönau mit dem mecklenburgischen Schattin. Auf der lauenburgischen Seite stand bis in das Jahr 2002 das beliebte Gasthaus Nädlershorst, dessen Name auf einen Nadelmacher zurückgeht, der sich um 1702 dort niederließ und von Lübeck die Schank- und Fährgenehmigung erhielt. 1928 wurde hier eine Brücke gebaut. Als die DDR mit dem Ausbau ihrer Grenzsicherung begann, wurden die Wakenitz-Brücke sowie die auf mecklenburgischer Seite stehenden Wochenendhäuser abgerissen. Auch der nahe gelegene Hof Lenschow, einer von 20 Hofstellen, die damals am östlichen Ufer der Wakenitz existierten, wurde geschleift. Nädlershorst blieb während der DDR-Zeit als Gaststätte bestehen, bis das alte Fährhaus Opfer einer Naturschutz-Ausgleichsmaßnahme für den Bau der A20 wurde. Ehrlich gesagt: Mir fällt es schwer zu verstehen, dass nun der Bau eines Radweges, der mitten durch das Schutzgebiet führt, genehmigt wurde. Initiator des Radweges ist der frühere Bürgermeister von Groß Sarau, Volker Niederhausen. Er hat auch die Schranke, die man am westlichen Ufer installiert hatte, um zu vermeiden, dass jemand in den Fluss fährt, aus dem Uferdickicht hervorholen lassen. Das „Altmetall" übergab er dem in Schattin lebenden Bildhauer Claus Görtz, mit der Bitte, daraus eine Skulptur zu schaffen. Seit August 2008 reckt sich nun neben der westlichen Brückenauffahrt die Figur „Grenzen überwinden" gen Himmel.

Sandlaufkäfer

Kommandos dringen an mein Ohr. Ein Vierer mit Steuermann rudert vorbei. Der Steuermann weist auf einen Stamm am gegenüberliegenden Ufer. Ich schaue und schaue und dann sehe ich plötzlich, was der Mann mir zeigen wollte, eine große Schildkröte, die ihren Kopf in die Sonne hält.

Nandus und das Eisenherz-Hotel

Über den neuen Radweg geht es Richtung Schattin. Von dort will ich über die Landstraße nach Rothenhusen, einer Ansiedlung am nördlichen Kopf des Ratzeburger Sees, wo sich die Anlegestellen für die Wakenitz-Schifffahrt und die Fähre nach Ratzeburg befinden. An einer Waldecke, kurz vor

Schattin, weist ein Schild zum Waldhotel Eisenherz, das sich als dreistöckiger Plattenbau entpuppt, ein renoviertes Überbleibsel der DDR-Grenztruppen. Bei einem Bier und Hausmannskost berichte ich der Wirtin von meiner schweißtreibenden Tour. „Haben Sie auch die Nandus gesehen?" Nandus? Ich erinnere mich an eine Zeitungsmeldung, dass südlich von Lübeck Nandus frei durch die Gegend streifen. Also hier ist das. Direkt auf dem Grünen Band. Nein, Nandus habe ich nicht gesehen. Bei einer späteren Grünen-Band-Erkundung, die mich am lauenburgischen Ufer der Wakenitz entlang geführt hat, bin ich dann mitten in einem Naturschutzgebiet auf die südamerikanischen Strauße getroffen, die von der nahen Nandufarm Groß Görau ausgebüchst waren.

Schattin, das ist ein kleiner verschlafener Ort auf einer hochwassersicheren Anhöhe hinter dem Autobahn-Wald. Dank der Schallschutzmaßnahmen ist von der A 20 wenig zu hören, und so haben sich in dem ehemaligen Bauerndorf 2 Künstler niedergelassen: der Schöpfer der Brückenfigur, Claus Görtz, und der Maler Dietrich Klein. Ihr jährliches Künstlerfest bringt Leben in das kleine Dorf. Schattin ist zugleich das Tor zum Biosphärenreservat Schaalsee, das das Grüne Band auf mecklenburgischer Seite bis in das 40 km entfernte Zarrentin begleitet.

Ein „Biosphärenreservat" als Modellregion

„Biosphäre", so bezeichnen Ökologen unseren Lebensraum. „Reservat" stammt vom Lateinischen und bedeutet bewahren. Doch im Biosphärenreservat Schaalsee geht es nicht um die Schaffung eines von der übrigen Republik abgekoppelten Reservats. Die Schaalseeregion will vielmehr Beispiel sein für das Zusammenleben von Mensch und Natur. Im

Auf der Wakenitz

Biosphärenreservat will man zeigen, wie man unsere Kulturlandschaft nutzen kann, ohne die Artenvielfalt und die natürlichen Ressourcen zu beeinträchtigen. Kurzum, es geht um die nachhaltige Nutzung der Natur. Dabei wird Umwelt- und Naturschutz zugleich als Entwicklungschance für die Region gesehen, bei der es auch um die Schaffung von Arbeitsplätzen geht. Biosphärenreservate gibt es übrigens nicht nur in Deutschland, sondern in der ganzen Welt. Sie alle sind Teil des Programms „Mensch und Biosphäre" (MAB), das 1970 von der UNESCO gestartet wurde, um besonders wertvolle historische Kulturlandschaften zu schützen und als Beispielregionen zu entwickeln.

Die „Manager" des Biosphärenreservats Schaalsee sitzen in Zarrentin, im Info-Zentrum Pahlhuus. Dort habe ich im Verlauf meiner Grünen-Band Erkundung den Leiter der „Biosphäre", Herrn Jarmatz, aufgesucht, denn wer könnte besser Auskunft über die Schaalseeregion geben als er.

Klaus Jarmatz zur Entstehung des Biosphärenreservats Schaalsee

Klaus Jarmatz

Herr Jarmatz, welche Bedeutung hatte die ehemalige Grenze für den Arten- und Biotopschutz am Schaalsee?

Jarmatz: Natürlich eine große Bedeutung. So bitter wie diese Grenze für die Menschen war, hat sie doch mitten in Europa eine Perlenkette störungsarmer Lebensräume ermöglicht und Dank der frühzeitigen Schutzmaßnahmen auch hinterlassen. Die Schaalseelandschaft ist heute einer der „Hot Spots" der Arten- und Biotopvielfalt in Deutschland. Das ist zum größten Teil ein Erbe dieser Grenze.

Gab es schon zu DDR-Zeiten Bestrebungen, in der Schaalseeregion Schutzgebiete auszuweisen?

Jarmatz: Die Mecklenburger Schaalseelandschaft war bereits seit 1957 als Landschaftsschutzgebiet ausgewiesen. Diesem Status ist zu verdanken, dass die Knicks und Redder zwischen Lassahn und Techin nicht der „LPG Großfeldwirtschaft" zum Opfer gefallen sind. Zudem haben damals sehr aktive ehrenamtliche Naturschützer immer wieder, zwar mit sehr beschränkten Möglichkeiten, aber nicht ganz ohne Erfolg, am Erhalt wichtiger Biotope in der Ackerlandschaft gearbeitet. Als Beispiel sei der Schutz der Sölle genannt, der kleinen Tümpel inmitten der Feldflur. Zudem hat die Fachkompetenz dieser Ehrenamtler dazu beigetragen, dass die Schaalseeregion in das Nationalparkprogramm der letzten DDR-Regierung aufgenommen und mit Bezirkstagsbeschluss vom 15. Mai 1990 als Naturpark festgesetzt wurde.

Herr Jarmatz, Sie stammen aus dem mecklenburgischen Hagenow. Haben auch Sie sich schon zu DDR-Zeiten für den Naturschutz engagiert?

Jarmatz: Ja, ich war vor 1990 in der Gesellschaft für Natur und Umwelt insbesondere gewässerökologisch und mit dem Schutz der heimischen Fischfauna befasst. Auch beruflich hatte ich in der DDR einige Möglichkeiten, und zwar als Mitarbeiter des Institutes für Umweltüberwachung in Berlin.

Von welchen Kräften ging nach der Wende die rasche Umsetzung des Naturparks Schaalsee aus?

Jarmatz: Zum einen von den erwähnten Ehrenamtlern, zum anderen von den Fachleuten des Institutes für Landschaftsforschung und Naturschutz Halle / Außenstelle Greifswald. Entscheidend war natürlich das Votum der Greifswalder Fachleute, die sich, im Rahmen deutsch-deutscher Absprachen, seit 1987 mit der Schaalseelandschaft beschäftigt haben. Die Greifswalder waren zudem Mitinitiatoren des Nationalparkprogramms der DDR.

Was wäre passiert, wenn der Naturpark bzw. das Biosphärenreservat nicht gegründet worden wären?

Jarmatz: Ich denke, am wahrscheinlichsten wäre ein massiver Raubbau gewesen, mit allen denkbaren Folgen für die Biotop- und Artenvielfalt. Insbesondere der Nutzungsdruck auf Gewässer und Ufer hätte ohne rechtliche Begrenzung rasch zu einer Übernutzung geführt.

Wie kam es zur Aufwertung des Naturparks in ein Biosphärenreservat?

Jarmatz: Das ist eine bewegte Geschichte von 8 Jahren. Möglich wurde dieses durch anstrengende und zielstrebige Arbeit der Mitarbeiter des damaligen Naturparks in Zusammenarbeit mit gleichgesinnten Akteuren der Region. Der Weg zum UNESCO-Label war steinig, oft umstritten, aber mit der Anerkennung im Januar 2000 doch erfolgreich. Das Ziel, die Schaalseelandschaft in das „Mensch und Biosphäre"-Programm der UNESCO zu integrieren, bestand bei mir persönlich schon seit 1990. Heute kann man sagen, es hat sich gelohnt. Durch das Biosphärenreservat hat sich die Schaalseelandschaft überhaupt erst zu einer Region formiert und sich von einer „No-Name-Region" zu einem akzeptablen Image und nationalen Bekanntheitsgrad vorgearbeitet.

Warum bezieht das Biosphärenreservat nicht den lauenburgischen Teil des Schaalsees mit ein?

Jarmatz: Biosphärenreservate werden in Deutschland nur ausgewiesen, wenn die Akzeptanz der Region vorliegt. Diese war damals, vor 10 Jahren, im Lauenburgischen nicht erreichbar. Es wurden hier viele Ängste geschürt. Der erfolgreiche Weg des Mecklenburger Teils hat jedoch bei vielen, die damals das Biosphärenreservat abgewehrt haben, zu einem Umdenken geführt. Bei Projekten arbeiten wir längst länderübergreifend.

Von Schattin aus rolle ich auf einer wenig befahrenen Landstraße durch den nördlichen Zipfel des Biosphärenreservats Richtung Utecht. Links erstreckt sich ein Höhenzug, der von einem ganz besonderen Wald gekrönt wird, dem Schattiner Zuschlag. Dieser Wald gehört, obwohl in Mecklenburg gelegen, dem Forstamt Lübeck. Es ist jener bereits erwähnte Wald, in dem aufgrund der Grenznähe seit 50 Jahren kein Baum gefällt wurde und in dem nach dem Willen des Forstamtes in Zukunft jedwede Bewirtschaftung unterbleiben soll. Das passt gut zu den Zielen des Biosphärenreservats.

Rechts blicke ich hinunter auf die Feuchtwiesen des Naturschutzgebietes Kammerbruch, die sich entlang der Wakenitz bis ans Nordufer des Ratzeburger Sees erstrecken. Zu DDR-Zeiten waren die Wiesen aufgrund der Grenznähe sich selbst überlassen. Die Flächen versumpften und es stellten sich Röhricht, Stauden und Erlengebüsche ein. Ein großer Teil der Flächen wird heute wieder auf traditionelle Art und Weise genutzt. Wiesen und Wildwuchs ergeben zusammen ein struktur- und artenreiches Feuchtgebiet, das als Brutgebiet und Nahrungsraum für Wiesenvögel von Bedeutung ist.

Die Kernzonen des Biosphärenreservats Schaalsee kommen dem Naturzustand sehr nahe. Sie umfassen Verlandungszonen der Seen, Moore und Laubwälder und machen ca. 6 % der Fläche aus. Die Flächen werden von jeglicher wirtschaftlichen Nutzung freigehalten.

Die Kammerbruch-Wiesen gehören zur **Pflegezone** des Biosphärenreservats, die ca. 29 % der Fläche ausmacht. In dieser Zone werden wertvolle Ökosysteme der

Nandus

Kulturlandschaft, wie Wiesen, Trockenrasen oder Knicks durch Nutzung erhalten.

Die Sache mit der Wakenitzbrücke

Kurz vor Utecht geht es hinunter zur Wakenitzbrücke. Der Verkehr wird hier über eine Ampel geregelt, denn die direkt nach der Grenzöffnung errichtete Holzbrücke ist einspurig und nur für eine Last von 3 Tonnen ausgelegt. Hoffentlich muss die alte Holzbrücke nicht einer zweispurigen Spannbetonbrücke weichen. Das wäre ein schwerer Eingriff in die bisher so ruhige Landschaft, denn das würde sicher mehr Verkehr anziehen. In Planung ist die neue Brücke seit langem. Lübecker, die in Utecht oder in dahinter liegenden Orten Baugrund erworben haben, möchten möglichst schnell zwischen der Stadt und ihrem Häuschen hin und her pendeln. Der BUND hat gegen die Realisierung dieses Projektes Klage eingereicht. (Inzwischen wurde die Brücke gebaut.)

Schiffsverkehr Ratzeburg - Rothenhusen vom 26.4.-3.10. tägl. außer Mo. 4 Fahrten pro Tag
Abfahrt Ratzeburg/Schlosswiese
10:00,12:00,14:00,16:00
Abfahrt Rothenhusen
11:15,13:15,15:15,17:15.

Badevergnügen am ehemaligen Grenzstreifen

Das Schiff nach Ratzeburg ist vor 10 Minuten abgefahren und das nächste fährt in knapp zwei Stunden. Was tun? Ich fahre zurück nach Utecht und weiter nach Campow, zwei kleinen mecklenburgischen Orten am Ratzeburger See, die zu DDR-Zeiten am Ende der Welt lagen. Vor dem Krieg hatte sich in den beiden Seedörfern ein bescheidener, aber einträglicher Fremdenverkehr entwickelt. Mit dem Ausbau der Grenze war damit Schluss. Utecht und Campow kamen ins Sperrgebiet und der Zugang zum Seeufer wurde durch den Grenzstreifen unterbunden. Heute führen wieder Fußwege über das Steilufer hinunter zum See, in dessen glasklarem Wasser ich schwimmen gehe. Der Strand ist in beiden Orten recht klein und familiär. Man nimmt Rücksicht auf die Natur. Schließlich steht das gesamte mecklenburgische Steilufer mit seinen Hangwäldern und dem Röhrichtgürtel als Bestandteil des Grünen Bandes unter Naturschutz. In den Orten selbst hat sich aber einiges getan. Baugebiete wurden ausgewiesen und überall schießen neue Häuser aus dem

Fährhaus Rothenhusen

Boden, zum Teil im prächtigen Landhausstil. Der wohlhabende „Wessi" weiß, wo es sich schön wohnen lässt.

Rothenhusen und die Fahrt über den Ratzeburger See

Aus Angst, das letzte Schiff des Tages zu verpassen, radele ich schon bald zurück nach Rothenhusen. Natürlich bin ich viel zu früh an der Anlegestelle, doch so habe ich Zeit für einen Cappuccino im alten Fährhaus, das auf einer Insel an der Nordspitze des Ratzeburger Sees liegt. Der Cappuccino ist gut, schließlich wird das Restaurant von den aus Italien stammenden Basteris bewirtschaftet und das seit dem 21. März 1973. Vor dem Fährhaus weht die Lübsche Flagge. Die Insel ist, wie auch die Wakenitz, seit 1274 im Eigentum der Hansestadt Lübeck. Ende des 16. Jahrhunderts ließ Lübeck die Insel befestigen. Drei Geschütze sicherten die Wakenitzeinfahrt und zwei Wächter, die zugleich Zolleintreiber waren, versahen dort ihren Dienst. Sie wohnten in dem 1595 erbauten Blockhaus, dem der Rat von Lübeck den Namen „Zwing den Schalk" gegeben hatte. Der „Schalk" muss wohl der Herzog von Sachsen-Lauenburg gewesen sein, jedenfalls richtete sich die Befestigung gegen dessen Übergriffe. Die Schiffsanlegestelle für die Wakenitzfahrten befindet sich rechts, die der Ratzeburger-See-schifffahrt links vom Fährhaus (Blick Richtung Süden). Ich habe also alles im Blick und kann in Ruhe auch noch ein Stück Kuchen verzehren.

Mein Schiff fährt um 17:15 Uhr. Es ist das letzte für diesen Tag. Ich genieße die Ruhe an Bord und den Blick aufs Ostufer, das mit seinen steilen Hängen von der Sonne beleuchtet wird. Deutlich kann ich die Badestellen von Utecht erkennen. Um die kleine Badestelle von Campow auszumachen, muss ich mein Fernglas zu Hilfe nehmen. Gut 1 km südlich von Campow wechselt die Landeszugehörigkeit des Seeufers von Mecklenburg-Vorpommern nach Schleswig-Holstein und das Grüne Band wendet sich landeinwärts. Doch auch auf den restlichen 4 km bis Ratzeburg ist das Ufer naturnah und unverbaut. Lediglich die Bootsanlegestelle des Campingplatzes Kalkhütte schaut hervor. Nach einer dreiviertel Stunde Fahrt legt unser Schiff an der Schlosswiese an, direkt am Strand der Stadt Ratzeburg. Ich schwinge mich auf mein Rad und fahre zu der Pension, die ich gebucht habe und in der ich zwei Tage übernachten will.

Anmerkung: Die Fahrt durch das Grüne-Band-Trockengebiet östlich der Wakenitz kann niemandem empfohlen werden. Nicht nur wegen des Lochbetonplattenweges, sondern auch wegen der Zäune, die den Zugang zur Grünbrücke versperren. Lohnende Alternativen sind der Drägerweg, der auf der Westseite der Wakenitz von Lübeck zum Ratzeburger See führt und die unten dargestellte Radtour.

Wakenitz-Radrunde
Rothenhusen - Schattin

Länge: *12 km*
Wegestruktur: *befestigte Radwege, Straßen*
Steigungen: *unwesentlich*
Charakter: *gemütliche Radrunde mit Einkehrmöglichkeiten*
Dauer: *1-2 Stunden*
Ausgangspunkt: *Fährhaus-Parkplatz bei Rothenhusen*
Gastronomie: *Waldhotel Schattin, Fährhaus Rothenhusen*

Am Fährhaus-Parkplatz zum Wald wenden und den Markierungen des „Drägerweges" Richtung Lübeck folgen. Nach kurzer Walddurchquerung auf dem neu gebauten Radweg über die Feldflur. Man blickt auf die Wakenitzniederung und den Hof Ziegelhorst. Weiter über den gut markierten „Drägerweg" bis zum Autobahndamm, wo man auf die Zufahrt des kürzlich (auf Westseite !) geschleiften Wirts- und Fährhauses Nädlershorst trifft. Über die Nädlershorster Straße hinunter zur Wakenitz (1). Eine Radler-Brücke führt auf die mecklenburgische Seite Richtung Schattin. Auf dem Radweg durch den Bruchwald des Grünen Bandes. Dann hinauf auf die Feldflur und wenig später an einem Wald entlang. Am Ende des Waldes links ab und in 200 m zum Waldhotel Schattin, das in einem ehemaligen DDR-Grenzkasernen-Plattenbau untergebracht ist. Nach diesem Abstecher zurück zum Radweg und weiter nach Schattin (2), einem kleinen, auf einer Anhöhe liegenden Dorf mit einigen noch recht schönen Bauernhäusern und einer Künstlerstation.

In Schattin wenden und über die Landstraße Richtung Utecht. Von der Straße aus Blick auf die Wakenitzniederung mit dem NSG Kammerbruch, einem Bestandteil des Grünen Bandes (3). Auf der linken Straßenseite zieht sich die Feldflur hinauf zu einem unter Naturschutz stehenden Wald (NSG Im Bracken), zu dem auch der Schattiner Zuschlag gehört, das Weiserrevier des Forstamtes Lübeck. An der Kreuzung am Ortseingang von Utecht nach links in einen Feldweg. Nach ca. 500 m erreicht man das NSG Kerbtäler (4). Hier haben sich mehrere von den Hängen kommende Bäche tief in den Lehm der Ackerflur eingekerbt. Die Schluchten sind heute von Gehölzen überwachsen. Zurück zur Straße und geradeaus über die nach Lübeck führende Straße hinunter zur Wakenitzbrücke. Auch hier bildete die Wakenitz die Grenze zur DDR. Direkt hinter der Brükke links ab zum Fährhaus Rothenhusen (Gasthaus), das auf einer kleinen Insel an der Nordspitze des Ratzeburger Sees liegt, dort, wo der Lauf der Wakenitz seinen Anfang nimmt. Zum Fährhausparkplatz, dem Ausgangspunkt der Tour, zurück auf die Straße und 500 m weiter Richtung Lübeck.

Wakenitz-Schiffsfahrt

Ausgangspunkte, Stationen: *Fährhaus Rothenhusen, Absolonhorst, Müggenbusch, Altstadt Lübeck (Trave).* ***Fahrtdauer:*** *Rothenhusen-Lübeck 2 ¼ Stunden Fahrplan.* ***Preise:*** *siehe www.wakenitz-schiffahrt-quandt.de.* ***Postadresse:*** *Wakenitz Schifffahrt Quandt, Wakenitzufer 1, 23564 Lübeck, Tel.0451-793885*

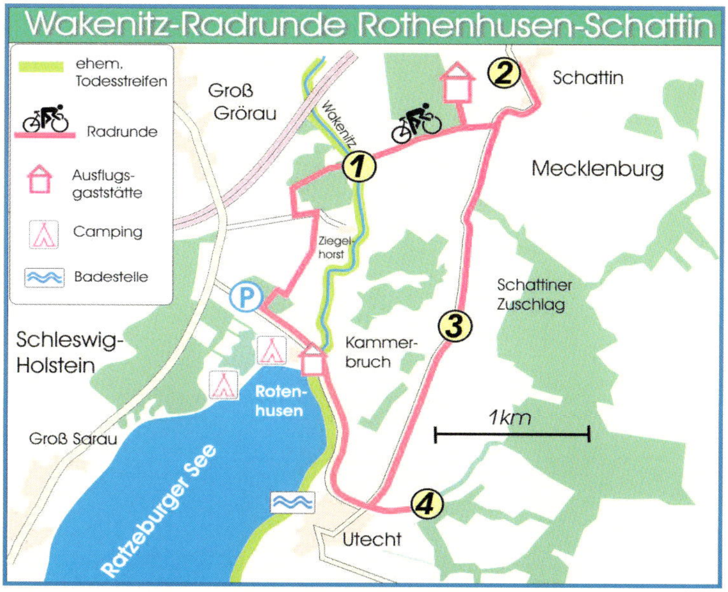

Ratzeburg und seine Grüne-Band-Seen

Blick von St. Georg auf dem Berge auf die Schlossinsel und die Stadt- bzw. Dominsel Ratzeburgs. Gemälde aus dem Jahre 1588

Ratzeburg ist eine außergewöhnliche Stadt. Wer sie Richtung Gadebusch durchquert, unternimmt eine Fahrt über Inseln und Dämme, die von einem Ufer des Ratzeburger Sees zum anderen führt. Den Grundstein für diese „Seebrücke" hat der slawische Fürst Ratibor, genannt Raze, gelegt, als er um das Jahr 1000 auf einer von zwei Inseln im Südzipfel des lang gestreckten Sees eine Burg errichtete. Razes Burg lag auf der kleineren, nahe dem Westufer gelegenen Insel. Jahrzehnte später, die Sachsen hatten die Slawenfürsten entmachtet, wurde auf der größeren, mitten im See gelegenen Insel ein Dom gebaut. Bauherr war Heinrich der Löwe (*1129, † 1195), der große Sachsenherzog und Widersacher von Kaiser Barbarossa. Heinrichs Dom wurde zur Keimzelle Ratzeburgs, das auf der Insel vor feindlichen Übergriffen geschützt war. Aber die Insellage brachte auch Nachteile mit sich, insbesondere für die Kaufleute und Spediteure. Und so dauerte es nicht lange, bis man zwischen den Inseln und den Seeufern Dämme aufschüttete.

Steinigung eines Missionars

Inzwischen ist Ratzeburg über die Inseln hinausgewachsen und hat sich an beiden Seeufern ausge-

Feldsteinsockel von St. Georg auf dem Berge

Ansversuskreuz

breitet. Am Westufer, im Stadtteil St. Georgsberg, habe ich Quartier bezogen. Hier starte ich zu einer Stadterkundung, die mich als erstes zu dem ältesten, pardon, zu dem ältesten christlichen Bauwerk Ratzeburgs führt, der Kirche „St. Georg auf dem Berge". Sie wurde im Jahre 1044 von Benediktinern aus Feldsteinen errichtet und liegt genau genommen nur auf halber Höhe. Doch wer vom See aus die steile Treppe zum Kirchhof hinaufsteigt, wird einsehen, dass der Beiname "auf dem Berge" zu Recht besteht. Auf jeden Fall konnten die Benediktiner von ihrer Klosterkirche aus auf die Ratzeburg hinunterschauen, die sich inzwischen, wie man meinte, fest in christlicher Hand befand. Der slawische Fürst Gottschalk, der damals die Ratzeburg beherrschte, hatte sich bekehren lassen. Doch sowohl Gottschalk als auch die eifrig missionierenden Benediktiner hatten die Widerstandskraft der heidnischen Slawen unterschätzt. Im Jahre 1066 wurde Gottschalk von revoltierenden Slawen ermordet und das Kloster St. Georg auf dem Berge zerstört. Der Abt Ansversus und seine 18 Klosterbrüder wurden auf dem nahe gelegenen Rinsberg gesteinigt. An den Märtyrertod des erst 28-jährigen Ansversus erinnert ein gotisches Kreuz, das eine halbe Wegstunde von St. Georg entfernt in der Feldflur des Ortes Einhof steht.

Natürlich ließen die Christen die Erfolge der Heiden nicht ruhen. Aber erst sieben Jahrzehnte später, im Winter 1138/1139, wurden die Slawen entscheidend geschlagen. Heerführer war Heinrich von Badewide, der von seinem Herrn, Heinrich dem Löwen, die Grafschaft Ratzeburg als Lehen erhielt. Mit Heinrich von Badewide setzte eine durchgreifende Christianisierung Ostholsteins ein, verbunden mit einer Kolonisation durch Holländer, Flamen, Friesen und Westfalen. Die dankbaren Christen haben Badewide einen Gedenkstein gesetzt, den Heinrichstein, der auf der Altstadtinsel am Rande des Dombezirks steht. Auf dem Stein steht geschrieben: „Zu Zeiten König Konrads und Herzog Heinrichs von Sachsen kam Graf Heinrich nach Ratzeburg und gab dort als Erster dem Christentum eine feste Grundlage. Seine Seele ruhe in Frieden. Amen." (Übersetzt aus dem Lateinischen). Unter Heinrich Badewide wurde auch die zerstörte Klosterkirche St. Georg wieder aufgebaut (1145). Praktisch wie man war, nutzte man die alten Feldsteinmauern als Fundament. Doch das Kirchenschiff wurde aus einem neuen Baustoff gefügt, dem Backstein.

Die Slawen um Ratzeburg, sie nannten sich Polaben, gehörten zum elbslawischen Stammesverband der Obodriten, die auf dem Gebiet des heutigen Mecklenburg und Holsteins zu Hause waren. Ihr Sitz war u.a. Liubice, die an der Einmündung der Schwartau in die Trave gelegene Burgsiedlung Alt-Lübeck. Der Name der Obodriten bedeutet Nachkommen des Obodr, des sehr Wachsamen. Die Auseinandersetzungen zwischen den Sachsen und den heidnischen Slawen hielten bis in das 12. Jahrhundert an. Im Jahre 1147 zog Heinrich der Löwe mit polnischen Verbündeten nochmals zu einem Wendenkreuzzug aus, bei dem die Elbslawen endgültig geschlagen wurden. (Die polnischen Fürsten, die mit Heinrich in den Kampf zogen, waren Christen). Jetzt erst war der Weg frei für die Gründung des Bistums Ratzeburg.

Dass das mittelalterliche Ratzeburg an der Front zwischen Slawen und Sachsen lag, erfahre ich erst, als ich in den Informationsschriften blättere, die in St. Georg ausliegen. Natürlich schaue ich auch nach den Baulichkeiten von St. Georg. Neben dem uralten Feldsteinsockel, der an der Seeseite besonders schön hervortritt, gibt es einen fast ebenso alten granitenen Taufstein zu sehen, den Smilower Döp. Auch das in den 50er Jahren des vergangenen Jahrhunderts neu geschaffene Kirchenportal ist sehenswert. Doch als ich die Treppenstufen zum See hinuntersteige, beschäftigt mich noch immer die slawische Vergangenheit Ratzeburgs. Erstaunlich, wie variabel Grenzen sind. Dass sie neu entstehen, wo man es nie erwartet hätte, und dass sie ebenso unerwartet wieder fallen, wird mir auf meinem

Boot des Ratzeburger Berufsfischers

Gang durch Ratzeburg noch mehrmals verdeutlicht.

Pelz-Eis, Maränen und die „Demolierung" Ratzeburgs

Über die ehemalige Inselfestung des slawischen Fürsten Races rollt inzwischen der Verkehr. Und die Stelle, an der einst die slawische Burg und später das Schloss der Lauenburger Herzöge stand, wird heute von einem Parkplatz eingenommen. Außer ein paar Grundmauern, die man zur Sicherung mit Holz verkleidet hat, ist nichts geblieben. Kein Wunder, denn das Schloss ist ebenso wie die Stadt von den Dänen 1693 komplett zerstört worden. Dänemark reichte damals bis vor die Tore Ratzeburgs (zu den Hintergründen der Auseinandersetzungen siehe „Das Herzogtum Lauenburg", Hrsg. E. Opitz, Wachholtz Verlag 2003). Die Dänen zogen sich wieder zurück, verlangten aber, dass die Befestigungsmauern, die dem Beschuss durch die dänischen Kanonen widerstanden hatten, bis auf die Grundmauern abgetragen werden mussten. Die Ratzeburger nahmen den befohlenen Abriss (die Demolierung) ihrer Mauern nicht tragisch. Die Befestigung war ohnehin zerstört und zudem konnte man so die als Beengung empfundenen mittelalterlichen Strukturen überwinden und nach den damals modernen Vorstellungen die Stadt neu aufbauen. Als Vorbild diente das reguläre Muster von Mannheim.

Am östlichen Ufer der Schlossinsel warten zwei kulinarische Stationen: erstens der weithin berühmte Eispavillon der Familie Pelz – das „Pelz-Eis" hatte vor kurzem 50-jähriges Jubiläum - zweitens die direkt am See liegende Verkaufsstelle der Fischerei Jobmann nebst Gartenlokal. Jobmann, der letzte Berufsfischer auf dem Ratzeburger See, geht das ganze Jahr über mit 2 kleinen Kuttern und 2 Mitarbeitern auf Fang und landet vor allem Maränen, Aale, Hechte und Karpfen an. Maränen sind Lachs und Forelle verwandt und schmecken ausgezeichnet. Der Schwarmfisch lebt nur in extrem sauberen und tiefen Seen wie dem Ratzeburger See und dem Schaalsee.

Aus dem Dombezirk wird eine mecklenburgische Enklave

Hinter Pelzens Eis-Pavillon führt eine Brücke hinüber zur Altstadtinsel, wo man als Erstes auf das Rathaus trifft. In dem gelb gestrichenen klassizistischen Bau mit dem großen, gepflasterten Vorhof, der heute leider in großen Teilen als Parkplatz missbraucht wird, war bis 1960 die lauenburgische Gelehrtenschule, das Ratzeburger Gymnasium, untergebracht. Das alte Rathaus steht, wie es sich gehört, am Marktplatz.

Ratzeburger „Altstadt“

Weiter geht's zur größten Sehenswürdigkeit der Stadt, dem Dom Heinrichs des Löwen. Über die „Demolierung“ – diese Straße erinnert an die Schleifung der Stadtbefestigung durch die Dänen - und über die „Reeperbahn“ – hier haben die Seiler früher ihre Taue zusammengedreht – erreiche ich die, natürlich direkt am See gelegene, Ruderakademie, in der wie in den Zeiten des Goldachters für Olympia trainiert wird. Nun geht es bergan, ins Domviertel. Stadt und Stift waren zwei verschiedene Verwaltungseinheiten, eine weltliche und eine geistliche. Ihre Grenzen hat man im Straßenpflaster mit Kreuzen markiert. An der Ecke „Kleine Kreuzstraße“/„Domhof“ treffe ich auf einen solchen Grenzstein. Hier befindet sich auch der Heinrichstein, der an den ersten Grafen Ratzeburgs erinnert. Oberhalb des Museums „Haus Mecklenburg“ markiert ein weiteres Kreuz die Grenze des ehemaligen Stifts- oder Dombezirks. Die geistliche Grenze sollte kurioserweise bald zu einer weltlichen Grenze werden, die über Jahrhunderte Bestand hatte. Mit dem Ende des Dreißigjährigen Krieges (1648) wurde das Ratzeburger Bistum säkularisiert (verweltlicht) und der Stiftsbezirk den Mecklenburgern zugesprochen. Wer danach von der Reeperbahn zum Kirchgang in den Dom ging, überschritt eine Landesgrenze, die selbst zu Beginn des 20. Jahrhunderts noch präsent war. Der Ratzeburger Stiftsbezirk wurde damals von Schönberg aus verwaltet, der ehemaligen Kreisstadt im Nordwesten Mecklenburgs. Erst mit dem Groß-Hamburg-Gesetz von 1937, einer groß angelegten Gebietsreform, wurde der Dombezirk Teil der Ratzeburger Stadtgemeinde.

Heinrichstein

Die Kirchengemeinde des Doms blieb dagegen Teil der Evangelisch-Lutherischen Landeskirche Mecklenburg. Durch die deutsche Teilung wird die Domgemeinde dann von der mecklenburgischen Landeskirche abgeschnitten. Die Gemeinde wird erst 1981 offiziell von der nordelbischen Kirche übernommen. Nach dem Fall der innerdeutschen Grenze bleibt der Zuordnungsvertrag zur nordelbischen Kirche bestehen. Nordel-

Grenzstein des Domviertels

Abbruch. Der aus Backsteinen gefügte Dom und der bronzene Löwe passen wunderbar zusammen. Auf dem Kirchhof bleibe ich erst einmal stehen, um den mächtigen, über 800 Jahre alten Kirchenbau auf mich wirken zu lassen. Besonders beeindruckt mich die Backstein-Ornamentik des querhausartigen Turmanbaus, dessen braune Ziegel mit den roten Ziegeln des Hauptbaus ein

Backsteinornamente am Dom

bien nimmt auf diese Weise der mecklenburgischen Kirche die finanzielle Last des Ratzeburger Domes ab.

Harmonie in Rot und Braun: der Dom

Der Ratzeburger Dom ist einer von vier Löwendomen, zu denen der Lübecker -, der Schweriner - und der Braunschweiger Dom gehören. Und so steht auch vor dem Ratzeburger Dom das Löwenstandbild des Sachsenherzogs Heinrich. Allerdings handelt es sich bei dem Ratzeburger Löwen um eine 1881 gefertigte Kopie des aus dem Jahre 1166 stammenden Braunschweiger Originals. Doch das tut dem Gesamtbild keinen

Dom mit dem Löwen Heinrichs

warmes Farbspiel bilden. Und wie die meisten romanischen Kirchenbauten strahlt auch der Ratzeburger Dom Ruhe und Harmonie aus. Das Kreuz bildet den Grundriss des Doms, der wie alle romanischen Kirchen in ost-westlicher Richtung positioniert wurde. Im Westen liegt die Nacht, die Finsternis, im Osten erscheint das Licht des Lebens und siegt über die Nacht des Todes. Der Weg in den Dom führt durch eine Tür, die recht schmal ausgefallen ist. Man betritt den Dom, der Weisung Jesu folgend, durch eine enge Pforte. Den Erbauern wäre es angesichts der Größe des Doms sicher nicht schwer gefallen, ein repräsentativeres Portal zu schaffen. Doch keiner der Löwendome hat seinen Eingang im Westwerk. Bei allen tritt man von der Seite her ein und so muss man, um in Richtung Altar zu gelangen, nach wenigen Schritten rechts abbiegen. Der Weg zum Heil sollte wohl nicht zu einfach sein. Im Gewölbe und an einigen Fenstern hat es einige gotische Umbauten gegeben. Doch die Rundbögen der Arkaden zu den Seitenschiffen blieben erhalten. Und auch der Blick nach oben zeigt: Der Charakter des Doms ist romanisch. Von der himmelhoch strebenden Steilheit der Wismarer Nikolaikirche ist der Ratzeburger Dom jedoch weit entfernt.

Im Norden des Doms schließt sich der gotische Kreuzgang des 1251 gegründeten Prämonstratenser-Klosters an. Um dorthin zu gelangen, muss man die Kirche verlassen und um den Kirchturm herum gehen. Der „Umweg" lohnt sich, nicht nur wegen der Plastik „der Bettler" von Ernst Barlach, die im Innenhof hängt, sondern auch wegen des bunt bemalten und mit Backstein-Ornamenten versehenen, recht ursprünglich erscheinenden Gewölbes des Kreuzgangs, in dem sich Wandmalereien aus der Zeit der Mönche finden. Während des Sommers werden einmal im Monat nächtliche Domführungen angeboten, manchmal sogar mit gregorianischen Mönchsgesängen bei Kerzenschein.

Kreuzgang des Ratzeburger Dom-Klosters

Mecklenburger Residenz auf Ratzeburger Boden

Vom Dom ist es nur ein Katzensprung zum Herrenhaus der Mecklenburger Herzöge, das als Residenz für Aufenthalte der Herzöge in ihrer Ratzeburger Enklave gedacht war. Doch keiner der erlauchten Herren hat das barocke Palais jemals genutzt. Und so ist es kein Wunder, dass die Ratzeburger nach Aufgabe der Enklave das Gebäude als Kreismuseum des Herzogtums Lauenburg nutzen. In dem Haus findet sich übrigens ein wunderschöner barocker Saal mit Klavier, geschmackvoller Bestuhlung und Blick auf den Ratzeburger See. Selbstverständlich finden in diesem Saal Konzerte und Dichterlesungen statt.

Paul Weber: „Rückgrat raus"

Ein paar Schritte weiter Richtung Stadt erreiche ich das nächste

„Der Bettler" von Ernst Barlach

Herrenhaus der Mecklenburger Herzöge

Kultur-Haus, das Paul-Weber-Museum. Für nur 1,50 Euro Eintritt bewundere ich auf zwei Stockwerken das umfangreiche zeichnerische und lithographische Werk des 1893 in Arnstadt/Thüringen geborenen Künstlers, das von possierlich-satirischen Tierbildern und Gebrauchsgrafik über Anti-Hitler-Lithographien bis hin zu modernen Ökothemen reicht. Bezeichnend für seinen gesellschaftskritischen Ansatz sind die beiden Werke „das Gerücht" (1953) und „Rückgrat raus" (1960). Seit 1945 lebte Weber in der Nähe von Mölln, wo er 1980 starb. Eine Übersicht über sein widersprüchliches Leben und sein Werk findet man unter www.weber-museum.de. Vom ehemaligen Stiftsbezirk ins Zentrum der Stadt, zum Marktplatz, wo das aus hannoverscher Zeit stammende Kreishaus mit dem Pferdekopfwappen steht. Gleich um die Ecke steht die bescheidene Kirche der Ratzeburger Stadtgemeinde und daneben das Ernst-Barlach-Museum, das ich mir für den nächsten Besuch vornehme. Jetzt geht es erst einmal in die Natur, d.h. zum Grünen Band.

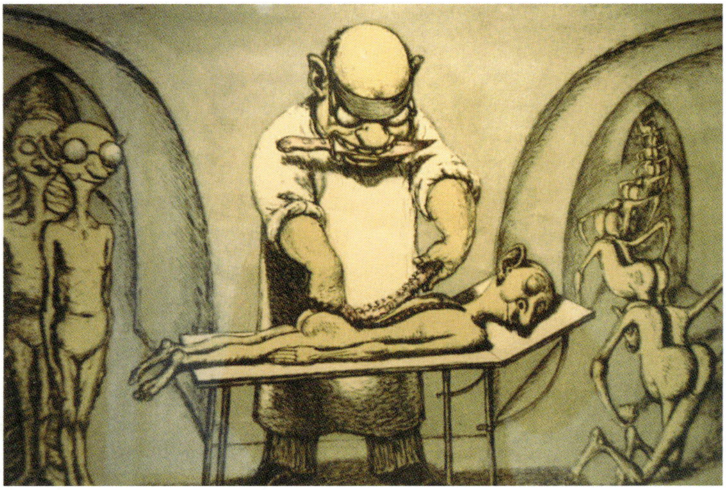

„Rückgrat raus" von Paul Weber

Wie Römnitz und Ziethen zum „Westen" kamen

Ich rolle über die Langebrücker Straße zum See hinunter und radele über einen langen Damm zum Ostufer des Ratzeburger Sees, wo ich mich nach Norden,

Wappen des Herzogtums Lauenburg am Alten Kreishaus

Richtung Römnitz wende. Das Gutsdorf Römnitz, das Luftlinie nur 1 km vom Ratzeburger Dom entfernt liegt, gehörte bis 1945 zum mecklenburgischen Kreis Schönberg. Im Rahmen eines groß angelegten Gebietsaustauschs zwischen den Besatzungsmächten Großbritannien und Sowjetunion wurde Römnitz am 26. November 1945, zusammen mit den Gemeinden Ziethen, Mechow und Bäk, dem Kreis Herzogtum Lauenburg zugeschlagen (Barber-Ljaschtschenko-Abkommen). Im Gegenzug kamen die östlich von Schaalsee, Dutzower See und Goldensee gelegenen lauenburgischen Gemeinden Dechow, Thurow und Lassahn zur sowjetischen Besatzungszone. Der Gebietaustausch war von den Briten wegen der schlechten Erreichbarkeit der hinter den Seen gelegenen Orte angeregt worden. Was für ein Glück!, werden die Römnitzer und Ziethener gesagt haben. Was für ein Pech!, haben die Bewohner der zum „Osten" kommenden Orte gesagt und die meisten von ihnen kehrten in den ersten Wochen nach der Bekanntgabe des Gebietstauschs Dechow, Thurow und Lassahn den Rücken.

Der Weg nach Römnitz führt mich durch den steilen Hangwald des östlichen Seeufers, mal nahe dem Hangfuß, mal auf halber Höhe. Gleich zu Beginn dieser Strekke lädt mich das klare und kühle Wasser des Löwenbrunnens zu einer kurzen Rast ein. Wenig später erreiche ich eine steile Treppe, die zu einem Aussichtspunkt führt. Ausblicke haben mich schon immer gereizt. Also steige ich hinauf und kann als Belohnung auf die Altstadtinsel und den Dom hinunterschauen. An dieser Stelle wäre ohne Barber-Ljaschtschenko-Abkommen der DDR-Grenzstreifen vom See aus heraufgezogen, um 1 km weiter den östlichsten Vorort Ratzeburgs, die Gemeinde Ziethen, von dem übrigen Teilen der Vorstadt abzuschneiden.

Zurück zum Rad und weiter Richtung Römnitz. Ich quere das Tal der Bäk und staune über den wasserreichen Bach, der mit beachtlicher Strömung in den Ratzeburger See fließt. Ein Blick auf meine Karte zeigt, dass die Bäk auf ihrem nur 3 km langen Lauf, der im Mechower See beginnt, 27 Meter Gefälle hat, das früher von mehreren Kupfermühlen genutzt wurde. In dem Gutsdorf Römnitz,

Löwenbrunnen

Die Bäk

das noch immer von den Gebäuden der alten Domäne dominiert wird, führt eine gepflasterte Straße hinunter zu einer Schiffsanlegestelle und einem Campingplatz. Beinahe wäre ich den Steilhang hinunter gefahren, um in das Gasthaus am See einzukehren. Gott sei Dank habe ich vorher mit einem Einheimischen gesprochen, der mir sagte, dass die Römnitzer Mühle (das Gasthaus) vor kurzem geschlossen hätte. Doch das wäre kein Problem, denn in 3 km würde ich auf das Gasthaus Kalkhütte treffen.

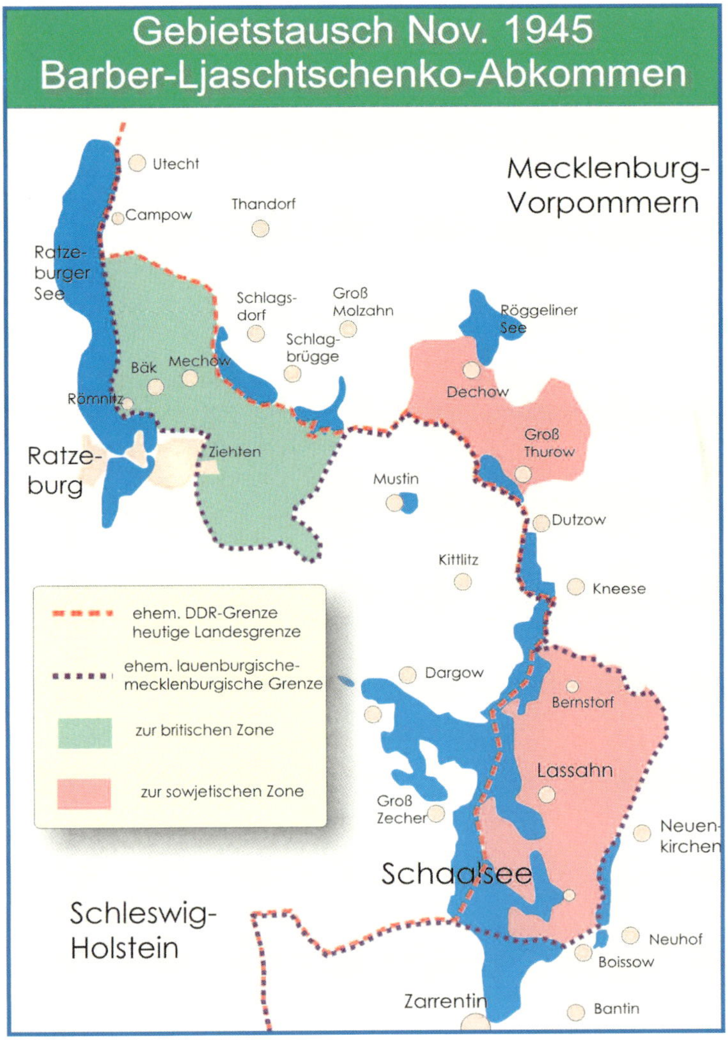

Zurück am Grünen Band

Im Ausflugsrestaurant Kalkhütte bekomme ich meinen Kaffee, mit Blick auf den See. Der seltsame Name geht auf den Abbau von Seekreide zurück, den Algen zu einer Zeit abgesetzt haben, als der Seespiegel noch höher lag. Über eine solche prähistorische Seeterrasse radele ich weiter Richtung Campow, wobei mich der Weg durch urigen Buchenwald führt. Zweimal quere ich tief eingeschnittene Kerbtäler, die die Schmelzwässer am Ende der Eiszeit gegraben haben. Dann, hinter einer Wiese, erreiche ich den ehemaligen Grenzstreifen, der sich vom Ufer des Ratzeburger Sees über ein Kerbtal, die Steinerne Rinne, hügelaufwärts zieht. Ich kann der Steinernen Rinne nicht auf direktem Weg folgen, sondern muss bis zum Dorf Campow radeln, wo ein Wanderweg parallel zur Rinne durch die Feldflur führt. Dieser Weg wird zum Pfad, der durch ein Meer blühender Rapsfelder führt. An einem Feldrain leuchten mir tausende weißer Sternmieren entgegen. Ich bin wieder im Biosphärenreservat und auf der Feldflur am Grünen

Ratzeburger See bei Kalkhütte

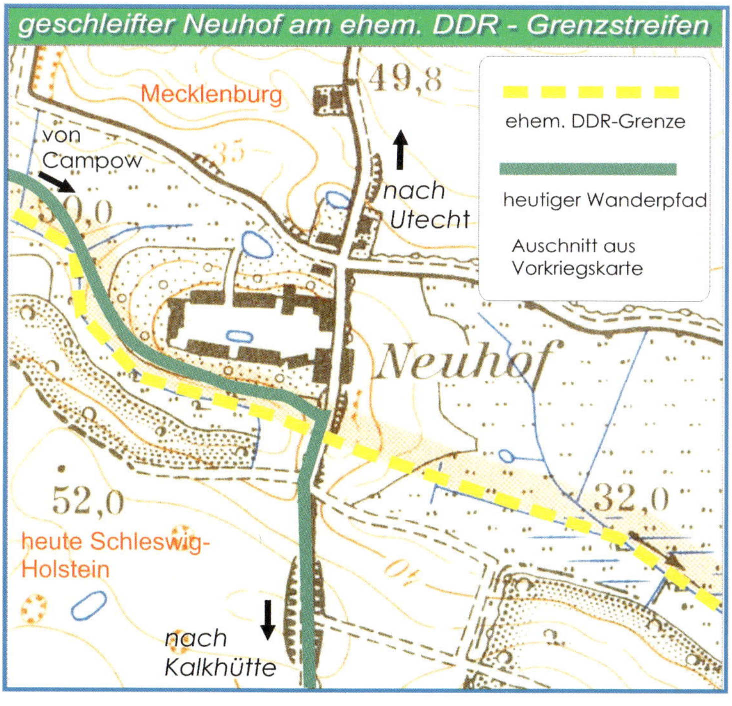

Band ist es wunderschön, zumindest Ende April/Anfang Mai, wenn der Raps blüht. Doch für Schmetterlinge, Käfer und Feldkräuter ist das gelbe Blütenmeer ein Gräuel. Um die 12 Mal wird der Raps mit Pestiziden behandelt, nahezu doppelt so oft wie Weizen oder Gerste. Da drängen sich Fragen nach der Ökologisierung der Landwirtschaft auf. Dazu Herr Jarmatz, der Chef der Biosphärenverwaltung:

Klaus Jarmatz zur Nutzung und Gestaltung der Feldfluren im Biosphärenreservat

Herr, Jarmatz, im Biosphärenreservat Schaalsee werden 15.000 ha landwirtschaftlich genutzt, das entspricht der Hälfte der Gesamtfläche. Wie hoch ist der Anteil der Bio-Landwirtschaft?

Jarmatz: Im Biosphärenreservat wirtschaften 9 Betriebe auf 820 ha nach ökologisch anerkannten Kriterien. Darüber hinaus gibt es viele Hobby-Erwerbsbetriebe, die mit Schafen, Pferden und Gemüsebau auf Kleinflächen ökologisch wirtschaften, aber keine Anerkennung beantragen. Weitere 1160 ha werden naturschutzgerecht bewirtschaftet, das heißt ohne jegliche Düngung und mit Auflagen für den Biotop- und Artenschutz.

Warum gibt es in der Schaalsee-Region nicht mehr Bio-Landwirte?

Jarmatz: Bei uns überwiegen Böden bester Güte, die von der konventionellen Landwirtschaft sehr gefragt sind. Und für hochproduktive Böden sind die politischen Rahmenbedingungen für den ökologischen Landbau leider noch nicht attraktiv genug.

Welches Konzept verfolgt Ihre Verwaltung hinsichtlich der Landbewirtschaftung?

Jarmatz: Das Land Mecklenburg-Vorpommern ist bemüht, die konventionelle Landwirtschaft mit Hilfe von Förderprogrammen, die von der EU mitfinanziert werden, umweltverträglicher zu gestalten. Wir im Biosphärenreservat versuchen, die konventionelle Landwirtschaft durch Fortbildungsangebote und Beratung zu umweltfreundlicheren Bearbeitungs- und Düngungsmethoden zu „ökologisieren". So etwas könnte für andere hochproduktive Regionen Modellcharakter haben.

Die Feldflur bei Utecht ist ungeheuer weiträumig. Warum gibt es hier keine Knicks wie in der Heckenlandschaft bei Techin?

Jarmatz: Dass zwischen Lassahn und Techin eine Knicklandschaft existiert, hat historische Ursachen. Das Gebiet gehörte bis 1945 zu Schleswig-Holstein, wo die Anlage von Knicks gefördert wurde. Die Landschaft bei Utecht war immer mecklenburgisch und hier dominierten bis 1945 Gutshöfe und große Bauernstellen. Zwar hat man auch auf den Gütern zur Eigentumsabgrenzung Hecken gepflanzt, jedoch in einem wesentlich gröberen Raster als in Schleswig-Holstein. Die LPGs der DDR haben vielerorts die Schläge nochmals vergrößert. Angesichts der bestehenden Eigentumsverhältnisse kann man dies heute nicht ohne weiteres zurückfahren. Zudem haben die großen Schläge auch ihre Vorteile. Im Frühjahr und Herbst werden sie von durchziehenden Gänsen und Schwänen als Rast- und Nahrungsflächen genutzt. Auch unsere Kraniche äsen und sammeln sich hier. Die großen Felder sind leicht anzufliegen und bieten im Gegensatz zu einer Heckenlandschaft überschaubare Flächen, auf der natürliche Feinde, wie der Fuchs, frühzeitig wahrgenommen werden. Denken Sie auch an die großen Eichen, die bei Utecht und anderswo die Feldflur bereichern. Alle diese Bäume haben wir unter Schutz gestellt.

Die Biosphären-Verwaltung kann unter Schutz stellen? So etwas steht doch sonst nur den Naturschutzbehörden zu?

Jarmatz: Der Biosphären-Reservats-Verwaltung Schaalsee stehen hoheitliche Aufgaben zu. Das heißt, wir dürfen nicht nur Empfehlungen aussprechen und motivieren, wir nehmen zugleich die Aufgaben der Oberen und der Unteren Naturschutzbehörde wahr und diese Kompetenz ist einzigartig unter den Biosphärenreservaten Deutschlands.

Es stimmt, was Herr Jarmatz sagt, die großen alten Bäume in der Feldflur sind einzigartig. Sie verleihen der Landschaft fast einen parkartigen Charakter. Dazu die mit Gehölzen umstandenen Sölle, von denen einer direkt vor mir kurz vor der Steinernen Rinne, dem Grünen Band, liegt. Im Zickzack geht es auf die Steinerne Rinne zu, die sich mit Viehweiden, Hecken und Büschen durch die Feldflur zieht. Früher befand sich hier oben, 45 Höhenmeter über dem Seespiegel, das Gut Neuhof. Der Hof musste der Grenze weichen. Von den Gebäuden ist nichts mehr zu sehen. Nur an den alten Obstgehölzen und den Hollerbüschen kann man erahnen, dass hier Menschen gewohnt haben.

Eine schmale, leider recht häufig befahrene Straße quert hier das Grüne Band. Ich bin gezwungen, der Straße Richtung Ratzeburg zu folgen, denn über den ehemaligen Grenzstreifen, der als Wiesenband (Kiekbuschwiesen) dem Mechower See zustrebt, führt weder Weg noch Steg. Wenig später zweigt der Wanderweg ab und führt durch das Mechower Holz, das auf lauenburgischer Seite an die Kiekbuschwiesen grenzt. Doch die Enttäuschung ist groß. Der

An der Steinernen Rinne bei Campow

Ehem. Grenzstreifen an der Steinernen Rinne

Weg ist zwischen dem 1. Februar und dem 15. Juni gesperrt. Im Mechower Holz brütet der Seeadler. Also weiter geradeaus. Die Umleitung führt auf Wirtschaftswegen über die Ortschaften Bäk und Mechow und dann, wie zum Ausgleich, ein längeres Stück entlang dem Mechower See.

Am Mechower See

Über und über blühende Schlehenhecken und alte, kopfförmig geschnittene Pappeln säumen den Seeweg. Mit ihrer groben Rinde erscheinen die von Höhlen durchzogenen Stämme noch urwüchsiger als Kopfweiden. Die außergewöhnliche Pappelallee ist sicher ein Dorado für Spinnen, Kerbtiere und Höhlenbrüter. Ab und an gewährt das Ufergebüsch einen Ausblick auf den See, auf dem zahlreiche Wasservögel schwimmen. Am gegenüberliegenden Ufer schaut der Kirchturm des mecklenburgischen Schlagsdorf hervor. Die Grenze verlief direkt unter mir, am Westufer des Sees. Die Wasserfläche des Sees gehörte also in Gänze zur DDR. Kurz vor der Seespitze besteige ich eine Aussichtskanzel, von der ich nahezu den gesamten See überblicken kann. Wie ein riesiges Komma durchzieht der blaue See mit seinem hellbraunen Schilfgürtel die gelb blühende Raps-Landschaft. Dies ist das Grüne Band, ein Refugium für die bedrohte Vogelwelt.

Der Mechower See ist nicht nur ein ideales Brutrevier, hier rasten zudem jährlich an die dreitausend Reiherenten, um sich zu mausern. Da sie während des 3-6 Wochen dauernden Federwechsels flugunfähig werden, halten sie sich gerne an vom Bade- und Bootstourismus verschonten Gewäs-

Reiherente

Mechower See mit Blick auf Schlagsdorf

sern auf. Dass der Seeadler am Mechower See sein Jagdrevier hat und sich das eine oder andere Tier greift, fällt nicht ins Gewicht. Schwerer würden Störungen durch den Menschen wiegen. Bootsfahrer verstehen meist nicht, warum die Vögel nicht auffliegen und interpretieren dies fälschlicherweise als Zutraulichkeit. Unglücklicherweise fällt die Mauser in die Zeit der touristischen Hochsaison. Aber da der Mechower See kein Freizeitgewässer ist, fühlen sich die Enten hier wohl. Von der Aussichtskanzel ist auch die kleine Insel mit dem netten Namen Butze zu erkennen. Hier soll sich früher die Schlafburg des Raubritters Johann Reibe von Schlagsdorf befunden haben, der im 14. Jh. die nach Lübeck ziehenden Kaufleute überfiel. Bis zum Ausbau der DDR-Grenze haben hier noch die Buben aus Schlagsdorf ihre „Hüttchen" gebaut. Heute wird die Insel von rastenden Kormoranen besetzt gehalten.

Kopfpappeln am Mechower See

Die Seeadler-Wacht

Ich mache mich auf den Weg Richtung Schlagsdorf. An der Stelle, an der der Wanderweg vom Mechower-Holz auf den Seeweg trifft, steht eine ganz in Grün gekleidete junge Frau mit

Iris Mühlenberger (WWF, Münster) auf Seeadler-Wacht

einem großen Spektiv. Auf ihrer Schirmmütze prangt das Abzeichen des WWF. Mir ist sofort klar: Hier bewacht jemand das Brutrevier der Seeadler. Iris Mühlenberg stammt aus Münster und „schiebt den Dienst" für den WWF bzw. für den Seeadler im Ehrenamt. An die zwei Wochen sei sie im Jahr auf dem Posten. Dann werde sie abgelöst. Ärger mit uneinsichtigen Wanderern hätte sie bisher, Gott sei Dank, nicht gehabt. „Übrigens, im Mechower Holz brüten auch Kraniche. Fünf Paare ziehen dort ihre Jungen groß", vertraut mir Iris Mühlberger an. „Ja, und das mit dem Seeadler ist wirklich lohnend. Seit wir die Horste bewachen, hat das Adlerpaar 20 Junge groß gezogen. Wenn Sie noch mehr vom Seeadlerschutz wissen wollen, sollten Sie bei Thomas Neumann vorbeischauen. Er ist der Leiter des hiesigen WWF, der seinen Sitz in Mölln hat. Ich gebe Ihnen mal die Telefonnummer." Iris Mühlberger kramt in ihrer Anoraktasche und zieht ein Kärtchen hervor: WWF Mölln 04542-6267. Drei Minuten später spreche ich, dank Handy, mit Herrn Neuman. „Na klar! Kommen Sie vorbei. Aber erst am Spätnachmittag. Dann ist es hier ruhiger... Sie haben in Ratzeburg Quartier bezogen und haben kein Auto? Na, dann kommen Sie doch einfach mit der Bahn. Der Zug fährt stündlich." Ich verabschiede mich von Iris Mühlberger, nicht ohne sie für Ihren Idealismus zu beglückwünschen und mache mich auf den Weg nach Schlagsdorf.

Das Grenzhuus

Kurz hinter dem Grenzstreifen geht es mächtig bergauf, so dass ich überlege, ob ich schieben soll. Dann siegt mein Ehrgeiz und ich trete kräftig in die Pedale. Fünf Minuten später stehe ich an der Kasse des Schlagsdorfer „Grenzhuus" und entrichte meinen Obolus für das Grenzmuseum. Besonders beeindrucken mich Fotos von den Grenzanlagen am benachbarten Lankower See, wo der Metallgitterzaun einen Seitenarm des Sees quert und von Stacheldrahtrollen umgeben in den See eintaucht. Auf meinem Weg zur Südspitze des Mechower Sees werfe ich einen kurzen Blick auf das Freigelände des Grenzmuseums, das man in einer aufgelassenen Sandgrube untergebracht hat. Hätte man den Wachtturm und die Zaunreste an ihrem Originalstandort stehen gelassen, wäre das für Besucher sicherlich eindrucksvoller. Auf einem Wanderweg radele ich um den Mechower See herum und folge der Bäk zum Ratzeburger See. Wenig später bin ich wieder in meinem Quartier in Ratzeburg. Nach einer kurzen Pause mache ich mich auf den Weg zum nahen Bahnhof, um in die Nachbarstadt Mölln zu fahren.

Freiland-Grenzmuseum in Schlagsdorf

DDR-Grenzpfahl am Grenzhuus in Schlagsdorf

Natur- und Kulturerlebnisrouten in und um Ratzeburg

Stadtrunde Ratzeburg

Länge: *ca.4 km*
Wegestruktur: *Straße und befestigte Wanderwege*
Dauer: *mit allen Besichtigungen mindestens 3 Stunden*
Ausgangspunkt: *Parkplatz Möllner Straße Ecke Wedenberg. Achtung! Parkplatzgebühr bei der Bäckerei gegenüber entrichten.*

Am Rande des Parkplatzes führt eine Treppe zum Kirchhof von St. Georg auf dem Berge hinauf, dem ersten Ziel des Stadtspaziergangs (Punkt 1). Nach Besichtigung der Kirche wieder hinunter zum Parkplatz und die Bahnhofsallee queren. Nach rechts zum Parkplatz Schlosswiese, der den Standort der früheren Schlossinsel markiert, die in dem Damm aufgegangen ist. Am Rande des Parkplatzes die Reste der Grundmauern des 1524 erbauten Rondells des Ratzeburger Schlosses (Punkt 2). Am Ende des Park-

platzes der berühmte Pelzsche Eispavillon (Punkt 3). Wem der Appetit nach Kräftigem steht, wendet sich links und gelangt über eine Seitenstraße zur Ratzeburger Fischerei mit Fischverkaufsstelle und Fischrestaurant (Punkt 4).

Zurück zur Hauptstraße und über eine Brücke zur Altstadtinsel. Auf der Uferpromenade links um die ehemalige Gelehrtenschule (Punkt 5) herum. Weiter auf der Uferpromenade bis zur Ruderakademie. Dort nach rechts über die Kleine Kreuzstraße bergan zum Heinrichstein, der an Heinrich von Badewide, den ersten Grafen von Ratzeburg, erinnert (Punkt 6). Vom Heinrichstein nach links über die Straße „Zum Domhof". Gleich zu Beginn befindet sich ein Kreuz im Pflaster, das die Grenze zum Dombezirk markiert. Links das „Haus Mecklenburg", in dem ein Museum zur mecklenburgischen Geschichte untergebracht ist. Weiter zum Dom, für dessen Besichtigung mindestens ½ Stunde angesetzt werden muss (Punkt 7). Direkt neben dem Dom, Richtung Stadtmitte, das Herrenhaus der Herzöge von Mecklenburg mit lohnendem Heimatmuseum (Punkt 8). Ein Haus weiter das Paul-Weber-Museum (Punkt 9). Weiter zum Marktplatz, wo drei ehemals bedeutende Verwaltungsgebäude stehen: das alte Kreishaus, das alte Rathaus und die alte Wache (Punkt 10). An der südwestlichen Ecke des Marktplatzes über einen Durchgang zum benachbarten „Barlachplatz" und zur klassizistischen Stadtkirche St. Petri (Punkt 11). Rechts neben der Kirche das Barlach-Museum (Punkt 12). Über die Barlachstraße hinunter zur Schulstraße. Dort links und an Bürgerhäusern aus dem 19. Jh. vorbei, die mit Rosenstöcken und bunt bemalten Türen hervorstechen. Nach ca. 80 m links hinunter zum Ufer des Küchensees und auf der Promenade rechts zur Schlosswiese. Weiter über den Damm der ehemaligen Schlossinsel zum Ausgangspunkt des Stadtspaziergangs.

Radrunde Ratzeburger – Mechower See

Länge: *ca. 27 km*
Wegestruktur: *Straße und befestigte Wanderwege*
Charakter: *anspruchsvolle Halbtagestour*
Steigungen: *bei Römnitz um 30 m, bei Utecht um 60 m, höchster Punkt zwischen Utecht und Thandorf bei 80 m über NN, Höhe des Ratzeburger Sees 4,5 m über NN*
Dauer: *3-4 Stunden*
Ausgangspunkt: Parkplatz Schlosswiese an der B 208
Gastronomie: *In Ratzeburg, Ausflugsrestaurant Kalkhütte und in Thandorf*

Vom Parkplatz Schlosswiese (gebührenpflichtig) (Punkt 1) über Brücke zur Altstadtinsel. Hinter der Brücke an der ehemaligen Gelehrtenschule vorbei und auf der Allee „Unter den Linden" bis zur Altstadtbebauung. Entlang der Häuserfront links über die Straße „Demolierung" und die „Reeperbahn" zur Ruderakademie. Auf der „Kleinen Kreuzstraße" kurz bergan, bis zum Heinrichstein, dort links zum Dom (Punkt 2). Nach kurzem Aufenthalt über den oberen Zweig der Straße „Zum Domhof" zum Marktplatz. Am

Marktplatz links die „Langenbrücker Straße" hinunter und über den Königsdamm auf die Ostseite des Ratzeburger Sees. Am Ende des Damms links in den „Bäker Weg" einbiegen und der Straße folgen, bis er am Beginn des Waldes in einen Wanderweg übergeht. Gleich zu Beginn des Wanderweges trifft man auf den schattigen Löwenbrunnen, der eine Möglichkeit zur Rast bietet (Punkt 3). Weiter durch steilen Hangwald, bis der Wanderweg auf die schmale Straße „Am Mühlenweg" trifft. Auf ihr hinunter in das Tal der Bäk. In einer Rechtskurve wieder bergan und nach ca. 100 m links in „Am Hasselholt" abbiegen. Die Straße geht in einen Wanderweg über, der weit oberhalb des Ratzeburger Sees durch Wald zum Gutsdorf Römnitz führt. In Römnitz rechts auf die Straße und nach 250 m wieder links in einen Wanderweg, der zunächst durch die Feldflur, dann durch Wald zum Restaurant/Campingplatz Kalkhütte führt (Punkt 4).

Am Restaurant den Wanderwegzeichen Richtung Hohenleuchte und Campow folgen, wobei man über einen Waldweg zu einer schmalen Waldstraße geführt wird. Auf der Straße nach links. Kurz darauf endet der Wald und man radelt durch Wiesengelände (ab hier ist die Straße nicht mehr asphaltiert). Ca. 400 m weiter wird das Grüne Band gequert. In dem kleinen Ort Campow, der kurz darauf erreicht wird, existiert eine Badestelle. Zum Baden im Dorf links zum See hinunter. Der Weg ist ausgeschildert (Punkt 5). Auf einer Landstraße weiter nach Utecht. Auch hier existiert eine schöne Badestelle. Am Ortseingang von Utecht rechts über die Landstraße nach Thandorf hinauf. Von einer Höhe um 80 m über NN schöne Blicke auf den Ratzeburger See und das Tal der Wakenitz. Bei guter Sicht sind die Kirchtürme von Lübeck zu erkennen.

Mechower See

Thandorf (Punkt 6) ist ein Angerdorf mit restaurierten Bauernhäusern. Besonders sehenswert der Uhlenhof, mit langem Haupthaus, Durchfahrtscheune und Backhaus. In der Denkmalsanlage befindet sich eine Kreuzstichausstellung. Zudem werden hier kunsthandwerkliche Produkte und regionale Spezialitäten, vor allem Back- und Räucherwaren, angeboten. Von Thandorf über die Landstraße nach Schlagsdorf. Dort Besuch des Grenzmuseums „Grenzhuus" (Punkt 7) mit Abstecher zur nachgestellten Grenzanlage (der Weg ist ausgeschildert) (Punkt 8). Zurück zum „Grenzhuus" und von dort über die Straße „Moorweg", die zur ehemaligen Grenze an der Nordspitze des Mechower Sees führt. Dort die Aussichtskanzel des WWF besteigen und den Blick über das Grüne Band und den Mechower See genießen (Punkt 9). Auf einem asphaltierten Wirtschaftsweg nach Mechow. Dort rechts und am nächsten Abzweig „Am Brink" gleich wieder links. Der Straße 1 ½ km durch die Feldflur folgen bis zu einer Siedlung, an der man auf die „Mechower Straße" trifft. Links durch Wald in das nahe Ratzeburg bis zum Kasernengelände. Hier rechts die „Jägerstraße" hinunter zum Ratzeburger See und über den Königsdamm zur Altstadtinsel. Über die „Seestraße" und die „Fischerstraße" (Hallenbad) zur Uferpromenade des Küchensees und auf ihr zum Parkplatz Schlosswiese, dem Ausgangspunkt der Radrunde.

Seeadler - Wanderrunde

Länge: *ca. 15 km*
Wegestruktur: *befestigte Wanderwege, Straße*
Charakter: *Halbtagestour*
Steigungen: *bei Römnitz um 30 Höhenmeter, bei Campow um 40 Höhenmeter*
Dauer: *4-5 Stunden*
Ausgangspunkt: *In dem Ort Bäk in der Stichstraße „Am Hasselholt" parken oder mit dem Schiff von der Ratzeburger Schlosswie-*

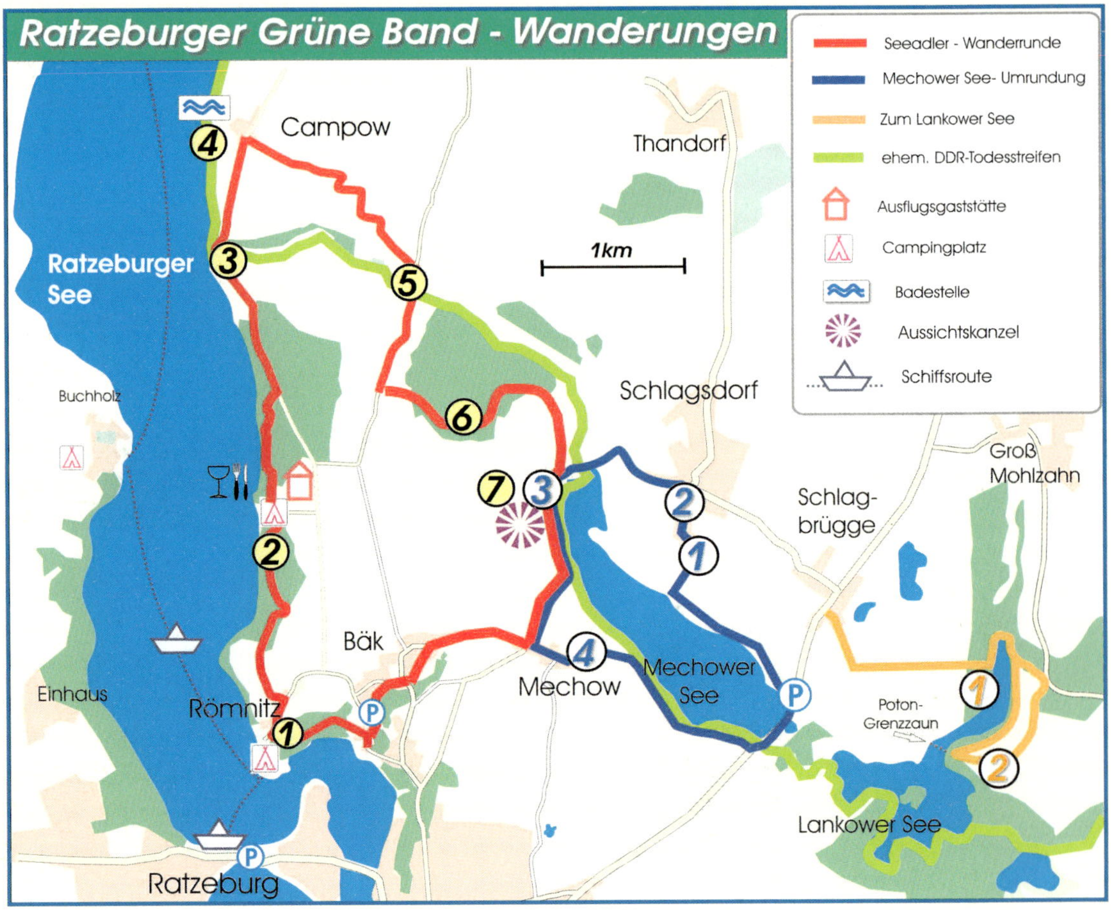

se nach Römnitz (nicht in den Wintermonaten)
Gastronomie: *Ausflugsrestaurant Kalkhütte*
Besonderheit: *Wegsperrung im Mechower Holz vom 1. Februar bis 15. Juni*

Von Römnitz (Punkt 1) über den Wanderweg nach Kalkhütte (Punkt 2). Von dort wie bei der Radrunde weiter nach Campow (Punkt 4). Dabei wird der ehemalige Grenzstreifen gequert (Punkt 3). In Campow zunächst zur Badestelle, dann im Ort rechts ab und über einen neu angelegten Wanderweg durch die Feldflur zu dem geschleiften Gut „Neuhof“, das unmittelbar auf der Grenze lag (Punkt 5). Auf einer schmalen Straße rechts ins Lauenburgische und nach knapp 1 km links zum Mechower Holz (Punkt 6). Dieser Weg ist wegen einer Seeadlerbrut zwischen dem 1. Februar und dem 15. Juni gesperrt. Für Wanderer existiert keine empfehlenswerte Umleitung. Außerhalb der Sperrzeit durch den Wald zur Nordspitze des Mechower Sees, wo sich eine Aussichtskanzel befindet (Punkt 3 blau). Von dort nach Mechow und weiter nach Bäk. In Bäk der Wanderweg-Markierung nach Ratzeburg folgen. Der Weg führt am Ausgangspunkt der Tour vorbei. Wer mit dem Schiff gefahren ist, muss über den Wanderweg weiter nach Ratzeburg. Bis zur Schlosswiese sind es zusätzlich ca. 3 ½ km.

Mechower See - Umrundung

Länge: *ca. 8 km*
Wegestruktur: *befestigte Wanderwege, Radweg, Straße*
Charakter: *gemütliche Wanderung*
Steigungen: *unwesentlich*
Dauer: *2-3 Stunden*
Ausgangspunkt: *Parkplatz an der Straße Ratzeburg – Schlagbrügge knapp 500 m hinter dem Hof Wietigsbek (aus Richtung Ratzeburg kommend die erste im Ort abzweigende Straße rechts)*
Gastronomie: *Selbstversorgung*
Besonderheit: *Museum „Grenzhuus“*

Der Wanderweg führt zunächst auf dem ehemaligen Grenzstreifen am Ostufer des Mechower

Sees entlang. Nach ca. 1 ½ km steigt der Weg einen Hang hinauf und läuft über die Feldflur nach Schlagsdorf, wo man an den ersten Häusern auf die Außenanlage des Grenzmuseums trifft (Punkt 1 blau). Einen halben km weiter, im Ortsmittelpunkt, erreicht man das „Grenzhuus" (Punkt 2 blau). Vom „Grenzhuus" über die Straße „Moorweg" in die Feldflur und zur ehemaligen Grenze an der Nordspitze des Mechower Sees, wo man auf die Aussichtskanzel des WWF trifft (Punkt 3 blau). Auf einem asphaltierten Wirtschaftsweg nach Mechow. Dort links zu alter, mit Reet gedeckter Scheune (Punkt 4 blau). An einem Pferdehof vorbei und durch die Feldflur zum Mechower See. Am See über Wiesen nach Wietingsbek. Dort über die ehemalige Grenze und auf dem Radweg in wenigen Minuten zum Ausgangspunkt der Tour.

Zum Lankower See

Länge: *ca. 7 km*
Wegestruktur: *befestigte Wanderwege, Kolonnenweg, naturbelassener Steilabstieg- bzw. Steilanstieg*
Charakter: *mit Ausnahme des Steilstücks gemütliche Wanderung*
Steigungen: *Höhe gering (ca. 20 m), Steilheit enorm*
Dauer: 2-3 Stunden
Ausgangspunkt: *Parkplatz an der Straße Ratzeburg – Schlagbrügge knapp 500 m hinter dem Hof Wietingsbek (aus Richtung Ratzeburg kommend die erste im Ort abzweigende Straße rechts).*
Gastronomie: *Selbstversorgung*
Besonderheit: *geschleifter Grenzort*

Zunächst auf einem Wirtschaftsweg durch die Feldflur. Nach ca. 1 km wird der ehemalige Kolonnenweg erreicht. Man taucht in Wald ein. Kurz darauf endet der Kolonnenweg und es geht auf einem extrem steilen, unbefestigten Pfad (ehemaliger Kolonnenweg) zu einem Seitenarm des Lankower Sees hinunter (Punkt 1 orange). Links dem Uferweg folgen und um den Seitenarm herum. Dem Wanderweg durch Wald hinauf zur Straße folgen. Dort nach rechts und gut 150 m entlang der Straße bis zu einem rechts abbiegenden Weg. Über diesen in die Feldflur und dann hinunter zur ehemaligen Dorfstelle Lankow (Punkt 2 orange). Zurück über den Kolonnenweg zur nördlichen Seespitze bzw. zum Ende des nördlichen Seitenarms. Von dort Rückweg wie Hinweg.

Die Ratzeburger Grenzseen - Arche und Wiederausbreitungszentren für Kraniche und Seeadler

Eulenspiegelmuseum

Die Fahrt mit dem Zug nach Mölln dauert 6 Minuten. Kurz vor dem Halt geht es auf einem Damm über den Möllner Stadtsee, mit Blick auf die Altstadt, die - ähnlich wie Ratzeburg - auf einem Hügel am Seeufer erbaut wurde. Doch Mölln liegt nicht auf einer Insel, sondern „nur" auf einem Sporn, der in einen See hineinragt. Vom Bahnhof aus bin ich im Nu im Geschäftszentrum, der gepflasterten Hauptstraße. Es ist „Rush Hour". PKW, Lieferwagen und Busse verursachen einen Heidenlärm. Als ich die Marktstraße erreiche, die in Möllns mittelalterliches Zentrum führt, wird es schlagartig ruhig. Direkt hinter dem gotischen Rathaus erhebt sich, von Linden umgeben, Sankt Nicolai, die Stadtkirche. Sie wurde 1230 erstmals urkundlich erwähnt und ist im spätromanischen Stil erbaut. Eine steile Treppe führt mich zum alten Kirchhof hinauf. Links neben dem Portal der Kirche steht der Grabstein Till Eulenspiegels. Der Schalk, der den Bürgern Möllns versprach, sie steinreich zu machen, sofern sie ihm ein würdiges Begräbnis spendierten – er hinterließ eine mit Steinen gefüllte Truhe - ruht angeblich aufrecht in seinem Grab.

Eulenspiegeleien

Till Eulenspiegel hat es wohl wirklich gegeben. Er wurde um 1300 in Schöppenstedt am Elm geboren und starb um 1350 in Mölln. Till Eulenspiegel ist jedoch vor allem eine literarische Figur, die ihren Siegeszug im 16. Jahrhundert angetreten hat. Hermann Bote, von Beruf Zollschreiber, hat 96 Schwänke über das Leben des Narren aufgeschrieben. „Ein kurtzweilig Lesen von Dyl Ulenspiegel, geboren uß dem Land zu Brunßwick, wie er sein leben volbracht hat...", so heißt es in dem von ihm verfassten Buch, das im Jahre 1515 erstmals gedruckt wurde. Es ist das berühmteste und langlebigste aller deutschen Volksbücher. Bereits im 16. Jahrhundert erschienen 35 Ausgaben. Zudem wurden Eulenspiegels Schwänke bereits damals in die meisten Sprachen Europas übersetzt. In deutscher Sprache erschienen bis zum Jahre 1980 ca. 350 Ausgaben. Dazu kommen seit der Mitte des 19. Jahrhunderts über 250 Kinder- und Jugendbearbeitungen.

Till Eulenspiegel, Skulptur von Karl-Heinz Goedtke

Seeadler

Ich lehne mich auf das schmiedeeiserne Geländer, das den Kirchhof begrenzt und schaue hinunter auf den Marktplatz. Drei Meter tiefer sitzt ein bronzener Till Eulenspiegel mit gekreuzten Beinen und lächelt verschmitzt. Wer Zeh und Daumen zugleich anfasst, hat die Chance, dass ein lang gehegter Wunsch in Erfüllung geht. Kein Wunder, dass sein abgespreizter rechter Daumen und die Füße glänzen. Die Fachwerkhäuser des Marktplatzes, die im Halbkreis um die Statue stehen, bilden einen würdigen Rahmen. Ihre Backstein-Ornamentik verleiht dem Ort ein eigenes Gepräge. Dabei ragt das in der Mitte stehende Haus in besonderer Weise hervor, das mit geschnitzten Masken, Fächerrosetten und Balkeninschriften verziert ist. Im Stadtführer wird 1582 als Baujahr angegeben. Das ist die Zeit, in der Kolumbus Amerika entdeckt hat und in der Hermann Bote die Eulenspiegeleien niederschrieb. Klar, dass man in diesem Haus ein Eulenspiegel-Museum eingerichtet hat.

Die gediegenen Häuser lassen erahnen, dass in Mölln recht wohlhabende Bürger gelebt haben. Schließlich war Mölln lange Zeit (1359-1683) im Besitz der Hansestadt Lübeck. Die kleine Stadt hatte für Lübeck große Bedeutung: Über Mölln verlief nicht nur der Handelsweg Lübeck-Lüneburg, die Salzstraße, Mölln lag auch an dem 1398 fertig gestellten Stecknitzkanal, der von der Elbe nach Lübeck führte, eine Art Nord-Ostseekanal des Mittelalters. Aus der Lübecker Zeit stammt auch das Ensemble des Stadthauptmannshofs, Sitz der Lübecker Statthalter. In einem Nebengebäude ist das Quartier des WWF Nord untergebracht, mit dessen Leiter Thomas Neumann ich verabredet bin. Über die Marktstraße bin ich in drei Minuten an meinem Ziel, wo mich Thomas Neumann in das obere Stockwerk des Hauses führt, das die ruhige Atmosphäre vergangener Zeiten ausstrahlt. Während Kaffee und Kekse kommen, erzähle ich von meiner Tour um den Mechower See, an dem ich die Seeadler-Wacht des WWF getroffen habe.

Seeadler-Eiersammler

„Ja, mit den Seeadlern hat alles angefangen", sagt Neumann, „1963, ich war gerade 16 Jahre alt, griffen Fischer auf dem Ratzeburger See einen im Wasser treibenden Adler auf. Vermutlich hatte er sich beim Kampf mit einem großen Fisch so verausgabt, dass er sich nicht mehr in die Luft erheben konnte. Die Fischer brachten den Adler zum Naturschutzbeauftragten und der gab den Vogel an einen meiner Freunde und mich zur Pflege. Schließlich haben wir das Tier wieder in die Freiheit gelassen. Die Seeadler ließen mich seitdem nicht mehr los. 1968, während meiner Studentenzeit, initiierten der WWF und der Landesjagdverband das Seeadler-Schutzprojekt Schleswig-Holstein. Damals gab es in unserem Bundesland nur noch 6 Seeadlerpaare, u.a. weil Eiersammler die Horste ausräumten, um die Gelege als Sammlerstücke zu verkaufen. Zudem machten dem Seeadler Pestizide zu schaffen, allen voran das DDT. 1969 finanzierte der WWF die ersten fünf Wachtwohnwagen, um die Eiersammler an ihrem schändlichen Tun zu hindern. Ich war damals einer der Vor-Ort-Indianer, der die Horststandorte suchte und die Schutzmaßnahmen begleitete."

Was macht DDT in Adlereiern?

„Wie kamen Sie darauf, dass DDT einen negativen Einfluss auf den Bruterfolg hat?"

Thomas Neumann vom WWF

„Weil trotz unserer Rund-um-die-Uhr-Bewachung vielerorts die Bruterfolge ausblieben. Misstrauisch geworden, ließen wir die Eier in niederländischen und schwedischen Instituten – in Deutschland fand sich merkwürdigerweise keines dazu bereit - auf Gifte untersuchen. In den Seeadler-Eiern ließ sich ein ganzer Cocktail von Pestiziden nachweisen. Uns wurde der Zusammenhang deutlich: Die Adler nahmen die Giftstoffe über Fische und Wasservögel auf. Dies führte zur Dünnschaligkeit ihrer Eier und zum Absterben der Embryonen. Die Giftstoffe stammten vor allem aus der Landwirtschaft. Sie waren über Drainagen und Bäche in die Seen gelangt. Auf der Basis der Untersuchungsergebnisse starteten WWF, NABU und BUND eine Kampagne gegen Pestizide und andere Umweltgifte, wobei wir den Seeadler als Werbeträger für eine gesündere Umwelt herausstellten. Bald griff die Presse das Thema auf. Hörfunk, Fernsehen und selbst die Boulevardzeitungen berichteten in großer Aufmachung. Dies zeigte politische Wirkung: Um 1975 wurde DDT in Westeuropa verboten. Verbote weiterer, überwiegend in der Landwirtschaft eingesetzter Umweltgifte folgten."

Biotopvernichtung durch Flurbereinigung

„Damit hat der Seeadler einen Beitrag für die Gesundung der Umwelt geleistet!"

„Sicherlich. Aber für den Seeadler, die Kraniche, die Fischotter und die vielen anderen bedrohten Tierarten war dies nur die halbe Miete. Fürs Überleben brauchten sie auch geeignete Brut- und Nahrungsbiotope und diese machten ihnen Flurbereiniger, Wasserwirtschaftsämter und Touristikmanager streitig. Ein Feuchtgebiet nach dem anderen wurde trocken gelegt, die Seeufer verbaut und Flüsse begradigt. Beim Schaalseedorf Dargow zum Beispiel sollten 1974 die Erlenbrüche, in denen der Kranich brütete, entwässert werden. Doch das haben wir nicht so einfach hingenommen. Der Bagger stand schon bereit, als wir vom WWF zu einer Kranichfeier im größten Bauernhaus des Dorfes eingeladen haben. Bei Feuerwehrmusik und Bier wurden die Bürger darüber informiert, dass Kraniche ihre Nester nicht in luftiger Höhe errichten, sondern auf dem Boden von Erlenbrüchen und anderen Sümpfen. Mit Hilfe der Landwirte und des Waldeigentümers ereichten wir – zunächst gegen den Widerstand der Flurbereinigungsbehörde -, dass die vorgesehene Maßnahme ausgesetzt wurde. Gemeinsam wurden Alternativen erarbeitet, die den Schutz der Erlenbrüche gewährleisteten und den Landwirten auf den umliegenden Feldern bessere Wirtschaftsbedingungen ermöglichten. Zwei Jahre später gab es wieder eine große Kranichfeier, auf der der Bürgermeister von Dargow mir für den WWF symbolisch den Schlüssel für die Kontrolle der Bewässerungsanlage der Erlenbrüche überreichte. Heute leben bei Dargow wieder fünf Kranichpaare. Solche Aktionen trugen dazu bei, dass die Gesetze für Naturschutz und Landschaftspflege verschärft und verstärkt auf die Flurbereinigungsverfahren angewendet wurden. Zudem hatten wir begonnen, Flächen zu kaufen. Das war der sicherste Weg, um die Natur umfassend zu schützen. Die Ausweisung von Schutzgebieten allein war nicht ausreichend. Die Nutzung der unter Naturschutz stehenden Flächen musste artgerecht gemanagt werden und dies geht häufig nur, wenn die Naturschützer selbst Eigentümer der Flächen sind. Wir haben uns damals beim Flächenankauf auf Gebiete konzentriert, die im Schatten der DDR-Grenze lagen. Und wir haben bereits damals viel erreicht, trotz bescheidener finanzieller Mittel. Die Anzahl der Seeadler- und Kranichbruten war gestiegen. Neben dem Erlenbruch bei Dargow konnten wir das Salemer Moor sichern, ein großes naturnahes Waldmoor vor den Toren Ratzeburgs, und verschiedenes mehr."

„Welche Tierarten standen bei Ihren Bemühungen neben dem Seeadler im Vordergrund?"

„Da sind zunächst einmal die Kraniche zu nennen, die an den lauenburgischen Seen ihren letzten Zufluchtsort in Westdeutschland hatten, dann die Rohrdommel, die auf die großen Schilfflächen an den Seeufern angewiesen ist. Wir mussten und müssen uns um die zahllosen Wasservögel kümmern, die ihre Mauserzeit auf den Seen verbringen. Und natürlich haben wir uns auch um die Amphibien gesorgt, um den Laubfrosch und die Rotbauchunke. Beide Arten sind in Deutschland stark gefährdet."

Grenzöffnung und drohender Ausverkauf der Schaalsee-Landschaft

„Mitten durch den Schaalsee, den Lankower - und den Mechower See verlief die Grenze zur DDR. Hat der Fall der Mauer zu einer erneuten Verschärfung der Lebensbedingungen für die Tierwelt in der Region geführt?"

„Mit der Grenzöffnung mussten wir natürlich befürchten, dass man den Schaalsee genauso erschließen würde wie den Ratzeburger See."

„Was hat der WWF getan, um den Tourismus in vernünftige Bahnen zu lenken?"

„Unsere Sternstunde kam, als wir im März 1990 vor über 100 Menschen in der Kirche von Lassahn, direkt hinter der ehemaligen Grenze, erfolgreich für die Erhaltung dieser einmaligen Naturlandschaft werben konnten. Aufgrund unserer Kontakte zu Naturschutzfachleuten in der DDR kam sehr schnell eine deutsch-deutsche Arbeitsgruppe zusammen, deren Lobbyarbeit maßgeblich dazu führte, dass die Ausweisung des östlichen Schaalseegebietes als Naturpark mit dem letzten Beschluss der DDR-Volkskammer vom 12. 9. 2008 ermöglicht wurde. Zeitgleich wurde auch auf schleswig-holsteinischer Seite ein Netz von Schutzgebieten sichergestellt. Und dann kam Klaus Töpfer, der damalige Bundesumweltminister! Er hat bei einer Erkundungsfahrt durch die Region die Möglichkeit erkannt, am Schaal-

Kranichstart

Kranichlandung

see ein Großschutzgebiet einzurichten und er hat dafür finanzielle Mittel in Aussicht gestellt. Zur Umsetzung des Projektes empfahl er uns, mit den Landkreisen sowie den zuständigen Naturschutzbehörden einen Zweckverband zu gründen..."

„...was Sie sicher gleich getan haben."

Flächenankauf für den Naturschutz an der ehemaligen Grenze

„Natürlich. Nur so hatten wir die Chance, den drohenden Ausverkauf der Schaalsee-Landschaft durch Bodenspekulanten zu verhindern. 1991 haben wir zusammen mit dem schleswig-holsteinischen Landkreis Herzogtum Lauenburg und den mecklenburgischen Landkreisen Hagenow (heute Ludwigslust) und Gadebusch (heute Nordwestmecklenburg) den Naturschutzzweckverband „Schaalsee-Landschaft" gegründet. Dieser Verband bekam über 10 Jahre Fördermittel des Bundes, um die Flächenankäufe entlang der ehemaligen Grenze zu tätigen. Bis 2005 konnten wir stolze 4.200 Hektar erwerben. Die Ausweisung von Naturschutzgebieten auf beiden Seiten der ehemaligen Grenze sowie die Gründung des Naturparks Schaalsee, der 1998 zum Biosphärenreservat avancierte, hat uns die Arbeit erleichtert."

„Was für Flächen stehen bei dem Ankauf im Vordergrund?"

„Uns geht es um Seen, Bäche und Flüsse, um Hoch- und Niedermoore, um Erlenbrüche und um die Entwicklung naturnaher Buchen- und Eschenwälder. Das sind die Biotope, auf die die meisten der bedrohten Tier- und Pflanzenarten im Schaalseegebiet angewiesen sind. Ein weiterer Leitfaden für unser Handeln besteht in der Vernetzung der Biotope. Der Fischotter und die Amphibien müssen wandern können. Die Populationen der Rohrdommel müssen in Verbindung stehen, damit der Ruf der Männchen auch genügend weibliche Tiere anlockt. Schließlich stehen die Feuchtbiotope über Bäche, Gräben und das Grundwasser in Verbindung, sowohl von der Wassermenge her als auch hinsichtlich der Wasserqualität. Da gibt es neben dem Flächenankauf viel zu tun."

„Wenn ich mir das Projektgebiet anschaue, dann umfasst dies in etwa die ehemalige DDR-Sperrzone sowie einen ungefähr gleich großen Raum im Lauenburgischen. Das Grüne Band ist für sie also mehr als der begrünte Grenzstreifen und es umfasst den „Westen" ebenso wie den „Osten."

„Ich will es mal so sagen: Am Schaalsee wächst zusammen, was zusammen gehört und natürlich lassen wir uns beim Flächenankauf nicht allein von dem Verlauf der ehemaligen Grenze leiten, sondern auch von der Eignung der Flächen für den Arten- und Biotopschutz. Der Schaalsee oder der Dutzower See sind als Biotope unteilbar. Was interessieren die Rohrdommel die Ländergrenzen. Zudem müssen wir ein großes vernetztes Ganzes schaffen. Separiertes Klein-Klein ist beim Artenschutz häufig wirkungslos."

„Haben sich die Flächenankäufe und das Biotopmanagement inzwischen auch in steigenden Vogelzahlen manifestiert?"

„Die großen Gewinner sind der Seeadler und der Kranich. Wir haben ausgehend von 6 Brutpaaren in Schleswig-Holstein inzwischen wieder 45 Seeadler-Bruten. Beim Kranich stieg der Bestand in Schleswig-Holstein und Niedersachsen von 17 Paaren (1973) auf mindestes 735 Paare (2006). Das sind Zahlen, die sich sehen lassen können. Und auch mit den übrigen Arten geht es bergauf. Denken Sie nur an die Graureiher, die früher eine Seltenheit waren, oder an die Kormorane, die bei uns überhaupt nicht mehr vorkamen."

„Herr Neumann, wo kann ich auf meiner Fahrt durch die Schaalsee-Seenlandschaft Maßnahmen des Zweckverbandes kennen lernen?"

„Am Mechower See, wo der Seeadler jagt, waren Sie ja bereits. Wenn nicht gerade Brutzeit wäre, hätten Sie sich einen Eindruck vom Mechower Holz machen können, das der Zweckverband 1994 erworben hat. Durch den Kauf haben wir erreicht, dass dort kein Baum mehr gefällt wird und damit für alle Zeiten kräftige Horstbäume für den Seeadler zur Verfügung stehen. Unser Einsatz am Mechower Holz hat sich besonders gelohnt. Seit 1994 brütet dort nach über 30-jähriger Abwesenheit wieder kontinuierlich ein Adlerpaar erfolgreich.

Zu Ihrer weiteren Tour: Sie sollten unbedingt am Salemer Moor entlang radeln und dann der Garrenseerinne zum Lankower See folgen. Auf diesem Weg lernen Sie Beispiele für die Arbeit kennen, die der WWF vor der Grenzöffnung geleistet hat. Wir haben dort ein ehemaliges Niedermoor, das mit Fichten zugepflanzt war, auch mit Hilfe tatkräftiger Schüler und Schülerinnen wieder unter Wasser gesetzt. Im Rahmen des Zweckverbandes haben wir dann große Teile der umgebenden Buchenwälder für den Naturschutz gesichert. Hier wächst ein Urwald heran. Zudem folgen Sie auf dieser Route einer der Biotopverbindungen zwischen dem „Westen" und dem „Osten". An die Garrenseerinne schließt sich nahtlos der Lankower See an, der teils zur BRD, teils zur DDR gehörte. Ja, und dann würde ich Ihnen empfehlen, dem Neuenkirchener See einen Besuch abzustatten. Er steht im Biotopverbund mit Mooren, dem Boissower See und dem Hammerbachtal."

Mit diesen Vorschlägen und reichlich Material im Gepäck verabschiede ich mich. Mir bleibt noch ein: „Herr Neumann, ich danke Ihnen für dieses Gespräch." Dann muss ich mich sputen, um meinen Zug nach Ratzeburg zu erreichen.

Zum Salemer Moor

Am nächsten Morgen geht es wieder auf Tour. Ich radele über die Altstadtinsel in die östliche Vorstadt Ratzeburgs, wo ich ordentlich in die Pedale treten muss. Auch auf der Allee, die autofrei nach Salem führt, geht es weiter bergan. Am Dorotheenhof, einem ehemaligen Gut, das mitten in einem jungen Laubwald steht, geht es hinab in das Becken, in dem

Möllner Idylle, am Ziegenmarkt

sich das Salemer Moor befindet. Die Landschaft öffnet sich und hinter Hecken schimmert der Ruschensee hervor, ein dem Moor vorgelagertes Gewässer.

Es ist noch nicht lange her, da war das Moor von stark gedüngten Äckern umgeben, was dazu führte, dass der von Natur aus nährstoffarme Ruschensee zu einem nährstoffreichen Gewässer degradierte. Auch das Moor wurde durch die Nährstoffeinträge negativ beeinflusst. Hinzu kam, dass in der Ackerlandschaft sehr viel Wasser verloren ging, welches dem Moorkörper fehlte. In den 80er Jahren begann der WWF damit, am Rande des Salemer Moors Ackerflächen aufzukaufen, um sie in Grünland umzuwandeln. Die Gelder dazu kamen von der Holsten-Brauerei, die mit ihrem Natur-Sponsoring werben konnte. Doch erst nach der Gründung des Zweckverbandes Schaalsee-Landschaft standen genügend Gelder zur Verfügung, um die gesamten an das Moor grenzenden Ackerflächen zu erwerben. Inzwischen weiden hier hornlose Galloway, eine genügsame Rinderrasse, und das in naturschutzverträglicher Dichte. Jedem Rind stehen zwei Hektar Weide zu Verfügung, mehr als doppelt so viel Fläche wie auf Intensivweiden. Auf der „Moorweide" können sich daher Büsche und Gehölzgruppen entwickeln. Ein weiterer Glücksfall für das Moor war die Umwandlung der Ackerflächen des Dorotheenhofs in Wald, die der Landwirt 1991 mit Hilfe von EU-Fördergeldern bewerkstelligte. Sage und schreibe 100 Hektar Acker wurden mit Laubhölzern bepflanzt. Bemerkenswert ist auch, dass ein Teil der Flächen der natürlichen Entwicklung überlassen wurde. Auch hier hatte der Naturschutz die Hand im Spiel. Es ist erstaunlich, wie viel wenige Naturschützer bewirken können.

NatUrwald

Wenig später erreiche ich den Buchenwald, den ich vom See aus gesehen habe. Neben einem Holzenten-Wegweiser mit der Aufschrift „Salemer Moor" macht mich ein Schild darauf aufmerksam, dass ich ein „Wald"-Naturschutzgebiet betrete. Normalerweise würde ich das Kleingedruckte nicht lesen, da aber „Wald" in Anführungszeichen gesetzt ist, schaue ich noch einmal genauer hin. Dabei stoße ich auf eine Sprachspielerei: „In diesem Naturschutzgebiet soll sich der bestehende Wald zu einem artenreichen NatUrwald entwickeln. Es werden keine Laubbäume mehr entnommen, der Anteil an Altbäumen, die Anzahl absterbender Bäume sowie die Menge an totem Stamm- und Kronenholz werden zunehmen. Dadurch entstehen vielfältige Lebensräume, u.a. für höhlenbrütende Vögel, Fledermäuse und eine Vielzahl von Insektenarten." Aha, ich stehe also am Rande eines Totalreservats, in dem keine Forstwirtschaft mehr stattfindet. Hier darf wachsen, was und wie es will. Das ist auch für Naturschutzgebiete etwas

Herausragendes. Normalerweise wird die „ordnungsgemäße Forstwirtschaft" in Schutzgebieten nicht untersagt, allenfalls gibt es die Auflage, naturnah zu wirtschaften, woran sich Förster und Waldbesitzer mehr oder weniger halten. Das ist hier ganz anders: Selbst wenn die Preise für Buchenholz ins Astronomische steigen würden: Hier wird kein Baum mehr gefällt! Halt, da gibt es doch eine Ausnahme, auf die mich der WWF-Mann Thomas Neumann aufmerksam gemacht hat: Die „Fremdbestockung" wird, wie im Lübecker Stadtwald, sukzessive zurückgefahren, d.h. die Fichten, die einst in diesem Wald gepflanzt wurden, werden nach und nach herausgeschlagen. Fichten würden in diesem Wald von Natur aus nicht vorkommen.

Zurück zum Schild, auf dem noch etwas Wichtiges steht: „Diese Entwicklung (in Richtung NatUrwald) hat Auswirkungen auf die Verkehrssicherheit auf den Waldwegen. Die Wanderwege werden selbstverständlich offen gehalten." Es folgt eine Reihe von Hinweisen, dass man die Wege nicht verlassen soll, dass es gefährlich ist, den Wald bei Sturm und bei Schnee- oder Eislasten in den Baumkronen zu betreten. Und wenn man weitere Fragen hätte, solle man beim Zweckverband „Schaalsee-Landschaft" in Ratzeburg unter der Nummer 04541-8883399 anrufen. Der vor mir liegende Wald gehört also zu den Kerngebieten des Grüne-Band-Projektes Schaalsee. Ich bin gespannt, was mich auf den nächsten km erwartet.

Sumpfporst, Kreuzottern und Kraniche – das Salemer Moor

Kurz darauf fahre ich an einer großen Eiche vorbei, der man den Namen „Oberförstereiche" verpasst hat. Der mächtige Baum markiert den Beginn des Moorweges, der zwar nicht in das Moor hineinführt, aber man radelt oder wandert direkt am Moor oder vielmehr an seinem von Pfeifengras überwachsenen Randsumpf entlang. Der sacknasse Sumpf ist relativ schmal und völlig baumlos, sodass man einen guten Blick auf das eigentliche, mit Birken und Kiefern bestandene Hochmoor hat, das auf den ersten Blick einen naturnahen Eindruck macht. Doch mich irritiert der waldartige Charakter. Waldmoore kenne ich nur aus östlichen Gefilden mit kontinentalem Klima (heiße Sommer, kalte Winter) wie in Polen. Ratzeburg liegt aber im Bereich eines atlantisch geprägten Klimas (kühle Sommer, milde Winter), was nicht wundert, denn Schleswig-Holstein ist ja meerumschlungen und atlantische bzw. küstennahe Moore sind von Natur aus kahl. Des Rätsels Lösung steht auf einer INFO-Tafel. Das Salemer Moor wurde - wie fast alle Moore Norddeutschlands - vor ca. 200 Jahren abgetorft und somit die

Versunkene Fichtenplantage am Plötscher-See-Moor

Drachenwurz

baumfeindliche Torfschicht entfernt. Doch das Moor regeneriert sich prächtig. Die Torfmoose wachsen wieder. Der Wasserhaushalt ist Dank der Naturschützer wieder in Ordnung. Irgendwann wird der Moorwald wieder lockerer werden.

Bereits heute beherbergt das Salemer Moor botanische und faunistische Kostbarkeiten. Da ist der Sumpfporst, ein Strauch der Waldmoore, der am Salemer Moor an seiner westlichen Verbreitungsgrenze wächst. Da blüht die atlantische Glockenheide, da windet sich die Kreuzotter zwischen Heidesträuchern und Rauschebeeren, da quakt der Moorfrosch und auch die Rotbauchunke kommt in großen Populationen vor. Die Krönung aber von all diesen bedrohten Tier- und Pflanzenarten bildet der Kranich, der im Zentrum des Moores in beträchtlicher Anzahl brütet. Damit der Kranich bei seinem Brutgeschäft nicht gestört wird, bewachen ehrenamtliche Naturschützer des WWF das Moor. Nach knapp 1 km entdecke ich den Wohnwagen, der den Moorbewachern als Unterkunft dient. Die Wächter mögen zwar Wanderer davor abschrecken, quer durch das Moor zu laufen, gegen die Fressfeinde der jungen Kraniche, Füchse und Wildschweine, hilft jedoch nur eine konsequente Bejagung.

An der WWF-Kranichwache wendet sich der Wanderweg vom Moor ab und führt in den werdenden NatUrwald hinein, der schon jetzt mit großen, alten Bäumen beeindruckt. Daneben kommt überall Jungwuchs hoch. Um die Entwicklung des Waldes braucht man sich also keine Gedanken zu machen. Aus dem Försterwald wird im Laufe von ca. 150 Jahren ein Naturwald. So lange muss man schon Geduld haben. Schließlich werden Buchen um 250 Jahre alt, Eichen erreichen gar ein Alter von 600 Jahren und mehr.

Schwarze Kuhle

Der Wanderweg führt an den Rand eines Abhangs, von wo ich auf die „Schwarze Kuhle" blicke, einen nährstoffarmen „Braunwassersee". Die braune Wasserfarbe wird durch Huminsäuren verursacht, das sind nicht völlig zersetzte Überreste von Pflanzen und Tieren, die im Kompost, im Waldboden und in Torfmooren eine große Rolle spielen. Und die Schwarze Kuhle entwickelt sich zum Moor. Das kann man u.a. an dem Schwingrasen erkennen, der sich in den See schiebt und der ihn irgendwann vollständig überwachsen wird. Ein Schwingrasen ist eine auf dem Wasser schwimmende Pflanzendecke, die vornehmlich aus Torfmoosen besteht. Wenn man diesen trügerischen Boden betritt, besteht wie auf einer dünnen Eisdecke die Gefahr einzubrechen.

Das nasse Ende einer Fichtenplantage

Mein Wanderweg führt plötzlich steil bergab. An die 20 Höhenmeter geht es hinunter, auf den Grund der Garrenseerinne. Über ein Rohr plätschert Wasser hinab zur Schwarzen Kuhle. Ich wende meinen Blick in die Richtung, aus der das Wasser kommt und bin fasziniert: ein Meer von blühender Drachenwurz, auch Sumpfcalla genannt, dazwischen dunkel-schwarze Wasserflächen und Flecken gelb blühender Iris. Inmitten des Wassers absterbende Stümpfe von Fichten, die Reste einer ehemaligen Holzplantage, die im aufgestauten Wasser ertrunken ist. Mit Schulklassen hat der WWF in den 70er Jahren damit begonnen, den Entwässerungsgraben, der vom Plötscher See bis zu dem Damm vor der Schwarzen Kuhle führt, Meter um Meter mit Lehm zu verfüllen.

Der Wanderweg, der früher direkt am Seeufer entlang führte, wurde mit der Einrichtung des Totalreservats auf den oberen Teil des Hangs verlegt. So können die alten Bäume am Seeufer „in Ruhe" umstürzen. Der Eingriff mit der

Motorsäge aus Gründen der Verkehrssicherheit auf einem Uferweg bleibt ihnen erspart, das Moor- und Seeufer kann sich natürlich entwickeln. Auf der Fahrt über den „Höhenweg" dann die Krönung: Eine Schar Kraniche fliegt dicht über der Oberfläche des Moores in Richtung Plötscher See. Kurz darauf sehe ich die Wasseroberfläche des nahezu 14 m tiefen Plötscher Sees zwischen den Buchenstämmen emporblinken, ein geheimnisvoller Waldsee, 2 km von der ehemaligen Grenze zur DDR entfernt. 500 m weiter die nächste Attraktion: der Garrensee mit seinem glasklaren Wasser. Am Ufer fallen Erlen mit hohen Stelzwurzeln auf. Bisher nicht geklärte Wasserschwankungen lassen den Garrensee alle paar Jahre steigen und fallen. Die Erlenwurzeln wachsen dem Wasser hinterher. Ein Stück weiter und ich treffe auf Menschen; der mittlere Bereich des Garrensees ist zum Baden freigegeben.

Der Grenzsee

Am Nordende des Garrensees führt der Weg aus der Rinne heraus. Ich quere die Straße Ratzeburg - Gadebusch und steuere auf den Lankower See zu. Ein paar hundert Meter geht es zunächst noch auf der Höhe am Waldrand entlang, dann zweigt der Seeweg ab und ich radele durch Wald hinunter zum See. Auch dieser Wald ist inzwischen zum Totalreservat erklärt worden, obwohl es hier noch größere Bestände an Fichtenaltholz gibt. Aber der Sturm Kyrill hat inzwischen mächtig unter den Fichten aufgeräumt und damit die natürliche Waldentwicklung beschleunigt. Am Ufer des in viele Buchten und Arme gegliederten Lankower Sees stehe ich wieder an der ehemaligen Grenze zur DDR. Das Seeufer war an dieser Stelle noch westdeutsch, das Wasser gehörte in Gänze zur DDR. Wer hier von westdeutscher Seite aus angelte, lief Gefahr, mit den Grenzern der DDR in Konflikt zu geraten. Mein Weg führt nach links, am Ufer entlang, womit ich der ehemaligen Demarkationslinie folge. Ein Ausläufer der umgebenden Höhen erstreckt sich als Halbinsel in den See hinein. Direkt davor, nur wenige Meter vom „Festland" entfernt, befindet sich eine kleine Insel, die bereits zur DDR gehörte. Mein Weg schneidet die Halbinsel ab, um entlang eines Bachs wieder auf das Plateau der Grundmoräne und auf den Hauptweg zurückzuführen.

Die nächste Station ist Wietingsbek, eine kleine Ansiedlung am Südost-Ende des Mechower Sees. Wietingsbek lag unmittelbar an der DDR-Grenze auf westdeutscher Seite. Hätten die Häuser auf ostdeutscher Seite gestanden, so hätten sie sicher das gleiche Schicksal erfahren wie der Ort Lankow, der 1972 von den DDR-Grenzsoldaten dem Erdboden gleich gemacht wurde. In Wietingsbek überschreite ich die Grenze zu Mecklenburg und folge einem Radweg nach Schlagbrügge, wo ich wieder in Richtung Lankower See abbiege. Ich radele durch blühende Rapsfelder, vorbei an blühenden Apfelbäumen und genieße den weiten Blick und die hügelige Moränenlandschaft. Dann ist es plötzlich mit der bequemen Fahrt vorbei. An die Stelle des Asphalts treten die Lochbetonplatten eines Original DDR-Kolonnenwegs. In dem Wäldchen, das ich kurz darauf erreiche, erwartet mich die nächste Überraschung. Der Kolonnenweg endet und es geht steil bergab, so steil, dass es Selbstmord gleich käme, nicht abzusteigen. Kurz darauf bin ich am Ufer des Lankower

Stelzwurzeln-Erle am Garrensee

Grenzzaun am Lankower See, Bild im Grenzhuus

Sees oder vielmehr an einem schmalen, weit ins Land reichenden Seitenarm.

Lankow Dorf DDR-Wüstung am ehemaligen Grenzstreifen

Bei der Anlage der Grenzbefestigung hatten sich die Grenzkommandos der DDR etwas Besonderes ausgedacht. Vom Grenzstreifen ausgehend zog man eine Reihe Streckmetallgitterplatten quer über den See, wobei die Zaunelemente in der Mitte der Seestrecke in das Wasser eintauchten. Damit nicht genug: Oberhalb und unterhalb des Metallgitters hatte man eine Rolle Stacheldraht gezogen, wobei die untere Rolle bis zu den Ufern hin in das Wasser eintauchte. Eine perfekte Sperre, die gleich einer Pontonbrücke durch Schwimmelemente stabilisiert wurde. Die Seesperre befand sich jedoch nicht an der Stelle, wo ich auf den See treffe, sondern 500 m weiter in Richtung Hauptsee. Der Kolonnenweg, dem ich gefolgt bin, begleitete demnach nicht den eigentlichen Grenzzaun, sondern den mit Elektrosignaldrähten bewehrten Hinterlandszaun.

Um nach Lankow zu kommen, dem geschleiften Dorf am Ufer des Sees, muss ich den Seitenarm umrunden. Wenig später stehe ich auf einem Hügel, dem 51 m hohen Baarsberg, und schaue hinunter auf von Bäumen und Sträuchern bestandenes Weideland, das von den Wassern des Lankower Sees eingerahmt wird. Von dem Dorf Lankow ist nichts mehr zu sehen. Eine Kastanie weist mir den Weg, wo ich nach Spuren des untergegangenen Ortes suchen kann. Bald treffe ich auf blühende Narzissen und Fliederhecken. Hier müssen die Bauerngärten gewesen sein. Unter einem Ahorngehölz entdecke ich Mauerreste, die Betonelemente einer Sickergrube, mehr ist nicht geblieben. Eine merkwürdige Stimmung liegt über diesem einsamen Flecken Erde. Und obwohl es hier eigentlich recht schön ist, drängt es mich weiterzufahren. Selbst auf der Landstraße Richtung Dechow bin ich noch ein wenig bedrückt. Aber die Landschaft ist auch recht einsam.

Der Verkehr auf der B 208 Ratzeburg – Gadebusch, die ich queren muss, erfordert meine Aufmerksamkeit. Das mecklenburgische Gadebusch lasse ich vorerst links liegen. Jetzt zieht es mich entlang der ehemaligen Grenze zum Schaalsee und ein Umweg von fast 20 km ist mir im Moment zu viel. Bei meinem nächsten Aufenthalt in der Schaalsseelandschaft werde ich dem Städtchen aber auf jeden Fall einen Besuch abstatten. (Gesagt, getan! Siehe unten.)

Narzissen - das Einzige was von Lankow blieb

Naturerkundung zwischen Salem und Lankow

Salemer Moor Wanderrunde

Länge: *ca. 3 ½ km, mit Zugang über Dorotheenhof ca. 7 ½ km*
Wegestruktur: *befestigte Wanderwege, Radweg*
Charakter: *Spaziergang bzw. gemütliche Wanderung*
Steigungen: *unwesentlich*
Dauer: *1 Stunde bzw. 2 ½ Stunden*
Ausgangspunkt: *Parkplatz am Dorotheenhofer Weg 1 km nördlich von Salem oder am Ortsende von Ratzeburg am Beginn des Dorotheenhofer Wegs*
Gastronomie: *Selbstversorgung*
Besonderheit: *Hochmoor, Kranichbrutplatz*

Vom Salemer Naturpark-Parkplatz auf dem Dorotheenhofer Weg in Richtung Ratzeburg durch Wald. Am Ende des Waldes links der Beschilderung „Salemer Moor" folgen. An der markanten Oberförsterei wird der Randsumpf des Moors erreicht (oranger Punkt 1). Guter Blick zum zentralen, mit Kiefern bestandenen Teil des Moors. Weiter entlang dem Moor bis zur WWF-Kranichwacht. (oranger Punkt 2). Der Markierung in den Naturwald folgen und im Bogen zum Ausgangspunkt zurück. Alternative: Von Ratzeburg über die schöne Allee des Dorotheenhofer Wegs (früher Straße, heute Radweg), vorbei am Ruschensee, einem Moorsee.

Wanderrunde Garrenseerinne

Länge: *ca. 10 km*
Wegestruktur: *befestigte Wanderwege*
Charakter: *gemütliche Wanderung*
Steigungen: *gering*
Dauer: *2 ½ -3 Stunden*
Ausgangspunkt: *Salem oder Waldparkplatz an der Straße Ratzeburg - Mustin*

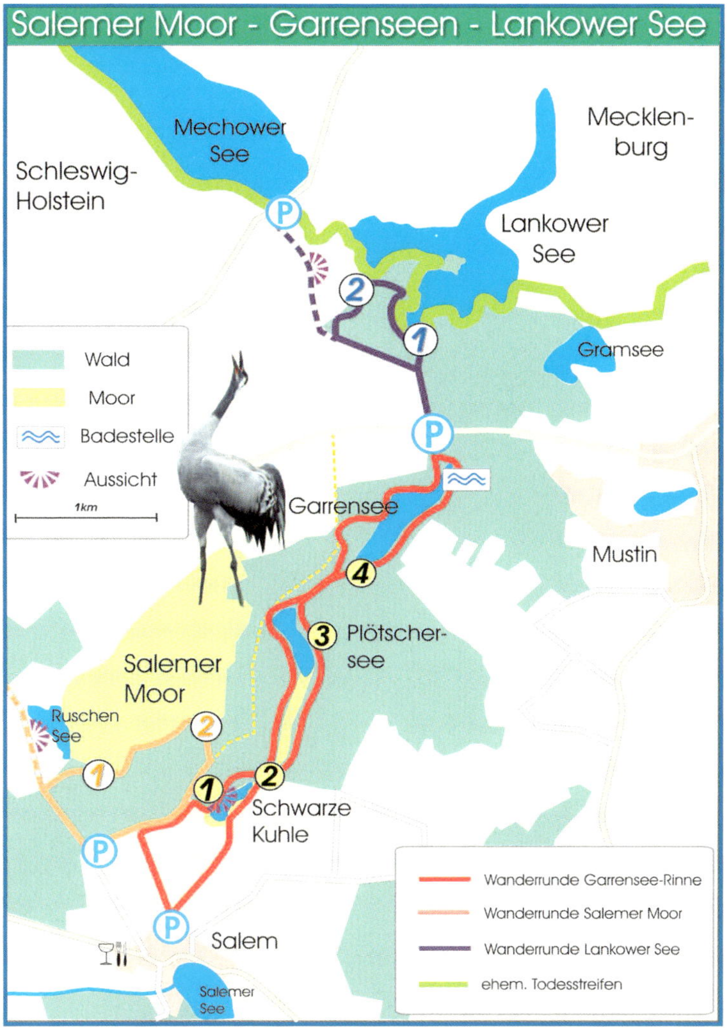

Allee bei Salem

Gastronomie: *in Salem*
Besonderheit: *renaturiertes Moor, Waldseen*

Von Salem aus über einen Wirtschaftsweg zum Waldrand. Dort rechts dem Wanderweg mit der Markierung Eule folgen. Zunächst am Waldrand entlang, dann in den Wald hinein. Der Weg verläuft jetzt entlang der Abbruchkante des tief unten liegenden Moorsees „Schwarze Kuhle", den man an einem Aussichtspunkt überblicken kann (gelber Punkt 1). Weiter an der Abbruchkante. Dann steil hinunter in die Seenrinne, die zwischen dem Niedermoor des Plötscher Sees und der Schwarzen Kuhle gequert wird (gelber Punkt 2). In dem wiedervernässten Moor, ehemals einer Fichtenaufforstung, in großen Mengen Drachenwurz und Wasserschlauch. Kurzer Gegenanstieg auf die Höhe oberhalb der Seenrinne. Durch naturnahen Wald, in dem kein Baum mehr gefällt wird (Totalreservat) bis zum Plötscher See und an diesem entlang (gelber Punkt 3). An der Nordspitze des Plötscher Sees hinunter in die Rinne und in „Tieflage" zum 500 m entfernten Garrensee. Dort am östlichen Ufer entlang bis zur Nordspitze des Sees. Erlen mit mächtigen Stelzwurzeln künden von stark schwankenden Wasserständen (gelber Punkt 4). Über die Ostufer von Garrensee und Plötscher See zurück Richtung Salem, wobei der Weg am Garrensee aus Naturschutzgründen erheblich vom Ufer abweicht. Zum Schluss am westlichen Ufer der Schwarzen Kuhle zum Ausgangspunkt zurück.

bei Wietingsbek

Lankower See Wanderrunde

Länge: *ca. 3 km, mit Zugang über Wietingsbek ca. 4 km*
Wegestruktur: *befestigte Wanderwege*
Charakter: *Spaziergang bzw. gemütliche Wanderung*
Steigungen: *vom Lankower See auf die Hochfläche ca. 20 Höhenmeter*
Dauer: *1 Stunde bzw. 1 ½ Stunden*
Ausgangspunkt: *Waldparkplatz an der Straße Ratzeburg - Mustin bzw. in Wietingsbek an der Straße Ratzeburg Schlagbrügge*
Gastronomie: *Selbstversorgung*
Besonderheit: *einsamer Grüne-Band-See*

Vom Waldparkplatz den Wanderzeichen „Eule" Richtung Wietingsbek folgen. Nach ca. 500 m zweigt der Wanderweg von dem am Waldrand verlaufenden Hauptweg ab und führt durch einen Wald, in dem kein Baum mehr gefällt werden darf, hinunter zum Ufer des Lankower Sees. (blauer Punkt 1) Das Ufer bildet die Grenze zwischen Schleswig-Holstein und Mecklenburg. Die Wasserfläche befand sich also bereits in der DDR. Am Seeufer entlang. An einem wilden Bach (blauer Punkt 2) wieder hinauf zur Hochfläche. Das hängige Land außerhalb des Waldes wird hier extensiv beweidet. Am Waldrand zurück zum Parkplatz.

Gadebusch

Gadebusch ist mit knapp 6.000 Einwohnern deutlich kleiner als Ratzeburg, die Stadt besitzt keinen Dom und der Gadebuscher Burgsee macht im Vergleich zum Ratzeburger See eher den Eindruck eines Teichs. Doch Gadebusch kann mit einem Terrakotta-Schloss, einem uralten Backstein-Rathaus und einer gotischen Backsteinkirche aufwarten: insgesamt eine von Neubauten nahezu unversehrte Altstadt.

Rathaus von Gadebusch

Die Stadtkirche St. Jacob und St. Dionysos zeugt von der bis ins 13. Jh. reichenden Geschichte Gadebuschs. Bereits 1210 haben die Gadebuscher mit dem Bau ihrer Kirche begonnen. St. Jacob weist daher neben gotischen auch spätromanische Elemente auf. 1955 wurde das Kirchenschiff restauriert. Dabei wurde die ursprüngliche Bemalung aus der Mitte des 13. Jahrhunderts freigelegt. Sehenswert ist auch der bronzene, aus dem Jahre 1450 stammende Taufkessel.

Das am Marktplatz stehende Rathaus wurde um 1340 erbaut. Der Hauptgiebel mit der Gerichtslaube stammt aus dem Jahr 1618.

Das Schloss geht auf die slawische Burg Godebuz zurück, die strategisch günstig auf einem von Sumpf und Seen umgebenen Hügel lag. Nach der Eroberung durch Heinrich den Löwen wurde die Burg 1143 an die Grafschaft Ratzeburg übertragen. Zu dieser Zeit setzte auch die deutsche Besiedelung ein. Das slawische Dorf am Fuße der Burg nahm städtische Züge an und bekam 1225 die Stadtrechte verliehen. Zur gleichen Zeit wurde die Burg zur Hauptresidenz der mecklenburgischen Fürsten ausgebaut. Ende des 16. Jh., als Burgen nicht mehr zeitgemäß waren, entstand das Renaissanceschloss, das mit Terrakotten aus der Lübecker Werkstatt des Niederländers Statius von Düren verziert wurde. 1945 wurde hier das Barber-Ljaschtschenko-Abkommen unterzeichnet. Danach wurde das Schloss als Museum, Internat und später als Verwaltungsgebäude genutzt. Im Jahr 2000 verkaufte man das Gebäude an einen Unternehmer aus Baden-Württemberg. Seitdem liegt das Gadebuscher Schloss im Dornröschenschlaf. Betriebsamkeit herrscht nur, wenn der Fahrdienst für die mobile Essensausgabe kommt, um die hier zusammengestellten Gerichte abzuholen.

Am Rande: Bei einem Gefecht in der Nähe von Gadebusch im August 1813 fiel Theodor Körner, Dichter und Kämpfer gegen die napoleonische Fremdherrschaft. Körner, der sich dem Lützowschen Freikorps angeschlossen hatte, starb im zarten Alter von 22 Jahren. Bekannt wurde er u.a. durch sein Lied über „Lützows wilde, verwegene Jagd" Die deutsch-nationalen Burschenschaften haben ihn hoch gehalten und als Vorkämpfer für die Freiheit gefeiert.

Terrakotta am Gadebuscher Schloss

Theodor Körner

An den nördlichen Ufern
des Schaalsees

„Grenzallee" Dutzow-Rosenhagen im Jahr 2008

„Grenzallee" Dutzow-Rosenhagen 1974 unmittelbar an der Demarkationslinie auf westdeutscher Seite

Grenzsperren am Schaalsee

Nach der Querung der B 208 rolle ich durch den kleinen Ort Groß Thurow am Goldensee. Der Ort gehörte bis November 1945 zum Landkreis Herzogtum Lauenburg und war mit Ratzeburg durch eine Kleinbahn verbunden. Fünf Monate nach Kriegsende wurde Groß Thurow im Tausch mit Mechow, Bäk und Ziethen der sowjetisch besetzten Zone zugeschlagen und der Goldensee avancierte zum Grenzgewässer. Weiter geht´s nach Dutzow am Dutzower See, einer nördlichen Ausbuchtung des Schaalsees. Auch der Dutzower See war Grenzgewässer und so sind seine Ufer heute Bestandteil des Grünen Bandes.

Dutzow hat unter seiner Lage an der Demarkationslinie schwer gelitten. Im Zuge der Aktionen „Ungeziefer" (1952) und „Kornblume" (1961) wurden Familien, die die DDR-Organe als politisch unsicher eingestuft hatten, in andere Orte zwangsumgesiedelt. Ihre Häuser hat man abgerissen, was man dem Ort bis heute ansieht. 1974 fiel auch das alte Herrenhaus den Grenzsicherungsmaßnahmen zum Opfer. Am Ortseingang von Dutzow weist ein Schild nach Kittlitz. Kittlitz liegt im „Westen", im Lauenburgischen. Ich lasse mich von dem Kopfsteinpflaster der nach „Drüben" führenden Allee nicht abschrecken – am Rande des Pflasters lässt es sich fahren - und folge der alten Verbindungsstraße zur ehemaligen Grenze. An der Stelle, an der der ehemalige Kolonnenweg auf die Allee trifft, finden sich unter Gebüsch und Brombeerranken die Mauerreste des Herrenhauses. 500 m weiter erreiche ich die Landesgrenze Schleswig-Holstein - Mecklenburg. Eine kleine Brücke, ein Bach, das ist alles. Kaum vorstellbar, dass hier einmal die Grenzlinie zwischen zwei Weltmächten verlief. Ich wende mein Rad und holpere die Allee zurück.

Rechts, hinter Gebüsch, entdecke ich die Badestelle von Dutzow. Ich packe meine Butterbrote aus und genieße den Blick über die stille Bucht, deren Wasser von keinem Windhauch gekräuselt wird. Auf den nächsten 2 km werde ich dem Kolonnenweg folgen, dem einzigen seenahen Weg am östlichen Schaalseeufer. Den See werde ich dennoch kaum zu sehen bekommen. Die Grenztruppen der DDR hatte „feindwärts" vor dem Grenzstreifen die Gehölze immer wieder auf den Stock gesetzt. Nach dem Fall der Grenze ist neuer Wald emporgewachsen und der versperrt nun die Sicht. Hinzu kommt, dass der Todesstreifen in einigen Abschnitten an die 200 m vom See entfernt war. Beim Ausbau der Grenze hatte man auf gerade Linien gesetzt. Den vielen Buchten, Landnasen und Halbinseln zu folgen, wäre zu aufwändig gewesen. An diesen Abschnitten entging der Uferwald den Abholzungen. Neuer und alter Uferwald schirmen den Röhrichtgürtel und die offenen Wasserflächen ab. Das östliche Ufer des Schaalsees entwickelte sich so zu einem stillen Paradies für die Tierwelt. Zu Fragen des Naturschutzes und des naturverträglichen Tourismus in der Schaalseeregion Antworten von Klaus Jarmatz, dem Leiter des Biosphärenreservats Schaalsee:

Klaus Jarmatz zum Artenschutz und zum Tourismus im Biosphärenreservat

Herr Jarmatz, das Biosphärenreservat unternimmt große Anstrengungen im Artenschutz. Um welche Tiere kümmern Sie sich besonders?
Jarmatz: *Unsere besonderen Bemühungen gelten dem Otter und dem Biber, unter den Vögeln dem Seeadler, dem Weißstorch, dem Kranich, der Großen Rohrdommel und der Rohrweihe und bei den Amphibien der Rotbauchunke und dem Kammmolch.*

Welche Biotope benötigen diese Arten?
Jarmatz: *Fischotter und Biber brauchen naturnahe und störungsarme Bäche und Seen. Ihre Nahrungsgewässer müssen zudem möglichst unzerschnitten sein. Nur so schaffen sie es, zusammenhängende Populationen aufzubauen. Der Seeadler braucht störungsarme Wälder mit starken Bäumen für die Horste. Zudem müssen naturnahe und fischreiche Gewässer in der Nähe sein. Der Kranich brütet in versteckten Waldmooren. Auch die Amphibien benötigen Moore, dazu Kleingewässer. Amphibien wiederum spielen eine große Rolle beim Nahrungserwerb der Störche. Die im Röhricht brütenden Arten wie Rohrdommel und Rohrweihe, aber auch Enten, Graugänse und Haubentaucher benötigen störungsarme Uferlinien.*

Welche Biotope stehen bei Ihren Schutzbemühungen im Vordergrund?
Jarmatz: *In der Vergangenheit hat man mit großem technischen Aufwand Moore und Feuchtgrünland entwässert, Fließgewässer begradigt und Kleingewässer vernichtet. Durch eine Vielzahl von Projekten bemühen wir uns seit Jahren, den naturnahen Zustand dieser Lebensräume wieder herzustellen. Auch die Stabilisierung des Wasserhaushaltes und die Verminderung der Nährstoffeinträge in die Seen stehen im Mittelpunkt unserer Bemühungen.*

Zwischen Dutzow und Kneese wandert man auf weiten Strecken über Wiesen und Weiden. Auch an anderen Stellen des Biosphärenreservats, an der Wakenitz oder am Lankower See befinden sich große Grünländerein. Welche Bedeutung haben diese Flächen?
Jarmatz: *Wiesen und Weiden stellen, wenn sie naturnah bewirtschaftet werden, ausgesprochen artenreiche Biotope dar, die zugleich einen hohen Erholungswert haben. Darüber hinaus halten Grünlandflächen Nährstoffe aus der benachbarten Intensivlandwirtschaft zurück. Sie tragen so zu einer Verringerung der Nährstoffeinträge in die Gewässer bei, wodurch die Eutrophierung unserer Seen zurückgefahren wird. Seit Bestehen des Biosphärenreservats hat sich die Wasserqualität der Seen deutlich verbessert.*

Was verstehen Sie unter naturnaher Bewirtschaftung von Wiesen und Weiden?

Jarmatz: *Naturnah, das heißt Verzicht auf Düngung und Herbizideinsatz und, damit die Wiesenvögel ihre Brut durchbringen, dürfen die Wiesen nicht vor Mitte Juni gemäht werden.*

Die Bauern haben lieber Äcker als Wiesen, insbesondere dort, wo der Boden gut ist. Wie schaffen Sie es, die Wiesen- und Weidenutzung zu erhalten?

Jarmatz: *Da auf den Grünlandflächen des Biosphärenreservats zahlreiche geschützte Vögel und Insekten leben, wurde schon mit der Errichtung des Biosphärenreservats festgeschrieben, dass die Wiesen nicht in Äcker umgewandelt werden dürfen. Mit Hilfe von Fördergeldern, deren Vergabe an eine naturschutzgerechte Nutzung gebunden ist, können wir gemeinsam mit den Landwirten die Grünlandflächen als wertvolle Biotope und als Erholungsräume erhalten.*

Neben dem Arten- und Biotopschutz sprachen Sie die Erholungsnutzung an. Ist im Biosphärenreservat ein konfliktfreies Nebeneinander von Tourismus und Naturschutz möglich?

Jarmatz: *Konflikte zwischen unterschiedlichen Zielsetzungen sind etwas völlig Normales. Sie treten nicht nur zwischen Tourismus und Naturschutz, sondern auch innerhalb des Tourismus auf (z.B. Reitwegenutzung versus Wanderwegenutzung). Entscheidend ist, dass vorhandene Konflikte gelöst werden. Das Zonierungskonzept des Biosphärenreservates – Kernzonen, Pflegezonen und Entwicklungszonen (siehe Seite 102) - ist ein entscheidendes Instrument, um Konflikte zwischen Naturschutz und Tourismus zu lösen.*

Konkret gefragt: kann man im Schaalsee und an den anderen Seen im Biosphärenreservat baden und Boot fahren?

Jarmatz: *An fast allen Seen gibt es Badestellen. In Zarrentin gibt es zudem ein öffentliches Freibad mit einer Gaststätte. Der Bootsverkehr auf dem Schaalsee ist auf eine limitierte Anzahl von registrierten Booten beschränkt. Das Einsetzen ortsfremder Boote ist nicht gestattet. Das Gleiche gilt für die übrigen Seen und die Schaale. Man kann jedoch in Zarrentin Ruder- und Tretboote und sogar Segelboote ausleihen oder mit einem elektrobetriebenen Fahrgastschiff über den See fahren. Davon ausgenommen sind die Wasserflächen, die zur Kernzone gehören. Auch an Land dürfen die Kernzonen, die nur ca. 6 % der Fläche des Biosphärenreservats ausmachen, nicht betreten werden. Die Naturschutzgebiete werden dagegen, soweit es der jeweilige Schutzzweck erlaubt, der Allgemeinheit zu naturkundlichen Bildungszwecken zugänglich gemacht. Die Wege dürfen hier nicht verlassen werden.*

Auf dem ehemaligen Grenzstreifen von Dutzow nach Kneese

In leichtem Auf und Ab geht es auf dem ehemaligen Kolonnenweg durch die Hügellandschaft. Rechts das Dickicht am Seeufer, links Buchenwald und dicke Eichen, dazwischen von Schafen beweidete Sandtrockenrasen, die im Sommer voller bunter Blumen sind. Da blühen die pinkfarbenen Heidenelken, die gelbe Sandstrohblume und der rote Thymian, umflattert von Bläulingen, Perlmutt-, Dukaten- und Schachbrettfaltern. Und wenn man durch das schüttere und borstige Gras streift, scheucht man blau geflügelte Ödlandschrecken auf. Nach ein paar Metern lassen sich die Schrecken wieder zu Boden fallen und von da an sind sie wie vom Erdboden verschluckt. Ihr Trick: Feinde beim Auffliegen mit der blauen Flügelunterseite erschrecken und dann die exzellent getarnten Flügeloberseiten "zeigen" und regungslos verharren. Die Ödlandschrecke ist nicht allein. Neben ihr hüpfen ganz normale Heuschrecken in Scharen über den Magerrasen. Darüber freut sich die Wespenspinne, in deren Netzen sich die Heuschrekken verfangen. Um nicht selbst Opfer zu werden, haben die Wespenspinnen einen gelb-schwarz gebänderten Leib. Da von Gelb-Schwarz im Allgemeinen Gefahr ausgeht, schrecken sie so hungrige Heidelerchen und Wiesenpieper ab.

Nach den gelb-braunen Trockenrasen wird die Landschaft plötzlich knackgrün. Ich radele durch feuchtes, von Gräben durchzogenes Weideland auf das Dorf Kneese zu. Hier kann man noch den krächzenden Lockruf von Wachtelkönig-Männchen hören, der sehr selten gewordenen Wiesenralle, die auf den wissenschaftlichen Namen Crex crex „hört". Inmitten der Weiden erhebt sich ein runder, bewaldeter Hügel, der Wäwersberg, ein Ringwall. Ringwälle, das sind Vorläufer der Burgen. Sie kommen auf der Ostseite des Schaalsees relativ häufig vor, da hier die Grenze zwischen Slawen und Deutschen verlief. Hinter dem Wäwersberg erstreckt sich ein Bruchwald, in dem Kraniche brüten. Im Frühjahr soll man sie auf den Viehweiden bei der Balz beobachten können. Ich sehe jetzt "nur" den Kneeser Storch herumstolzieren.

Grünes Band Schaalsee und das ehem. "Niemandsland" bzw. das vorgelagerte Hoheitsgebiet der DDR

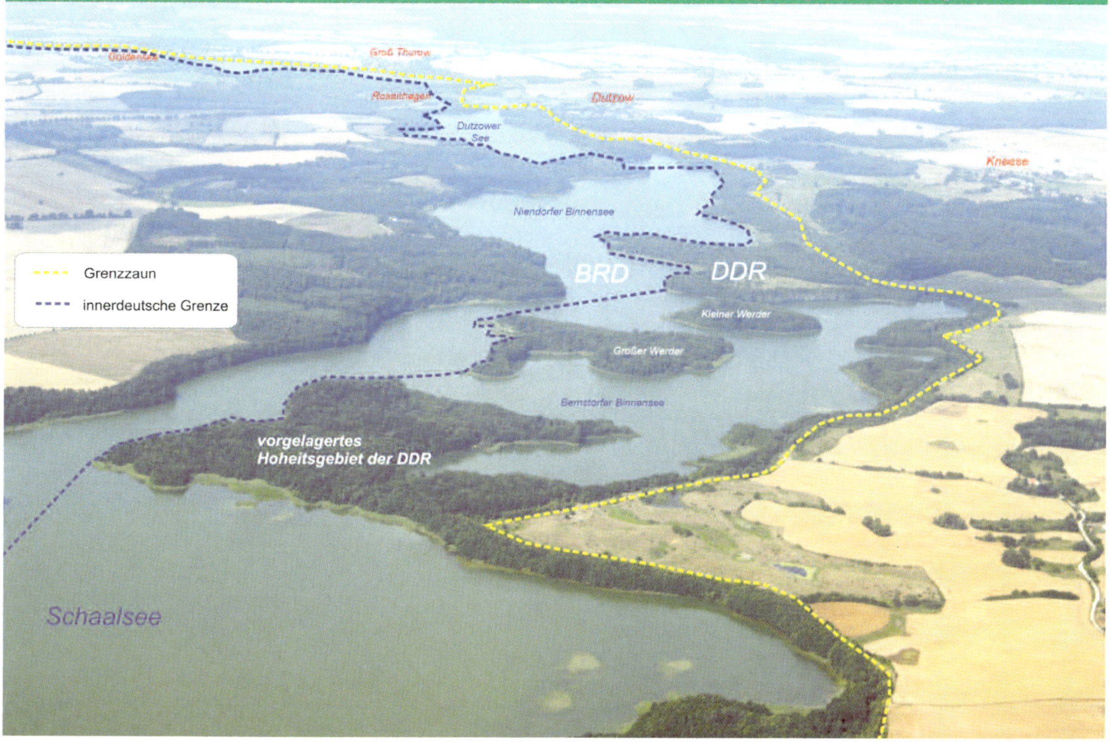

Schwanenblume am Dutzower See

Lassahn und die Evakuierung aus der SBZ

Von Kneese radele ich über schmale Straßen nach Lassahn, dessen slawischer Name „Waldort" bedeutet. Lassahn war bis Ende des zweiten Weltkrieges lauenburgisch, fiel aber am 26. November 1945 wie Dechow und Groß Thurow an die sowjetische Besatzungszone. Den Einwohnern, die erst am 14. November von dem bevorstehenden Gebietsaustausch erfuhren, wurde frei gestellt, in den „Westen" zu gehen. Doch die Umsiedelung musste bis zum 28. November abgeschlossen sein. Wie in Dechow, wo von 1.237 Personen nur 120 blieben, entschloss sich auch die Mehrheit der Lassahner, ihre Heimat zu verlassen. Kaum jemand wollte unter sowjetische Herrschaft gelangen. Bereits am 16. November 1945 begann man das Vieh und landwirtschaftliche Gerätschaften abzutransportieren. Allein aus Dechow wurden 1.130 Rinder, 309 Pferde und Fohlen, 406 Schafe und 554 Schweine evakuiert. Die Fischerboote wurden ans westliche Ufer gebracht. Eine deutsche „Evakuierungskommission" sorgte dafür, dass keine Wertgegenstände zurückblieben. Der Flüchtlingstreck von Dechow folgte der heutigen Bundesstraße nach Mustin. Die Lassahner wurden mit der Fähre von der Halbinsel Stintenburg nach Groß Zecher übergesetzt.

Die Umsiedler wurden im Flüchtlingsdurchgangslager Schmilau untergebracht. Niemand durfte sich selbst ein Quartier suchen. Nur wer bei Verwandten oder Bekannten wohnen konnte, musste der organisierten Unterbringung nicht folgen. Die Bevölkerung in den lauenburgischen Grenzorten stieg erheblich. Die Gebiete östlich des Schaalsees waren entvölkert. Später zogen sudetendeutsche Flüchtlinge in die ausgeplünderten und teilweise zerstörten Häuser ein. Zu DDR-Zeiten errichtete man in Lassahn eine Plattenbausiedlung, weshalb der Ort nach der Wende zunächst einen etwas traurigen Anblick bot. Inzwischen hat sich hier dank des Biosphärenreservats einiges getan.

Doch das schönste Gebäude von Lassahn ist nach wie vor die Dorfkirche St. Abundus. Sie steht, von einer Feldsteinmauer umgeben, hoch über dem Ufer des Schaalsees und ist teils aus Feldsteinen erbaut, teils als Fachwerk gefügt. Steinern sind der Chor, die Sakristei und der Ostteil des Langhauses, die allesamt auf das Jahr 1250 zurückgehen. Das aus dem

Großes Ochsenauge

Magerrasen am Kolonnenweg Dutzow-Kneese

Heuhüpfer

17. und 18. Jahrhundert stammende Fachwerk beschränkt sich auf den westlichen Teil der Kirche. Unmittelbar neben dem Gotteshaus führt ein Hohlweg hinunter zur Badestelle von Lassahn. Von hier aus blickt man hinüber nach Kampenwerder, der größten Insel im Schaalsee. Kampenwerder ist über einen Damm mit der kleinen Insel Stintenburg verbunden. Und auf der Stintenburg steht das Herrenhaus der Grafen von Bernstorff, das zu DDR-Zeiten – wie könnte es anders sein - als Kaserne der Grenztruppen genutzt wurde.

Das Brückenhaus auf der Stintenburg

Am Ortsende von Lassahn führt eine Kopfsteinpflasterstraße in Berg- und Talfahrt zu dem Damm, der die Stintenburg mit dem „Festland" verbindet. Am Ende des Damms steht das Brückenhaus, ein mit Ziegelsteinen ausgemauerter Fachwerkbau. Ein Bauzaun lehnt an der Vorderfront des Hauses, ohne dass nennenswerte Aktivitäten von Putzern oder Maurern zu entdecken wären. Ein Schild, das auf die Existenz einer Gaststätte hinweist, ist verblichen. „Das war´s ", denke ich. „Hätte schön sein können!" Und dann radele ich Richtung Herrenhaus, das leider hinter einer Mauer verborgen bleibt. Über einen

Kirche von Lassahn

Brücken-Restaurant

zweiten Damm gelange ich nach Kampenwerder, wo es kurz, aber heftig bergauf geht. Oben stehen einige Häuser, hinter denen sich eine große Ackerflur erstreckt. Ob es sich lohne weiterzufahren, frage ich einen Mann, der mit seinen Rindern beschäftigt ist. Nein, hier gebe es nur Acker und Wald. Also wieder zurück. Unten am Damm ist es ohnehin schöner. Hier reihen sich alte Apfelbäume, die in voller Blüte stehen.

Kurz darauf fahre ich wieder am Brückenhaus vorbei. Ich schaue noch einmal in die Toreinfahrt neben dem Haus, weil ich jemanden gesehen habe. Und ... da steht es doch: „Brückenhaus am Schaalsee Fischerei u. Gastronomie - geöffnet." Der Gastraum befindet sich halt nicht im Brückenhaus, sondern in einem neuen Seitengebäude. Hinter einer Kühltheke steht ein bärtiger Mann mittleren Alters. Selbstverständlich könne ich einen Kaffee bekommen oder einen Cappuccino. Ich entscheide mich für Letzteres und betrachte interessiert die Auslagen in der Theke: Kirschstreusel, Käsekuchen und geräucherte Fische. Wenn ich wolle, könne er mir auch etwas zu essen machen. Ich sage nicht nein und bestelle einen frisch geräucherten Saibling (ein den Forellen verwandter Klarwasserfisch) mit Salatbeilage. Ich könne draußen auf der Seeterrasse Platz nehmen. Normalerweise sei Selbstbedienung, aber er würde mir die Sachen bringen. Als ich nach draußen gehe, fällt mein Blick auf einen kleinen Bücherstand, aus dem ich mir eine Broschüre über Albrecht T. A. Graf von Bernstorff (1890-1945) entnehme. Während ich Kaffee trinke, lese ich zu meinem Erstaunen, dass der Graf zum Widerstand gegen Hitler gehörte.

Dass ich am Schaalsee auf Spuren des Widerstandes treffen würde, hatte ich nicht erwartet. Ich muss an Trott von Solz denken, den Verbündeten Bernstorffs, der ebenfalls von den Nazis ermordet wurde. Er wohnte in einem Dorf, aus dem meine Familie stammt. Seinen Bruder kenne ich persönlich. Er hat meiner Tochter geholfen, eine Arbeit über Trott von Solz und den bürgerlichen Widerstand zu schreiben. In den Gedenkfeiern zum 20. Juli ist meist nur von Stauffenberg die Rede. Doch der Kreis derer, die dem NS-Regime

Adliger Widerstand gegen das Naziregime

Bernstorff war von 1923 bis 1933 an der Deutschen Botschaft London tätig. Da er ein herausragender Kopf der bürgerlich-liberalen Opposition war, wurde er mit der Machtergreifung Adolf Hitlers (1933) in den einstweiligen Ruhestand versetzt. 1940 wurde er zum ersten Mal verhaftet und in das KZ Dachau deportiert, nach einigen Monaten jedoch wieder entlassen. Die Haft hatte Bernstorff in seiner Einstellung bestärkt. In den folgenden drei Jahren war er zusammen mit Adam von Trott zu Solz in dem bürgerlich-liberalen Widerstand aktiv und war in die Vorbereitungen des Attentats vom 20. Juli 1944 involviert. Und als ob das nicht schon genug wäre, half er auch noch verfolgten Juden. Nach dem Scheitern von Stauffenbergs Attentat auf den „Führer" wurde auch Bernstorff verhaftet. Nach monatelangen Verhören und Foltern durch die Gestapo wurde Bernstorff Ende April 1945 von der SS in Berlin-Moabit ermordet. Der Herrensitz auf der Stintenburg-Insel war schon um 1940 von den Nazis enteignet worden.

die Stirn gezeigt haben und dafür ums Leben kamen, war größer.

Vom Fischfang und -räuchern

Ich stelle die Broschüre wieder an ihren Platz und frage den Mann hinter der Theke, ob er Kontakt zu den Bernstorffs habe. Natürlich, sagt er. Der junge Graf sei doch der Besitzer des Brückenhauses. Er sei bei ihm angestellt. Nach der Wende hätten die Bernstorffs die Stintenburg zurückerhalten.
„Ja, und Sie sind der Fischer?", frage ich.
„Nein, ich kümmere mich um das Restaurant und um das Räuchern der Fische."
„Gibt es denn überhaupt noch einen Fischer hier? Zu DDR-Zeiten durfte doch bestimmt niemand außer der NVA mit dem Boot auf dem Schaalsee fahren. Das BRD-Ufer war doch um die Ecke."
„Doch, der Fischer konnte weiter auf Fang gehen. Er musste sich aber an einige Regeln halten, wie die Beleuchtung der Boote oder andere Erkennungszeichen, die in geheimer Absprache ausgemacht wurden und deren Vorgaben er genau einhalten musste. Andernfalls hätte er riskiert, von den Kontrollbooten aus angeschossen zu werden. Der Altfischer hat nach der Wende das Brückenhaus eine Zeit lang bewirtschaftet. Inzwischen ist ein neuer Fischer da, einer aus Cuxhaven."
„Sind Sie auch aus dem „Westen?"
„Nein, ich bin Mecklenburger und komme aus der Gegend von Hagenow, der ehemaligen Kreisstadt. So, und jetzt kommt Ihr Fisch." Und damit bringt er mir den Saibling: enthäutet, entgrätet und filetiert. Er schmeckt ausgezeichnet und, wie ich meine, besser als eine Forelle.
Nach dem Essen führt mich der Hagenower in die überdachte Bootsanlegestelle, die sich direkt neben der Terrasse befindet. Die Konstruktion steht auf Pfählen im seichten Wasser. Durch Tore kann der Fischer mit seinem Boot wie in eine Garage hineinfahren und an Stegen seinen Fang löschen. In einer Ecke steht ein großer schwarzer Ofen. „Einen Augenblick", sagt der Hagenower, dann kommt er mit einer Metallstange wieder, an der 10 ausgenommene Forellen hängen.
„So, die kommen jetzt in den Ofen zum Garen", sagt er und öffnet die Ofentür. Dann hängt er die Forellen in den oberen Schacht des in zwei Hälften untergliederten Ofens. Ganz weit unten entfacht er ein kleines Holzfeuer.
„Wie lange hängen die Tiere da?"
„Na, gut eine Stunde. Auf jeden Fall so lange, bis die Haut pergamentartig geworden ist."
„Und damit sind sie auch gleich geräuchert?"
„Aber nein, das Räuchern kommt dann erst. Dazu müssen die Flammen gelöscht werden. Das Feuer

Fischräucherei

darf nur noch glimmen. Und über die Glut kommt Buchensägemehl. Das gibt dann ordentlich Qualm."
Mir läuft schon wieder das Wasser im Munde zusammen. Sofort entschuldige ich mich innerlich. Die armen Tiere!
„Sagen Sie, die Forellen haben Sie aber zugekauft?"
„Natürlich. Aber Sie können bei uns auch geräucherten und frischen Fisch aus dem Schaalsee bekommen. Nur dabei hängt es immer davon ab, was und wie viel der Fischer gefangen hat."
Jemand ruft nach dem Hagenower. Ein Lieferant ist gekommen. Ich schaue mich noch ein wenig um, inspiziere den Bootssteg, die Netze und Reusen und werfe einen Blick in Kästen, in denen ein paar Schleien schwimmen. Dann setze ich mich auf einen auf dem Bootssteg stehenden Stuhl und genieße die Spätnachmittagssonne mit Blick über den See.
„Die NVA ist hier mit Volvo-Schnellbooten entlang gerauscht." Der Hagenower ist wieder da.
„Die konnten über einen Durchlass an unserem Damm zwischen dem nördlichen und dem Südlichen Teil des Schaalsees hin und her fahren. Um den Kampenwerder herum durften sie nicht. Die Grenze zog sich nämlich am Westufer der Insel entlang. Das Wasser gehörte bereits zur BRD. Auch unser Fischer nutzt heute diesen Durchlass. Man muss aber das Gewässer schon genau kennen, bei den Untiefen hat man sich sonst schnell die Schiffsschraube ruiniert."
„Sagen Sie, kann man in dem Herrenhaus oder bei Ihnen übernachten?"
„Nein, im Herrenhaus wohnt die Gräfin, die Tochter des Widerstandskämpfers. Sie ist 75 und hat es nicht gerne, wenn in ihrem Haus Touristen herumlaufen. Übernachten können Sie in Lassahn im Restaurant Seeblick"

Ich bedanke mich für die Auskünfte, zahle und mache mich auf den Weg nach Lassahn.

Am Schaalsee

Wander- oder MTB-Touren am östlichen Schaalsee

Dutzower Grenzstreifentour

Länge: ca. 6 km
Wegestruktur: befestigte, teils sandige Wanderwege, Kopfsteinpflaster
Charakter: gemütliche Wanderung mit Bademöglichkeit
Steigungen: unwesentlich
Dauer: 1 ½ - 2 Stunden
Ausgangspunkt: Parkplatz an der Allee Dutzow - Rosenhagen
Gastronomie: Selbstversorgung

Zunächst der Allee Richtung Rosenhagen folgen. Über Kopfsteinpflaster in ca. 400 m zur ehemaligen Grenze (Punkt 1), wobei man an einer Badestelle vorbeikommt. Zurück zum Parkplatz und der „Grenzstraße" durch aufgelassenes Gelände Richtung Ort folgen. Zwischen Brombeerhecken findet man die Reste des gesprengten Herrenhauses (Punkt 2). Ca. 100 m weiter, dann rechts abbiegen und dem ehemaligen Kolonnenweg in Richtung des Dorfs Kneese folgen. Zunächst hinter den Häusern von Dutzow entlang, dann kurz durch Wald und schließlich über Magerrasen. Links schöner Waldrand mit mächtigen Eichen (Punkt 3). Kurz darauf eine ehemalige Kiesgrube, ein trockenwarmes Biotop mit Heuschrecken (Punkt 4). Nach gut 1 km Marsch durch sandige Schafweiden wendet sich der Wanderweg nach links in Richtung Kneese. Nun durch feuchte Wiesen zu einer Aussichtskanzel, von der aus ein Burgwall zu erkennen ist (Punkt 5). In wenigen Minuten ist Kneese erreicht. Rückweg wie Hinweg.

Lassahner Drei-Seen-Runde

Länge: ca. 13 km
Wegestruktur: naturbelassene und befestigte Wanderwege, Pfade, Bohlenweg, Kolonnenweg, Kopfsteinpflaster, asphaltierte Straße
Steigungen: gering
Charakter: mit Besichtigungen und Gaststättenbesuch als Tagestour einplanen
Dauer: 4-5 Stunden, mit Besichtigungen
Ausgangspunkt: Kirche Lassahn
Gastronomie: Lassahn, Stintenburg und Neuenkirchen

Nach Besichtigung der Lassahner Kirche (Punkt 1) (Schlüssel im Pastorenhaus gegenüber) neben der

Kirche zum See hinunter (Badestelle). Links über den ehemaligen Kolonnenweg am See entlang zur Straße Lassahn - Insel Stintenburg/Kampenwerder. Auf der Kopfsteinpflasterstraße über den Damm zur Insel Stintenburg mit Herrenhaus, Fischerei und Brükkengaststätte (Punkt 2). Auf gleichem Weg zurück und weiter auf der alten Straße Richtung Lassahn. Am Ende des Waldes, kurz vor Lassahn, nach rechts in den Wanderweg nach Techin einbiegen. Es geht durch Grüne-Band-Gelände par excellence: durch aufgelassenes Weideland und Gebüschfluren. Nach gut 1 km ist Techin erreicht (Punkt 3), das auf einer Anhöhe liegt. Der Ort, der sich unmittelbar am Grenzzaun befand, verfügt über exquisite Ferienwohnungen in geschmackvoll restaurierten, mit Reet gedeckten Häusern. Hinter Techin wieder auf nahezu Seehöhe hinunter und durch feuchtes, verwilderndes Wiesenland (Kernzone des Biospärenreservats), zum Teil über Bohlenweg. (Punkt 4). An der Straße Lassahn - Zarrentin hinauf auf die Feldflur und hinüber zur Neuenkirchener Seenrinne. Nach Rastplatz durch aufgelassenes Weideland hinunter zum Boissower See, an dessen Ufer uriger Mischwald steht (Punkt 5). Über den Hammerbach und danach nach links, am Seeufer entlang nach Neuenkirchen. Am Ortseingang sehenswerte Kirche. Gleich gegenüber die Elfengalerie (Punkt 6). Über die Straße – sie hat den Charakter eines Wirtschaftsweges - nach Lassahn zurück. Am Aufstieg aus der Seenrinne kommt man an steilen Hügeln vorbei (Punkt 7), die die eiszeitlichen Gletscher hinterlassen haben.

Kürzere Variante

Länge: *ca. 8,5 km*
Wegestruktur: *naturbelassene und befestigte Wanderwege, Pfade, Kolonnenweg, Kopfsteinpflaster, asphaltierte Straße*
Steigungen: *2 kurze, davon eine steil*
Charakter: *gemütliche, ökologisch sehr interessante Halbtageswanderung*
Dauer: *2-3 Stunden*
Ausgangspunkt: *Kirche Lassahn*
Gastronomie: *Lassahn und Stintenburg*

Bis Techin mit der oben beschriebenen Tour identisch. Von Techin aus jedoch nach links über die Ortszufahrt zur Landstraße. Dort erneut links und ca. 150 m auf dem Rad, bis ein Wirtschaftsweg rechts in die Feldflur abbiegt. An Hecken entlang bis zum Wald und dort hinunter zum Neuenkirchener See. An Wochenendhäusern im Pfahlbau-Look vorbei. Nach ca. 400 m steil hinauf, über das Niveau der beackerten Hochfläche. Der Weg verläuft hier auf ca. 300 m neben und auf einem Oser* (Punkt 7). Rechter Hand blickt man hinunter und hinüber auf Viehweiden, die so steil sind wie im Allgäu. Hinter einer Anhöhe schauen die Reetdächer der Stintenburger Mühle hervor. Am Ende des Osers wird die „Straße" Neuenkirchen – Lassahn erreicht. Auf ihr in 1/4 Stunde zum Ortseingang von Lassahn und weiter durch das Dorf zum Ausgangspunkt der Wanderung

*Anmerkung
Oser entstanden durch Schmelzwässer, die sich unter den eiszeitlichen Gletschern einen Weg zum Eisrand suchten. An ihrem Lauf setzten die Schmelzbäche Sand, Kies und Geröll ab. Da die Schmelzwässer gemeinhin parallel zur Eisbewegung fließen, verlaufen die wie Bahndämme aussehenden Oser in Norddeutschland meist von Nord nach Süd. Zudem liegen sie, wie am Neuenkirchener See, oft in der Nachbarschaft einer eiszeitlichen Seenrinne.

Seeadler

Über das Neuenkirchener Elfenreich und das Rögnitzer Käsedorf zur Karfter Handweberin

Renoviertes Bauernhaus in Techin, heute Ferienhaus

Am nächsten Morgen schiebe ich mein Rad hinunter zur Badestelle und stürze mich trotz geringer Wassertemperaturen in die Fluten. Hellwach folge ich danach dem ehemaligen Kolonnenweg, der hier noch in Originalausstattung, d.h. als Lochplattenweg, erhalten ist. Dicht an dicht streben zu beiden Seiten des Wegs die Stämme von Pioniergehölzen in die Höhe, Espen, Birken, Ahorn und auf der Seeseite auch Erlen. Nach den Kahlhieben durch die DDR-Grenztruppen erobert der Wald das Gelände wieder. Unter dem Schirm der Pioniere werden später Buchen und Eichen in die Höhe wachsen. Dort, wo der Kolonnenweg auf die Stintenburger Straße trifft, steht noch ein Relikt des ehemaligen Waldes, eine mächtige Eiche. 200-300 Jahre müssen vergehen, ehe in dem emporstrebenden Pionierwald wieder Bäume von diesem Charakter herangewachsen sind.

Ein kurzes Stück Pflasterstraße Richtung Lassahn, dann biege ich rechts ab und folge einem schmalen Weg durch einen „Wald" aus Haselnussbüschen und Hainbuchen. Dahinter geht es an aufgelassenen Sumpfwiesen entlang, bis der Weg auf eine Anhöhe führt, auf der das kleine Dorf Techin liegt. Zu DDR-Zeiten verlief der Grenzzaun unmittelbar hinter den Häusern. Um den Zustand der Häuser stand es nach 4 Jahrzehnten Grenze nicht sonderlich gut. Nach der Wende wurden die Häuser von Grund auf saniert, mit Reet gedeckt und von einem Investor zu Ferienhäusern ausgebaut. Ein romantisches „Dörfchen" für betuchte Städter. Einen Vorteil hat der Exklusivtourismus: Das 629 Hektar große Naturschutzgebiet Techin, das direkt hinter dem Ort beginnt, ist gegenüber Massentourismus weitgehend gefeit. Dem Seeadlerpaar, das auf der Halbinsel brütet, ist es gleichgültig, wer in Techin übernachtet. Hauptsache, es wird bei der Aufzucht seiner Jungen nicht gestört. Hinter Techin führt der Wanderweg wieder hinunter zu ehemaligen Sumpfwiesen. Hier darf wachsen, was will. Rechts der aufkommende Sumpfwald, links ein steiler und hoher Rain. Trotz Bohlenweg komme ich mir ein wenig eingezwängt vor. Aber ich bin in dieser Wildnis ja auch nur Gast. Die Tiere sehen das sicher mit ganz anderen Augen.

Urige Bäume, glasklares Seewasser und Pfahlbauten

Ich befinde mich wieder in der Feldflur und folge einem Knick, der zu einer mehrstämmigen Buche und einer Bank führt. Die Stelle ist so schön, dass ich erst mal eine Rast einlege. Dann geht es über einen mit Feldsteinen eingefriedeten Hohlweg hinab in eine eiszeitliche Schmelzwasserrinne, in der zwei Seen liegen: der Neuenkirchener- und der Boissower See. An einer Brücke, die über den Bach führt, der die beiden Seen verbindet, befindet sich eine Altholzinsel mit dicken und mehrstämmigen Eichen, Eschen und Buchen. Einige Bäume sind aus Altersgründen bereits umgestürzt oder ragen als Totholztorso in den Kronenraum. Spechte, Käfer, Feldmäuse und Pilze haben ihre Freude. Über die Bestandesverjüngung braucht man sich keine Gedanken zu machen, es kommen reichlich junge Gehölze hoch. Auch auf der Weiterfahrt entlang dem Seeufer komme ich immer wieder an uralten Bäumen und modernden Baumstämmen vorbei.

Klaus Jarmatz zu den Wäldern im Biosphärenreservat

Herr Jarmatz, wem gehören die Wälder im Biosphärenreservat?
Der Wald befindet sich im privaten Eigentum, im Besitz des Landes, der Stiftung Biosphäre Schaalsee und des Naturschutzzweckverbandes Schaalseelandschaft.

Im welchen Umfang dürfen sich die Wälder im Biosphärenreservat zu NatUrwäldern entwickeln?
Das ist natürlich davon abhängig, wer Waldbesitzer ist. Auf den meisten Flächen der Landesforst wird nach den Grundsätzen der naturnahen Forstwirtschaft gewirtschaftet. Die Förster verzichten auf Kahlhiebe und fördern die Laubholzverjüngung. Zudem haben sie auf 1% der Fläche Altholzinseln ausgewiesen. Bei Hiebmaßahmen in alten Waldbeständen werden zudem 2-5 Altbäume pro Hektar dem natürlichen Verfall überlassen.

Zurzeit sind bereits 11,6% des Biosphärenwaldes nutzungsfrei, vorwiegend Waldflächen der Landesforst, des Zweckverbandes Schaalsee-Landschaft und der Stiftung Biosphäre Schaalsee. Nach Nutzungsaufgabe weiterer Waldflächen im Eigentum des Zweckverbandes Schaalseelandschaft werden sich perspektivisch ca. 20% des Biosphärenwaldes in Richtung Wildnis entwickeln.

See- und Teichrosen erheben ihren Blüten über das Wasser des glasklaren Sees. Allenthalben bietet sich ein Blick auf das gegenüberliegende Ufer, wo Buchen ihre Zweige bis auf Armhöhe über der Wasseroberfläche ausbreiten. Nach jeder Biegung tun sich neue Ausblicke auf und der See erscheint wie ein breiter Fluss in einer unberührten Naturlandschaft. Doch dann treffe ich wieder auf Spuren von Menschen, auf Pfahlbauten, die angeblich Fischer am Seeufer errichtet haben. Böse Zungen würden sagen, dass sich am Nordende des Sees die Datschen reihen. Wie dem auch sei, die Hütten passen, sofern der Ausbau nicht dramatische Formen annimmt, in die Landschaft. An einer Badestelle, an der der See endet, führt mein Weg aus dem Rinnental hinauf nach Neuenkirchen.

Von einem anmutigen Friedhof und einer Elfenschule

Die Kirche ist das erste Gebäude, auf das ich stoße. Anders als der Name des Ortes vermuten lässt, ist das Neuenkirchener Gotteshaus schon recht alt, so um die 800 Jahre. Es ist von einer Feldsteinmauer umgeben und schaut von einer Anhöhe hinunter ins Tal. Einen Kirchturm suche ich vergebens. Doch das ist nicht die einzige Merkwürdigkeit. Wie bei der Kirche in Lassahn ist das Kirchenschiff in eine Feldstein- und eine Fachwerkhälfte unterteilt. Vom Kirchhof aus, der sich terrassenförmig den Hang hinunter zieht, fällt der Blick auf das weite Tal am Seenhaupt. Kirche und Gräber sind von Linden und Blumenwiesen umgeben. Was für ein schönes und ruhiges Bild. Wenn ich mir eine Stelle für mein Grab frei aussuchen könnte, gehörte der Kirchhof von Neuenkirchen zur ersten Wahl.

Vor der Kirche steht die alte Schule. Ein reetgedecktes Haus, ein perfektes Ensemble, wie im Film. Ein Schild macht in avantgardistischen Lettern auf „ART IM RESERVAT" aufmerksam. An anderer Stelle steht - selbst gemalt - „GALERIE ELFENREICH" und „Kaffee, Kuchen, Bionade, Wasser". Am Ende des langgestreckten Hauses, gegenüber dem Eingang zum Kirchhof, sitzen zwei an einem weiß gedeckten Gartentisch beim Essen, davor auf dem Kopfsteinpflaster Hunde, die darauf warten, dass sie ein paar Leckereien abbekommen.

Ob ich mal in die Galerie schauen könnte? „Natürlich", bekomme ich von der jungen Frau zur Antwort. „Sehen Sie sich ruhig um." Als Mann, der zudem drei Jahrzehnte als Naturwissenschaftler gearbeitet hat, bin ich für Elfen eigentlich nicht empfänglich. Doch was in den Räumen ausgestellt ist, gefällt mir recht gut, besonders die Wesen aus Blumenblättern, die die Künstlerin auf Karten geklebt hat. Ich kaufe Ines Bargholz, so heißt die Chefin des Elfenreichs, ein paar Karten ab, um sie an meine Lieben zu versenden. Ines ist zugleich Leiterin der hiesigen Elfenschule. Wer noch nicht die Trolle, Elfen und all die anderen Naturwesen des Schaalseelandes wahrgenommen habe, für den wäre ein Besuch in der "Elfenschule" ratsam, meint Ines Bargholz. Teilnehmer eines "Elfenwochenendes" wären jedes Mal überrascht, wie gut sie sich in die Anders-Welt der Natur einfinden könnten und welche Schätze sich auf den Elfenwanderung böten.

Die Elfenschule, Ines Bargholz,
Seeweg 2, 19246 Neuenkirchen,
Telefon: 038853-21223

Ines Bargholz merkt natürlich, dass die Anders-Welt nicht so ganz „mein Ding" ist und so schickt sie mich in den alternativ gestalteten Garten, wo ich auf Heinzi treffe, einen waschechten Neuenkirchener, der Frau Bargholz bei der Gestaltung des Gartens hilft. Im Moment ist er mit dem Bau einer Pflasterspirale beschäftigt. Wir unterhalten uns über Gott und die Welt, wobei ich etwas Schwierigkeiten habe, sein Plattdeutsch zu verstehen. Nach einem Kaffee, bei dem ich Ines Bargholz erzähle, dass ich Recherchen für ein Buch mache, gibt sie mir den Rat, nach Rögnitz zu fahren, in den nächsten Ort. Das wäre nicht weit. Dort gebe es einen interessanten Hofladen, in dem eine gewisse Ute Rohrbeck Bio-Ziegenkäse verkaufe. Ute Rohrbeck sei zudem künstlerisch tätig. Deshalb firmiere sie auch unter dem Markenzeichen Kunst u. Käse. Eigentlich wollte ich wieder über den See zurück nach Zarrentin und dann weiter nach Kankelau, in ein kleines Dorf im „Westen", wo Helmut und Doris vom BUND Schleswig-Holstein auf meinen Besuch warten. Aber bei Ziegenkäse kann ich nicht widerstehen. Und so radele über Feldwege nach Rögnitz.

Kunst & Käse

Am Dorfeingang von Rögnitz kann ich noch nichts Besonderes entdecken. An der Hauptstraße – eine andere Straße gibt es nicht – reihen sich die Eigenheime der Rögnitzer mit ihren Vorgärten.

Techiner Grenzzaundemontage im Winter 1989/1990

Dann fahre ich um einen geräumigen Dorfplatz, an dessen Kopf die Villa eines Gutshofes steht. Mit seinem schmiedeeisernen Vorbau, den Stuckarbeiten und den Kletterrosen passt das Haus wunderbar zu dem mit Linden und Kastanien bestandenen Dorfplatz. Die Flanken des Platzes werden von alten, aus der Zeit der Gutsherrschaft stammenden Wirtschaftsgebäuden gesäumt. An einer Laderampe hält ein Traktor. Autos sind weit und breit nicht zu sehen. Die Straße endet am Gutshof. An einem Aushängeschild erkenne ich, dass ich mich an der richtigen Adresse befinde. „Kunst u. Käse". Ich steige die Treppen des Seitenaufgangs hinauf und betrete einen geschmackvoll eingerichteten Laden mit moderner Kühltheke, in der Käse in allen Variationen auf den Verkauf wartet: große, kleine, runde, pyramidenartige, mit schwarzer Asche bestreute, mit rotem oder weißem Schimmel überzogene, Frischkäsebällchen, Käserollen und Schnittkäse-Laiber mit Naturrinde. Ich frage die Verkäuferin, eine nette Mittvierzigerin, ob es denn möglich sei, aus ein und derselben Milch so viele verschiedene Käsesorten zu schaffen?

Schwefelporling

Diese Frage könne nur die Chefin beantworten. „Ute, Uuuute! ...kannst du mal kommen. – Hier ist jemand, der möchte etwas über deine Arbeit wissen." Ute Rohrbeck sieht so aus, als müsste ich sie schon mal irgendwo in Berlin oder Hamburg gesehen haben, ein frisches, forsches Gesicht mit Dread-Lock-Frisur zwischen alternativ und bürgerlich. Ja, die ganze Käsevielfalt hier sei aus der Milch von biologisch gehaltenen Ziegen hergestellt. Ob sie die Ziegen selber halte?

Neuenkirchener See

Die alte Kirche von Neuenkirchen (eine neue gibt es nicht)

„Nein, das schaffe ich nicht", lautet ihre Antwort. „Ich habe das anfangs versucht, aber wenn man das Käsemachen als kreativen Prozess versteht, bei dem ein hochwertiges Produkt herauskommen soll und das auch noch in Variationen, dann muss man die Milchproduktion jemand anderem überlassen."
„Und wer ist derjenige?"
„Ich hatte das Glück, Roger Meyer zur Capellen kennen zu lernen. Er besitzt einen alten Gutshof in Othenstorf, 3 km östlich von Rhena. Wir sind seit einigen Jahren Geschäftspartner. Er liefert mir die Bio-Ziegenmilch und ich mache Bio-Ziegenkäse daraus."
Ich deute auf die reich sortierte Auslage in der Kühltheke.
„Und das produzieren sie alles selber?"
„Aber na klar! Kommen Sie, jetzt um die Mittagszeit ist im Laden nicht viel los. Wir gehen in den Käsekeller. Dort zeige ich Ihnen die Produktion."
In den Kellerräumen bittet Ute Rohrbeck mich, ein Plastikhäubchen aufzusetzen und saubere Gummistiefel anzuziehen.
„Wenn wir hochwertige Produkte erzielen wollen, müssen wir peinlichst auf Sauberkeit und Hygiene achten", sagt Ute. „Andernfalls kann es passieren, dass etwas mit der Reifung schief läuft." Also hinein in die Stiefel.

Früher Schulhaus, heute „Galerie Elfenreich"

Auch Ute Rohrbeck schlüpft in andere Schuhe und versteckt ihre Dread-Locks unter einem Häubchen. Dann erst öffnet sie die Tür zur Käserei. Der Raum, in den sie mich führt, ist weiß gekachelt, eine blaue Bordüre mildert die professionelle Kühle, die von den Kacheln und den blitzblanken Gerätschaften ausgeht. An der Wand hängen drahtbespannte Rechen (Käseharfen) und in der Mitte des Raumes stehen zwei große glänzende Metall-Kessel.

Elfenkunst von Ines Bargholz

„In diesen Kessel schütten wir die Rohmilch. Dann erwärmen wir sie je nach Käsesorte auf Temperaturen von 25-34 Grad und geben Milchsäurebakterien sowie Lab hinzu."

„Was ist Lab?"

„Lab wird normalerweise aus Kälbermägen gewonnen. Es lässt die Milch gerinnen. Das ist eine Vorstufe der Verdauung. Vielleicht haben Sie Ihr Kind, als es noch Säugling war, mal auf dem Arm gewiegt, damit es „Bäuerchen" macht. Und wenn das „Bäuerchen" etwas heftig ausgefallen ist, hat das Kleine ein wenig Milch erbrochen und diese Milch war geronnen, was das Lab im Magen Ihres Kindes bewirkt hat. Alle Säuglinge, ob Mensch oder Tier, produzieren Lab."

„Ja, wenn man zum Käsemachen Kälberlab nimmt, dann muss dafür ja immer ein Kälbchen sterben!", entrüste ich mich.

„Nicht bei uns", kontert Ute Rohrbeck, „ ich verwende nur Lab, das aus Pilzkulturen extrahiert wird. Säure und Lab machen die Milch dick", erläutert Ute weiter, „und wenn der gesamte Kesselinhalt geronnen ist, schneide ich die Milch in Blöcke, und zwar je nach Käsesorte in verschiedene Stärken: viele kleine Würfel für Schnittkäse und wenige große Blöcke für Frischkäse oder Ca-

Kunst u. Käse „Gutshof" in Rögnitz

membert. Aus den Schnittkanten tritt Molke heraus. Im Kessel schwimmen danach viele kleine, weiße Dickmilchwürfel in einer wässrigen Flüssigkeit, der Molke."
„Woraus besteht die Molke und was bleibt im Käse?"
„Molke besteht zu 94 % aus Wasser, zu 4–5 % aus Milchzucker und ist nahezu fettfrei. Außerdem enthält sie Milchsäure, Vitamine und Mineralstoffe. Das Milcheiweiß bleibt zum überwiegenden Teil in der „Dickete" oder dem „Bruch", wie es bei Ihnen heißt."
„Käse besteht also hauptsächlich aus Eiweiß und Fett?"
„Ja, beim zweiten Schritt des Käsens schöpfen wir die „Dickete" mit Sieben ab und füllen ihn in Windeln oder Formen. Die Windel hängen wir auf, wonach die Molke von allein herausläuft. Haben wir die Dickete in Formen gefüllt, so müssen wir sie in den folgen-

Ute Rohrbeck am Käsekessel

Ute Rohrbeck und ein zufriedener Kunde im Rögnitzer Kunst u. Käse-Laden

den Stunden mehrmals wenden, um einen gleichmäßigen Molkeabfluss zu gewährleisten. Nach 24 Stunden wird der Käse gesalzen, womit wir ihn konservieren. So, und jetzt geht es in den Reifungskeller."

Ute Rohrbeck führt mich in einen schwach beleuchteten Raum, in dem auf Holzregalen zahllose Käse lagern, überwiegend runde in verschiedenen Größen, aber auch kastenförmige. „Weichkäse kommt nun für zwei Wochen in den Reifungskeller", sagt Ute „wobei sich bei Camembert der weiße Schimmelrasen bildet, die Struktur cremiger wird und der Geschmack sich entfaltet. Schnittkäse benötigt dagegen eine zweimonatige Reifezeit, während der er alle zwei Tage gewendet und mit Salzwasser abgewaschen werden muss. Nur so erhält man ohne Einsatz von Chemie eine Rinde, die man mitessen kann. Dies erklärt den im Vergleich zu Industriekäse hohen Preis. Bei uns steckt wirklich viel Handarbeit und Idealismus drin."

„Wie machen die in der Industrie das?"

„Die arbeiten mit Schimmel-Verhütungsmitteln, sogenannten Fungiziden. Die Rinde ist aus Plastik und auf der Beschreibung des Käses steht: „Rinde nicht zum Verzehr geeignet." Das haben Sie bestimmt schon mal gelesen."

„Stimmt, aber ich bin auch nicht auf die Idee gekommen, die Rinde zu essen."

„Und was ist mit dem Käse direkt unter der Rinde? Sind sie sicher, dass der frei von Giftstoffen ist? Davon mal abgesehen, unser Manufakturkäse schmeckt einfach besser als ein Industriekäse. Gehen wir wieder hoch und probieren Sie einmal."

Im Laden stellt mir Ute Rohrbeck eine kleine Auswahl ihrer Käsesorten zusammen. Ich bestelle dazu noch ein Vollkorn-Bio-Baguette und ein Stück geformter Butter, worauf eine Blume prangt. „Sie können Ihr Käsebaguette draußen an den Gartentischen genießen", sagt Ute. „Ach, dann machen Sie mir bitte noch einen Cappuccino." Während Frau Rohrbeck mit der Kaffeemaschine beschäftigt ist, lasse ich meinen Blick im Verkaufsraum umherschweifen. Auf die Decke hat jemand einen Kranz aus Rosen aufgemalt, so etwa, wie man es am Rande von Uromas Tassen findet.

„Wie haben sie es geschafft, die Deckenmalerei so schön zu restaurieren?"

„Um ehrlich zu sein, das ist nicht restauriert. Den Rosenkranz habe ich selber nach der Renovierung des Raums aufgemalt und das Ganze ein wenig auf Alt getrimmt - Kunst u. Käse, verstehen Sie?"

„Um so etwas zu schaffen, muss man aber vom Fach sein."

„Das bin ich. Ich habe Theatermalerin gelernt."

„Wo? In Hamburg oder ... Ihrem Akzent nach eher in Berlin?"

„Stimmt, ich stamme aus Berlin-Charlottenburg."

„Und die Lilien auf der Diele haben Sie dann sicher auch selbst gemalt?"

„Ja, das ist dieselbe Bourbon-Lilie wie auf meinem sanften Schnittkäse. Also dann."

Ute Rohrbeck reicht mir zwei Tabletts, eines mit Brot und Käse, das andere mit Butter und Kaffee. Ich verziehe mich nach draußen und lass es mir munden. An der frischen Luft – und sicher nicht nur da - schmeckt alles köstlich.

Hände weg von Mississippi

Während ich den Kaffee genieße, fällt mein Blick auf ein Plakat: „Hände weg von Mississippi", ein Film von Detlev Buck nach dem Buch von Cornelia Funke, mit Katharina Thalbach und Heidi Kabel. Als Ute Rohrbeck vorbeikommt, um sich zu erkundigen, wie mir der Käse schmeckt, deute ich auf das Plakat und frage, ob der Film etwas mit Rögnitz und Umgebung zu tun habe.

„Na, aber klar! Der wurde hier gedreht! Wussten Sie das nicht?"

„Nein, ich bin kein Kinogänger.

„Kennen Sie das Buch?"

Im Reiferaum

„Ja ein wenig. Meine Tochter ist begeisterte Cornelia-Funke-Leserin."

„Die Szenen mit der Beerdigung und dem Dorffest haben sie in Neuenkirchen gedreht. 250 Leute aus unserer Gegend haben als Komparsen mitgewirkt. Unser Feuerwehrhäuschen in Rögnitz wurde zum „ Cinema Fromage", in dem die gedrehten Sequenzen einer Woche beguckt wurden, und alle Arbeitsbereiche des Produktionsbüros, der Ausstattung, Kostüm, u.s.w. haben in den Gebäuden vor unserem Haus Platz gefunden. Das war im Sommer 2006. 2007 hat „Hände weg von Mississippi" in Berlin den Filmpreis in Gold als bester Kinder- und Jugendfilm erhalten."

„Wie sind die vom Film darauf gekommen, in Neuenkirchen zu drehen?"

„Erstens ist unsere Gegend für einen Kinder-Ferien-Film einfach spitzenmäßig geeignet. Und dann hat mein Mann Martin einiges dazu beigetragen. Er arbeitet seit Jahren mit Deltev Buck, dem Produzenten von „Hände weg von Mississippi", zusammen, u.a. als Produktions- und Herstellungsleiter. Mein Mann hat übrigens auch ein Buch produziert: „ Wie wird man was beim Film". Und Sie sind also auch dabei ein Buch zu schreiben?"

„Sieben, nichts eins. Es geht um Natur und Kultur beiderseits der ehemaligen innerdeutschen Grenze, von der Ostsee bis zum Erzgebirge. Das sind 1.400 km, diese Strecke kann man nicht in einem Buch unterbringen, vor allem, wenn es so viel zu sehen gibt wie hier in der Schaalseeregion."

„Kommt auch Rögnitz in dem Buch vor?"

„Klar! Wie und was wir essen, ist ein wichtiger Bestandteil unserer Kultur. Ich hätte übrigens gern ein Foto von den Milchziegen, doch dazu müsste ich wohl nach Rhena zu ihrem Kompagnon fahren. Mit dem Rad ist mir das ein bisschen weit."

„Fotografieren Sie doch einfach meine Tiere. Ich sagte Ihnen doch, dass ich mir am Beginn meiner Käse-Laufbahn welche angeschafft habe: Walliser Schwarzhalsziegen und Thüringer Wald-Ziegen. Sie finden sie links vom Hof auf dem Weideland."

Ute Rohrbeck verschwindet wieder in ihrem Käseladen und ich mache mich auf die Suche nach den Ziegen. Nach wenigen Minuten habe ich sie gefunden. Als ich mir zum Abschluss meines Besuchs noch einen Kaffee bestelle, fragt mich Ute nach meinem Ziegen-Foto-Glück.

„Ach, das war nicht ganz einfach, vor allem wegen der weißen Ziegen. Die Sonne scheint zurzeit recht grell und dadurch reflektiert das weiße Fell zu stark."

„Weiße Ziegen haben Sie fotografiert. Ich halte keine weiße Ziegen", entrüstet sich Ute Rohrbeck, „da müssen Sie bei den Tieren der Nachbarin gewesen sein. Meine stehen wie gesagt links vom Haus."

Nun ist links ein Begriff, der vom eigenen Standpunkt abhängt. Ich mache mich also erneut auf den Weg und auf der anderen Seite

Walliser Ziegen

des Dorfes finde ich dann auch bald die Rohrbeckschen Ziegen.

Zum Abschied gibt mir Ute Rohrbeck, außer Käse, auch noch einen Tipp mit auf den Weg: „Fahren Sie nicht den gleichen Weg zurück. Riskieren Sie einen kleinen Umweg durch unsere schöne Kulturlandschaft. Sie werden sehen, es lohnt sich. Es muss nicht immer Schaalsee sein. Und schauen Sie bei meiner Freundin Dodo von Klodt vorbei. Sie stellt auf einem alten Webstuhl wunderschöne Schals und Decken her, aus Naturmaterialien, versteht sich. Sie wohnt in Karft. Warten Sie! Ich zeige Ihnen meinen Tourenvorschlag mal auf der Karte." Na gut, denke ich. Jetzt bin ich zeitlich schon so weit im Rückstand, dass es auf diesen Umweg auch nicht mehr ankommt. Ich werde Helmut und Doris anrufen und sagen, dass ich einen Tag später in Kankelau ankommen werde. Und dann mache ich mich mit den guten Wünschen von Ute auf die Fahrt.

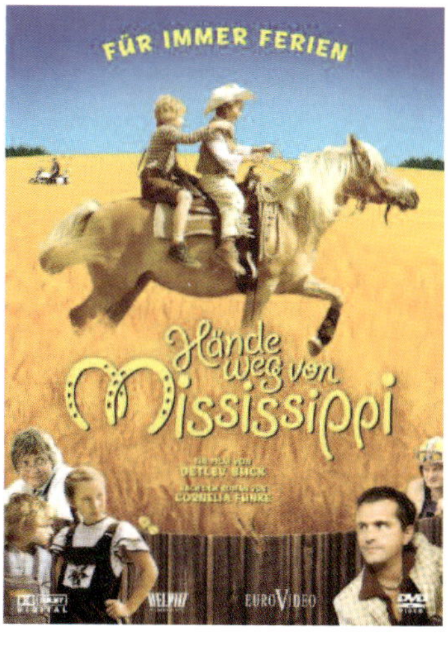

Der Käseladen von Ute Rohrbeck hat von März bis Oktober täglich von 10-19 Uhr geöffnet.
Tel.: 038853-33533

Am 2. Sonntag im September findet in Rögnitz ein „Urtümlicher Bauernmarkt" statt.

Szenenwechsel!

Bei strahlendem Sonnenschein verlasse ich Rögnitz und folge der Landstraße nach Drönnewitz. Am Ortsende biege ich, den Beschreibungen von Ute Rohrbeck folgend, von der Hauptstraße ab und radele auf ein Herrenhaus zu, das vom Charakter her eher den Eindruck eines Schlosses macht. Das Haus wird gerade renoviert. Während ich überlege, ob es rechts oder links am Haus vorbei geht, hält eine junge Frau mit einem Geländewagen neben mir und fragt mich, ob sie mir helfen könne. Ich sage ihr, dass ich den Weg nach Raguth suche, und zwar über eine Lindenallee, die mitten durch die Feldflur führt. Dann müsse ich vor dem Schloss vorbeifahren und mich dann links halten. Sie würde es mir ausnahmsweise erlauben. „Wieso erlauben?", frage ich erstaunt. Ihr Mann habe das Schloss gekauft und sie seien auf Touristen nicht so erpicht. Sie sagt das aber in einem netten Ton und so trennen wir uns freundlich.

Die Ziegen von Frau Schult und ihre rustikale Kontrast-Käserei

Es ist immer ein etwas merkwürdiges Gefühl, wenn man Leute kennen lernt und weiß, dass man sie wahrscheinlich nie wiedersehen werde. Wenn man sich nett unterhalten hat, bleibt ein Anflug von Traurigkeit. Doch Ute Rohrbeck sollte ich schon drei Monate später wiedersehen. Ich war nochmals in das Biosphärenreservat gekommen, um meine Recherchen zu komplettieren. Es regnete und anstatt mit dem Rad die nasse Natur zu erkunden, fuhr ich mit dem Auto die kulturellen Highlights ab, wobei ich auch nach Rögnitz kam.

Nach einem Schwätzchen mit Ute, dem obligatorischen Kaffee und einem Käseeinkauf drehe ich noch mal eine Runde über den Dorfplatz. Dabei sehe ich, wie ein Trupp junger Ziegen sich am frischen Austrieb am Fuß der Linden zu schaffen macht. Plötzlich taucht eine resolut wirkende Frau auf und scheucht die Ziegenschar mit Hilfe eines Lindenzweigs wieder in den heimischen Stall. „Ziegenhof Schult" steht auf einem Brett, das man über dem Tor angebracht hat, hinter dem die Ziegen verschwunden sind. Und auf eine Tafel hat man mit Kreide geschrieben: „Verkauf Ziegenkäse". Vor dem Tor, durch das überragende Dach vor dem Regen geschützt, stehen zwei Männer in Arbeitskleidung und unterhalten sich. Die Dame bringt Kaffee. Sie winkt mir.

„Kommen Sie doch ins Trockene! Wollen Sie auch einen Kaffee?"
Natürlich will ich. Und während Frau Schult mir in einer großen Henkeltasse den Pulverkaffee zubereitet, sehe ich mich in dem geräumigen Stall um. Im Dämmerlicht, hinter einem Holzgatter, stehen und liegen braune und weiße Mutterziegen und kauen wieder. Ab und zu rülpst eines der Tiere. Es ist mollig warm und es riecht nach Stroh und Ziegenkötteln. Frau Schult bringt den Kaffee.
„Ja, die Tiere wollen raus", sagt sie, „seit vier Wochen stehen sie jetzt schon im Stall."
„Warum denn das?" frage ich.
„Weil wir zu wenig Futter auf der Weide haben. Seit Mai hat es nicht mehr geregnet. Das Gras ist verdorrt. Und wenn ich sie jetzt raus lasse, dann zerstören sie die Grasnarbe."
„Na, nun kommt ja der Regen!"
„Ach, das bisschen ist nur ein Tropfen auf den heißen Stein. Da müsste schon ein Dauerregen kommen. Erst dann fängt es wieder an zu wachsen. Und so lange müssen meine armen Tierchen noch im Stall ausharren und mit Heu vorlieb nehmen und dem bisschen Grasschnitt, den wir noch haben. Mein Mann hat eben etwas geholt."
„Die jungen Ziegen scheint das ja nicht zu stören. Die schlüpfen einfach durchs Gatter. Warum ja-

Ziegenhof Schult in Rögnitz

gen Sie die Tiere eigentlich wieder in den Stall?"
„Weil man wegen der Touristen nicht so gern Ziegenköttel auf dem Dorfplatz hat."
„Ach, das ist doch Quatsch! Die Leute freuen sich, wenn die Ziegen herumspringen, da schaut man doch über die Köttel hinweg. Außerdem stinken die dort gar nicht. Für mich gehört auch Kuhklecker zum Bauernhof."
„Sagen Sie das mal den anderen!"
„Am Tor steht, dass Sie Ziegenkäse verkaufen. Kann ich den mal probieren?"
„Na klar! Kommen Sie."
Frau Schult führt mich in einen gekachelten Raum, wo auf Brettern zahlreiche runde Käselaibe lagern. Alle haben die gleiche Form. Unterschiede gibt es bei den Farben, die von weiß-gelb bis dunkel-gelb reichen. Ich probiere einen frischen und einen mittelalten. Beide schmecken rustikal, aber gut.
„Ich mache drei Sorten Käse: Frischkäse, Schnittkäse und Hartkäse. Mehr ist nicht drin, wenn Sie gleichzeitig Ziegen halten. Aber mit der Reifung wird der Käse zunehmend würziger. Hier, probieren Sie mal den. Das ist mein Methusalem. Der ist zwei Jahre alt."
Frau Schult macht sich mit einem großen Messer an einem goldgelben Käse zu schaffen, der sich partout nicht schneiden lassen will. Schließlich bricht wie bei einem Parmesan ein Stück heraus. Und so ähnlich wie Parmesan ist auch seine Konsistenz und sein Geschmack, nur würziger, mit einem Touch Ziege.
„Ich mache auch Ziegenwurst." Und schon halte ich ein ordentliches Stück Hartwurst in der Hand und kaue auf dem trockenen Fleisch herum. Das ist nicht jedermanns Sache, aber das ist etwas Echtes. Und so kaufe ich Frau Schult nicht nur einen mittelalten Käse, sondern auch zwei Ziegenwürste ab. Wir gehen zurück in den Ziegenstall. Ein großer Bock legt den Kopf auf das Gatter. Er möchte gekrault werden.
„Das ist Fridolin, ein Kastrat. Kastraten sind generell lieb und Fridolin ganz besonders. Deshalb braucht er auch nicht zum Schlachter. Ich nehme ihn immer mit auf den Bauermarkt. Da steht er als Maskottchen herum und lässt sich von allen streicheln. Fridolin ist schon ziemlich alt, ich glaube 19 Jahre und wenn er in den Transportwagen soll, mit dem wir zum Markt fahren, macht er inzwischen Theater. Ich weiß nicht, wie lange das noch gut geht. Aber Fridolin bekommt bei uns auf jeden Fall das Gnadenbrot."

Frau Schult mit Ziegenwurst

Über einsame Alleen zur Handweberei

Dicht an dicht stehen die Linden, deren Laub bis zu mir herunter reicht. Dazwischen, im mild-grünen Dämmerlicht, ein sandiger Weg, der zu Dornröschen zu führen scheint oder zum Schloss des gestiefelten Katers. Ganz so falsch liege ich mit meiner Phantasie nicht, denn kurz darauf gelange ich an einen verwilderten Park, hinter dessen hohen Bäumen ein halbverfallenes Herrenhaus hervorschaut. Ich bin in Raguth. Ein Wegweiser zeigt in alle Himmelsrichtungen, u.a. nach Karft, meinem Zwischenziel. 3,5 km sind es noch bis dorthin. Wieder geht es über sandige Wege durch die Feldflur, vorbei an einem kleinen Feuchtgebiet, einem Erlenbruch, in dem trotz der Trockenperiode noch Wasser steht. Die Wasseroberfläche ist von einem grünen Teppich aus Wasserlinsen bedeckt. Aus dem glatten Grün ragt blühende Iris hervor. In Karft habe ich die Handweberei schnell gefunden. Sie befindet sich am Raguther Weg 17 gleich neben dem alten Gutshaus. Dodo von Klodt führt mir ihren Webstuhl vor, den sie von einem alten Bauern geerbt hat, und zeigt mir ihre herrlich bunten Schals und Decken. Schade, dass ich mit dem Rad unterwegs bin, sonst hätte ich sicherlich eine Decke erworben.

Dodo von Klodt, Raguther Weg 17, 19243 Karft,
Tel.: 038852 - 53458

Zum Pahlhuus, dem INFO-Zentrum des Biosphärenreservats

Von Karft aus radele ich wieder Richtung Schaalsee. Es ist schon Nachmittag und ich trete etwas kräftiger in die Pedale. Auf der

Landstraße komme ich gut voran. Bald bin ich in Neuhof, wo ein Feldweg zum Nordende des Boissower Sees führt. Der Boissower See ist nicht ganz so verwunschen wie der Neuenkirchener

Auf dem Weg nach Karft

Dodo von Klodt am Webstuhl

See, doch auch er hat etwas Bemerkenswertes zu bieten: eine Insel, die unterzugehen scheint. Sie soll Ende des 18. Jh. auf Wunsch des Gutsherrn entstanden sein. Die Bauern mussten im Winter Erde und Steine auf dem Eis des Sees abladen. Als das Eis schmolz, sank das Material in die Tiefe. Für eine größere Insel hat es aber nicht gereicht. Allenfalls ein paar Schwäne konnten dort brüten, weshalb man im Dorf von der Schwaneninsel spricht. Durch Boissow bin ich schnell hindurch. Dann folge ich auf einem markierten Grasweg dem Lauf des Hammerbachs.

Eine kleine Feldsteinbrücke führt mich ans andere Ufer und in das Dorf Bantin. Jetzt sind es nur noch 3 km bis Zarrentin, dem am Schaalsee gelegenen Hauptort des Biosphärenreservats. An der Einmündung der Landstraße Lassahn-Zarrentin treffe ich auf eine Reihe von Lichtmasten, die sich parallel zur Straße über den Acker ziehen. Mit diesen Masten wurde der Grenzsignalzaun, der Hinterlandszaun, nachts ausgeleuchtet.

Relikte der beleuchteten Grenze

Über einen Radweg gelange ich zum Informationszentrum des Biosphärenreservats, dem Pahlhuus, in dem auch das Biosphärenreservats-Amt untergebracht ist.

Das Biosphären-Info-Zentrum

Das Pahlhuus - hochdeutsch Pfahlbau - macht seinem plattdeutschen Namen Ehre. Es ruht auf 43 Betonpfählen und an einem Hang über dem Südufer des Schaalsees, ein Rückgriff auf die Pfahlbauten der Schaalsee-Fischer. In einer großen Eingangshalle mit Infoständern und einer Verkaufstheke werde ich von einer freundlichen Dame in Ranger-Uniform empfangen. Der Eintritt zur Ausstellung sei frei, sagt sie, als sie bemerkt, dass ich zögere, durch die neben dem „Shop" befindliche Tür zu treten. Hinter der Tür nimmt mich als erstes ein Eiszeittunnel gefangen, in dem ich laut und vernehmlich das vorrückende Eis knarren höre. Der Wandel von der Eiszeit bis zur heutigen Kulturlandschaft ist eines der Themen der Dauerausstellung. Daneben finden sich ein Vivarium, ein Tiertelefon und ein Videoraum. Am Modell eines Bachs kann man den Wasserstand variieren und auf einem alten Sofa vermag, wer Muße hat, über Kopfhörer, den Lebensberichten echte „Schaalseer" lauschen.

Nach meinen Rundgang frage ich die Rangerin, die sich als Kerstin Didt vorstellt, welche Touren sie für Radler und Wanderer empfehlen würde. Als erstes verweist Frau Didt mich auf die Biosphären-Karte des Maiwald-Verlages, in der alle markierten Rad- und Wanderwege dargestellt sind. Dann drückt sie mir mehrere Faltblätter in die Hand, in denen die BR-Verwaltung einige Wandervorschläge darstellt: den Bauern- und den Räuberweg, den Elfenpfad und das Klosterdreieck. Außerdem bietet sie mir eine vom Biosphärenreservat herausgegebene Radwege-Broschüre an, in der 5 Rad-Rundwege beschrieben werden.

Dann berichtet Kerstin Didt von den Exkursionsangeboten der Biosphäre, von ornithologischen und kulturhistorischen Führungen, von Fledermaus-Wanderungen, Kräuterpräsentationen und Libellen-Exkursionen. Alle diese Angebote werden in dem Biosphären-Veranstaltungskalender aufgeführt, den man im Internet unter www.schaalsee.de abrufen könne. Natürlich könne man auch Führungen durch Ranger buchen, sowohl für Kinder als auch für Erwachsene. Man brauche dazu nur 038851-302-0 anzurufen. Auf die Frage, was die Biosphäre sonst noch für Angebote mache, nennt sie als erstes den Biosphären-Schaalsee-Markt, der von April bis Oktober jeden ersten Sonntag im Monat auf dem Pahlhuus-Gelände stattfindet, dann Info-Abende, den Apfeltag, den Tag der Regionen und schließlich den Biosphären-Schaalsee-Triathlon. Auf meine Frage, ob es im unmittelbaren Umfeld des Pahlhuuses Interessantes zu sehen gebe, werde ich auf den Moor-Rundweg verwiesen, der direkt am Info-Zentrum beginne und der mich nur eine knappe Stunde in Anspruch nehmen würde. Da ich in gut einer Stunde mit Klaus Jarmatz verabredet bin, dem Chef des Biosphären-Amtes, der in den vorangegangenen Kapiteln schon des Öfteren zu Wort gekommen ist, kommt mir der Moorspaziergang gelegen und so lerne ich ein Kalkmoor kennen, das unmittelbar am Ufer des Schaalsees liegt und das mit einem Bohlenweg erschlossen ist.

Im Biosphären-„Headquarter"

Klaus Jarmatz, der Chef der Biosphärenverwaltung, arbeitet im 2. Stock des Verwaltungstraktes. Seine Sekretärin führt mich in einen hellen freundlichen Raum, in dem mich ein ebenso freundlicher Amtsleiter begrüßt. Ich erzähle Klaus Jarmatz von meinen Erlebnissen im Neuenkirchener Elfenreich, im Rögnitzer Ziegenkäse-

3 Ranger des Bioshärenreservats v. r. Ingo Vallentin, Kerstin Didt und Dieter Rieckhoff

Zentrum und von der Handweberei in Karft.

„Da waren Sie genau an den richtigen Stellen, um unsere Regionalmarke „Für Leib und Seele" zu testen", sagt Jarmatz, „und Sie haben in unser regionales Netzwerk hineingerochen, das uns sehr am Herzen liegt."

„Was beinhaltet Ihre Regionalmarke?"

„Sie ist ein Prädikat für regional und umweltgerecht erzeugte Produkte, Dienstleistungen und Initiativen. Sie wird nach herkunftsqualitäts- und umweltbezogenen Kriterien vergeben, die ein Fachgremium jedes Jahr überprüft. Die Kriterien für die Vergabe und die teilnehmenden Betriebe finden Sie im Internetauftritt des Biosphärenreservats unter der Rubrik Regionalmarke."

„Und die Produzenten und Dienstleister sind zugleich die Netzwerker?"

„Ja, das Netzwerk zielt darauf ab, die Kommunikation unter den regionalen Akteuren zu fördern. Die Marktteilnehmer sollen sich gegenseitig unterstützen. Sie sollen Werbung für sich, die Regionalmarke und die anderen Produzenten machen."

„Das scheint ganz gut zu funktionieren. Ich bin auf meiner Tour im Elfenreich angekommen und von dort über Mundpropaganda zu Kunst u. Käse, zur Karfter Handweberei und zum Schloss Neuhof weitergereicht worden."

„Das ist schön zu hören. Wir vom Biosphärenreservat unterstützen die Partner der Regionalmarke auf vielfältige Weise: durch Pressearbeit, durch Präsentation auf unserer Internetseite, durch Bro-

BIOSPHÄRENRESERVAT SCHAALSEE
FÜR LEIB UND SEELE®

Die Regionalmarke „Biosphärenreservat Schaalsee – Für Leib und Seele" weist den Weg zu Ferienwohnungen, touristischen Angeboten, Kunsthandwerkern, zu Höfen und Gaststätten. Eine Angebotsliste erhält man beim

Amt für das Biosphärenreservat Schaalsee, 19246 Zarrentin, Wittenburger Chausee13, Tel. 038851-3020, poststelle@schaalsee.mvnet.de, www.schaalsee.de

schüren, durch eine Regionalmarkenwand im Pahlhuus, durch die Einbeziehung der Betriebe in unser Besucherleitsystem und durch Präsentationen auf Messen und Ausstellungen. Zudem organisieren wir den Erfahrungsaustausch zwischen den Betrieben."

„Und dann gibt es, wie ich gehört habe, auch noch einen Biosphären-Schaalsee-Markt."

„Den sollten Sie unbedingt einmal besuchen. Da werden nicht nur Lebensmittel präsentiert, sondern auch handwerkliche Produkte, all das, was in unserer Region produziert wird. Der Markt ist ein Fenster, durch das man einen Einblick bekommt, wie auf umweltverträgliche Weise Einkommen für die hier lebenden Menschen geschaffen wird. Übrigens, zu den Markttagen kommen auch Musiker und andere Künstler."

„Wie hoch veranschlagen Sie die regionale Wertschöpfung durch die Regionalvermarktung und den Schaalsee-Tourismus?"

„Nach unseren Schätzungen beträgt die Einkommenswirkung des Tourismus in der Mecklenburger Schaalsee-Region rund 3 Millionen Euro pro Jahr. Bei der geringen Bevölkerungszahl ist das schon einiges."

„Und mit dieser regionalen Wertschöpfung bekommen Sie auch die Akzeptanz für Ihre Naturschutzmaßnahmen?"

„Ja, und darüber hinaus hat die regionale Wertschöpfung dazu beigetragen, eine regionale Identität zu etablieren. Aus meiner Sicht identifizieren sich die allermeisten Bewohner inzwischen mit der Schaalseeregion. Und da wir am Schaalsee überwiegend ökologisch und partnerschaftlich agieren, sind wir dabei, uns sukzessive zu einer Modellregion zu entwickeln, die sich durch eine hohe Lebensqualität auszeichnet."

Infozentrum Pahlhuus

„Herr Jarmatz, zum Abschluss noch eine Frage zur Biotopvernetzung. Das Grüne Band verläuft von Zarrentin aus in südwestlicher Richtung und trifft nach ca. 40 km bei Lauenburg auf die Elbe. In nur 15 km Entfernung vom Pahlhuus beginnt der Naturpark Mecklenburgisches Elbetal. Sehen Sie eine Möglichkeit, auf dieser kurzen Strecke eine zusätzliche Biotopverbindung zur Elbe zu schaffen?"

„Diese Verbindung besteht bereits, und zwar in Form der Schaale und der Schilde. Die beiden Flüsse zählen zu den besonders naturnahen Fließgewässern Mecklenburg-Vorpommerns. Die Schaale, die unweit vom Pahlhuus, direkt hinter dem Kalkmoor, aus dem Schaalsee heraus fließt, ist bereits als Naturschutzgebiet von Europäischem Rang (FFH-Gebiet) ausgewiesen. Gleiches gilt für die Schilde, die vom östlichen Teil des Biosphärenreservats kommt und ca. 13 km südlich von uns in die Schaale mündet. Wichtig ist in diesem Zusammenhang auch, dass große Teile des mecklenburgischen Elbtales zum länderübergreifenden Biosphärenreservat „Flusslandschaft Elbe" gehören. Innerhalb der nächsten 5 Jahre soll dort anstelle des Naturparks ein nach Landesrecht ausgewiesenes Biosphärenreservat entstehen, womit der Naturschutz gestärkt wird."

„Herr Jarmatz, ich danke Ihnen für dieses Gespräch* und wünsche Ihnen und den „Schaalseern" ein gutes Vorankommen auf dem Weg zur Modellregion. Nach meiner Einschätzung gehört das Biosphärenreservat Schaalsee zu den 5 Top-Gebieten am Grünen Band Deutschland."

* Weitere Themen, die im Verlauf dieses Interviews angesprochen wurden, finden sich auf den vorangegangenen Seiten.

Die Uferpromenade von Zarrentin

Das Informationszentrum des Biosphärenreservats liegt vor den Toren Zarrentins, wo ich Quartier machen will. Über die Uferpromenade, die mitten durch das Gelände des See-Schwimmbads führt, gelange ich in die Stadt. Das Schwimmbad ist leer und ich nutze die Gelegenheit, um auf das Dreimeter-Brett zu klettern. Oben weht eine frische Brise und das stahlblaue Wasser, das bis nahe an den Horizont reicht, ist leicht gewellt. Kein Boot ist zu sehen. In einigen hundert Metern Entfernung liegt die Möwenburg, eine kleine, bewaldete Insel. Dahinter erstreckt sich eine Bucht, die von einem breiten Schilfgürtel umgeben ist. Das Einzige, was in dieser Richtung auf den Einfluss von Menschen hinweist, ist eine Plattform für Schwimmer, die unweit des Sprungbretts im Wasser dümpelt. Links zog sich die ehemalige Grenze mitten durch den See. Das gesamte vor mir liegende Seeufer durfte über 4 Jahrzehnte nicht betreten werden. Eine großräumige Ausweisung von Schutzgebieten und die Reglementierung des Bootsverkehrs sorgen dafür, dass die zahllosen Wasservögel des Sees, die Seeadler, Kraniche und Fischotter auch weiterhin Ruhe haben. Ich blicke über einen der schönsten und wertvollsten Seen Deutschlands, der mit seinen zahlreichen Buchten, Halbinseln und Inseln fast den Eindruck einer finnischen Seenlandschaft macht. Hinzu kommen das klare Wasser und der stark bewegte Seegrund. Neben zahlreichen Untiefen und Flachwasserstellen fällt der Seeboden bis zu einer Tiefe von 71 m ab. Kein Wunder, dass hier die Kleine und Große Maräne überlebt haben, Fische, die an tief reichende Klarwasserseen gebunden sind. Kein Zweifel: Der Schaalsee ist eines der „Highlights" am Grünen Band.

Ich steige wieder von meinem Ausguck hinab und folge der Uferpromenade nach Zarrentin. Jetzt reiht sich Bootssteg an Bootssteg und Pahlhuus an Pahlhuus. Für Seeanlieger mit alten Rechten wurde eine limitierte Anzahl von Booten genehmigt. Dass den Zarrentinern ein Vorrecht beim Zugang zum See gestattet werden musste, steht außer Frage. Schließlich war das Ufer für sie über 4 Jahrzehnte gesperrt. Ich komme an dem Restaurant des Schaalsee-Fischers vorbei und denke an Essen. Doch zuerst muss ich ein Quartier finden. Über eine der zahlreichen „Twieten" (gepflasterte Gassen), die von der Uferpromenade zur Stadt hinauf führen, gelange ich ins „Zentrum", wo ich rasch eine Übernachtungsmöglichkeit gefunden habe. Noch ist Vorsaison.

Schaalsee mit Möwenburg-Insel

Kunst- u. Käse-Runde

Länge: *ca. 22 km*
Wegestruktur: *befestigte Wanderwege, Feldwege, asphaltierte Straße*
Steigungen: *gering*
Charakter: *mit Besichtigungen und Verkostungen als Tagestour einplanen*
Dauer: *4-5 Stunden*
Ausgangspunkt: *Kirche Neuenkirchen*
Gastronomie: *Neuenkirchen, Karft, Neuhof, Imbiss in Rögnitz*

Gleich zu Beginn der Tour existieren 3 lohnende Objekte (Punkt 1): die Kirche, die gegenüber liegende Elfenreich-Galerie und im Ort, an der Hauptstraße 14, das Gasthaus „Zum See", in dem die Chefin Lindi Schröder kocht, wobei sie nur frische Zutaten der Region verwendet. Zur Weiterfahrt nach Rögnitz der Hauptstraße in nördliche Richtung folgen (von der Kirche kommend links abbiegen). An der Verzweigung am Ortsende rechts halten. Über einen gut ausgebauten Wirtschaftsweg, der leider auch von PKW benutzt werden darf, immer der Beschilderung „Rögnitz" folgen. In Rögnitz auf der Hauptstraße bis zu dem großen baumbestandenen Dorfplatz vor dem Gutshof fahren (Punkt 2). Im Herrenhaus hat sich Ute Rohrbeck mit ihrer Käserei und dem Hofladen „Kunst u. Käse" etabliert. In einem Wirtschaftsgebäude befinden sich die Stallungen und Verkaufsräume der Ziegenkäserei „Schult". Zurück zum Ortseingang und auf der Landstraße nach Drönnewitz. Dort den Wegweisern nach Wittendörp folgen. Ca. 200 m hinter dem Ortsausgang von Drönnewitz, nachdem man die Gebäude der LPG passiert hat, links in einen Feldweg einbiegen. Der Weg wird zu einer verträumten Lindenallee (Punkt 3), die nach dem Ort Raguth führt, wo man ein im Verfall begriffenes Herrenhaus passiert. Geradeaus über den anschließenden Feldweg, der zu dem Dorf Karft führt. Mitten in der Feldflur kommt man an einem prächtigen

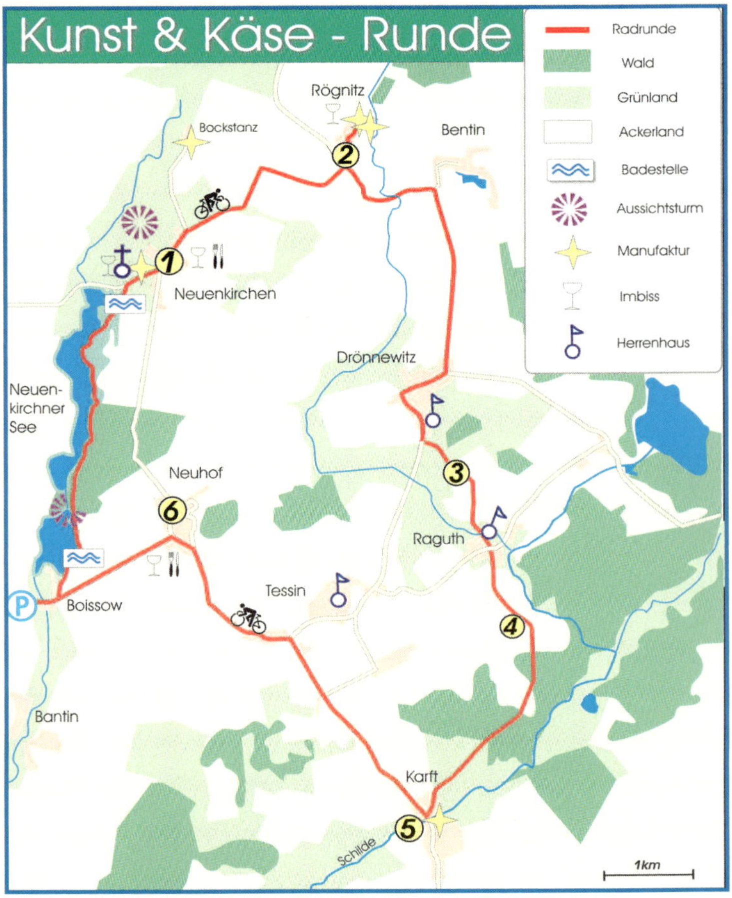

Erlenbruch vorbei (Punkt 4). In Karft, am Raguther Weg 17, befindet sich die Handweberei von Dodo von Klodt (Punkt 5). Weiter über die Landstraße nach Neuhof. Dort wird man in das Café und den Garten von Gisela Sokolowski am Drönnewitzer Weg 3 eingeladen. Geöffnet von Mai bis September sonntags und feiertags von 10.00 bis 17.00 Uhr. Zudem existiert im „Schloss" Neuhof eine Gaststätte, die mecklenburgische Gerichte serviert. Geöffnet Mo - So 11.30 bis 22.00 Uhr, Dienstag Ruhetag. Weiter auf der Landstraße nach Boissow. Nach ca. 1,3 km, direkt nach einer Abfahrt, an den ersten Häusern rechts abbiegen. Der Dorfstraße ca. 130 m bis zu einer Gabelung folgen. Dort rechts halten und auf einem Wanderweg am Boissower und Neuenkirchener See entlang zur Kirche von Neuenkirchen.

Moorpfad am Schaalsee

Länge: *ca. 1,2 km*
Wegestruktur: *befestigte Wanderwege, Bohlenweg*
Charakter: *Naturlehrpfad*
Dauer: *½- ¾ Stunde*
Ausgangspunkt: *Info-Zentrum Biosphärenreservat (Pahlhuus)*

Kalkflachmoor zwischen Pahlhuus und Seeufer. Auf einem Steg über die offene Moorfläche bekommt man Einblicke in den extremen Lebensraum.

Auf dem Pahlhuus-Moorpfad, l. K. Jarmatz, M. Dr. T. Backhaus, r. S. Gabriel

Auf Uferpfaden am Schaalsee und im Hellbachtal

Am nächsten Morgen bin ich früh auf den Beinen. Bevor ich weiterradle, will ich mir schnell noch die Stadtkirche und das Klostergebäude ansehen. Die Kirche weist Ähnlichkeiten mit denen von Lassahn und Neuenkirchen auf: Sie steht am oberen Rand einer Anhöhe und schaut über den See, sie besitzt einen aus Feldsteinen gefügten romanischen Chor, der auf das 13. Jh. zurückgeht, und ein gotisches Backstein-Langhaus, das im 15. Jahrhundert errichtet wurde. Die Pfarrkirche war von 1250-1552 Klosterkirche eines Zisterzienser-Nonnenstifts. Die Gebäude des Süd- und Westflügels wurden abgerissen. Erhalten blieb nur der Ostflügel mit dem ehemaligen Refektorium, in dem heute Konzerte, Lesungen und Ausstellungen stattfinden. Einen mittelalterlich geprägten Stadtkern, wie ich ihn von anderen Kleinstädten gewohnt bin, suche ich in Zarrentin vergebens. Der Ort ist vom Ursprung her ein Straßendorf. Erst 1938, nachdem Zarrentin über 2 Jahrzehnte an seiner Anerkennung als Luftkurort gearbeitet hatte, erhielt die 2.000-Seelen-Gemeinde Stadtrechte.

Zarrentin ist auch heute der Zukunft zugewandt. Nach der Grenzöffnung wurde an der ehemaligen Transitautobahn Berlin – Hamburg, nahe dem Grenzübergang, ein 260 Hektar großes Gewerbegebiet geschaffen und der Grenzübergang wurde zu einer Autobahnraststätte umgebaut. Die Nähe zur Autobahn und zum Ballungsraum Hamburg hat in Zarrentin auch den Wohnungsbau enorm beflügelt. So schön und wertvoll das Grüne Band am Schaalsee ist, südlich von Zarrentin ist es durch Gewerbegebiete und die Autobahn stark beeinträchtigt. Grund genug für mich, diesen Raum zu meiden und über den Lauenburgischen Naturpark auszuweichen, zumal ich dort auf eine Perlenkette aus Seen treffen werde. Doch zunächst radele ich noch ein Stück am Westufer des Schaalsees entlang, bis hinauf zur Halbinsel Großzecher, die mir Helmut Maack aus Kankelau ans Herz gelegt hat.

Grüne-Band-Wildnis am Zarrentiner Kirchensee

Hinter der Kirche schiebe ich mein Rad den Hang zum Schaalseeufer hinunter, um auf dem Uferweg in das Naturschutzgebiet Strangen zu fahren, das direkt an der ehemaligen innerdeutschen Grenze liegt. Unter dem frischen Laub alter Kasta-

Kirche von Zarrentin

DDR-Grenzsicherung am Strangen im Winter 1989/1990

nien geht es Richtung Norden, zum Kirchensee. Der Kirchensee ist eigentlich nur eine Ausbuchtung des Schaalsees, mit breitem Schilfgürtel und einer Landzunge, dem Strangen, die sich von Norden her wie der Damm einer Hafenmole schützend vor die Bucht schiebt. Der Zugang zu dem „Hafen" war von Natur aus weit offen. Die Bucht wurde erst 1911 abgeriegelt, als man zum Strangen einen Damm aufschütten ließ. Ein Apotheker wollte auf der Halbinsel eine Kinderheilstätte aufbauen, ein Plan, aus dem nichts geworden ist. Stattdessen beflügelte der Damm die touristische Entwicklung des Strangen. Vom „Strangener Fährhaus", einer einst beliebten Ausflugsgaststätte, sind nur noch Grundmauern und Reste des Treppenaufgangs übrig. Die Halbinsel wurde in das Grenzsicherungssystem der DDR einbezogen und das „Fährhaus" abgerissen. Auch von den Wochenendhäusern betuchter Hamburger, die in den Vorkriegsjahren errichtet wurden, ist nichts geblieben. Dasselbe gilt für die Strangener „Enten-LPG" . Auch sie war nur eine vorübergehende Erscheinung. Die Natur hat sich das Gelände zurück erobert.

Der Wanderweg führt mich an die Stelle, wo der Grenzstreifen auf den See zulief. Thomas Neumann vom WWF hat hier im März 1990 ein Foto gemacht. Man sieht, dass die Grenztruppen nach wie vor den Spurensicherungsstreifen „sauber" hielten. Anscheinend war dies dem Grenzkommando zu einer lieb gewonnenen Gewohnheit geworden, obwohl man bereits über die Einführung der D-Mark verhandelte. 18 Jahre später ist der Todesstreifen nicht mehr zu erkennen. Die etwas höher gelegenen sandigen Ecken sind von Birken und Magerrasen bewachsen. An feuchten Stellen sind Erlen hoch gekommen und der Schilfgürtel ist wieder geschlossen. Am ehemaligen Grenzstreifen befindet sich der Wendepunkt des Strangen-Zarrentin-Rundwanderwegs. Nun geht es durch das Strangenmoor, ein Erlenbruchwald, in dem Kraniche brüten, zur Landstraße Zarrentin – Ratzeburg, über die ich in Richtung Großzecher radele.

Über die ehem. Grenze zur Halbinsel Großzecher

Nachdem ich die ehemalige Grenze überquert habe, wird die Straße eng und kurvig und es geht bergauf und bergab. Rechts blicke ich über Wiesen und Weiden hinunter zum Schaalssee und zu den im ehemaligen „Osten" liegenden Halbinseln Techin und Kampenwerder. Das mecklenburgische NSG Strangen und das schleswig-holsteinische NSG Schaalsee, das bis über den See bis nach Kampenwerder hinüberreicht, bilden eine Einheit: das Grüne Band. Ich radele am Gut Marienstedt vorbei, folge der Straße durch eine weite Feldflur und erreiche schließlich eine Allee, die mich nach Großzecher und dem Gutshof derer von Witzendorf führt. An den Gutsgebäuden interessiert mich vor allem die am Seeufer gelegene Kutscherscheune. Darin hat sich nämlich das Restaurant „Maräne" etabliert, wo man u.a. fangfrischen und geräucherten Schaalseefisch bekommt. Bei einem Kaffee und einem Croissant auf der Terrasse genieße ich den Blick auf den Schaalsee oder vielmehr auf

Grünes Band Schaalsee am Naturschutzgebiet Strangen

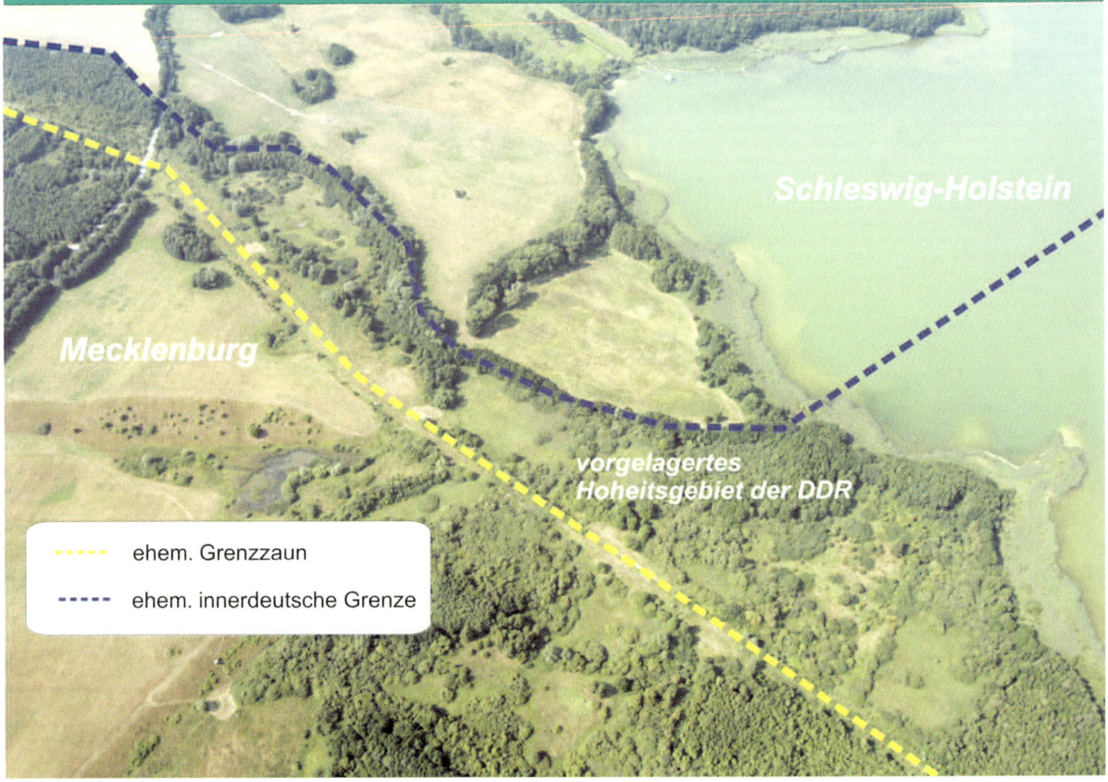

die Bucht, die die Halbinsel Großzecher und das „Festland" bilden. An einem Steg sind zwei Kanus befestigt, dahinter liegen einige Segelboote. Obwohl die gesamte Wasserfläche des schleswig-holsteinischen Schaalsees unter Naturschutz steht, ist Bootfahren erlaubt. Rund um die unbewohnten

Inseln muss man jedoch einen gehörigen Abstand halten und es ist verboten, sich dem Schilfgürtel auf mehr als 50 m zu nähern.

Von der „Maräne" aus führt ein Rundweg über die Halbinsel. Zu Anfang geht es über eine große Wiese, an deren Rand der alte Schafstall steht. Hinter dem Haus hat der Fischer seine Reusen zum Trocknen aufgespannt, für uns ein romantisches Bild, aus der Sicht der Fische sicherlich der blanke Horror. Nach einer kurzen Waldpassage wieder eine große Wiese. Am Weg stehen uralte Buchen, die den Herbst ihres Lebens teilweise schon überschritten haben. Dann geht es, nicht gerade radlerfreundlich, über allerlei Wurzelwerk. Der Weg steigt an und bald radele ich am Rande eines bewaldeten Plateaus hoch über dem Seeufer. Schilder weisen den Weg zur Teufelsbrücke, einer weit in den See hineinragenden Landzunge am nördlichen Ende der Halbinsel. Eine quer verlaufende Einkerbung markiert den Beginn der Landzunge. Danach geht es langsam, aber stetig bergauf, bis kurz vor „Lands End".

Wundervolle Ensembles alter und großer Buchen bilden hier Plätze, die einer Walhall gleich kommen. Unten, am Ufer, liegen Findlingsblöcke, die der Satan vor Wut dorthin geschleudert hat. Der Grund: Der Teufel war wie immer auf arme Seelen aus und dieses Mal sah er in einem Bauern aus dem Dorf Dargow ein mögliches Opfer. Der Bauer weilte gerne zu Zechgelagen in Großzecher - wo sonst? Damit er spät abends nicht länger den Umweg über Seedorf machen musste, versprach der Teufel ihm, vom Nordzipfel Großzechers nach Dargow eine Brücke zu bauen. Der Haken an der Geschichte: Für den Fall, dass die Brücke vor dem ersten Hahnenschrei fertig sei, sollte die Seele des Landwirtes an den Teufel fallen. Am Abend der Abmachung begann der Teufel damit, Steine an den Nordzipfel Großzechers zu transportieren. Je länger der Abend dauerte, desto banger wurde es dem Dargower Landwirt um seine Seele. Und aus Angst vor dem Teufel weckte er noch vor dem Morgengrauen einen Hahn und brachte ihn zum Krähen. Der Teufel tat, was wir schon wissen, er warf vor Wut alle Steine in den See. Des Teufels Großmutter, die sich über diesen Verpatzer ihres Pferdefuß-Enkels vor Lachen kaum halten konnte, traf der letzte Stein an den Kopf. Noch heute sind auf den Steinen im flachen

„Die Maräne" in Großzecher

Bootssteg in Großzecher

Reusen

Alter Schafstall

Wasser des Seeufers rote Flecken zu sehen, die von dem Blut der Teufels-Großmutter stammen. Über die Ostseite der Insel gelange ich wieder zur „Maräne“, wo ich eine Mittagspause einlege und mir ein Schnitzel bestelle - Fisch hatte ich in den letzten Tagen genug.

Zarrentiner Grenzrunde

Länge: 5 km
Wegestruktur: befestigte Wanderwege
Steigungen: unwesentlich
Charakter: beschaulicher Spaziergang
Dauer: 1 ½ -2 Stunden
Ausgangspunkt: Kirche Zarrentin
Gastronomie: in Zarrentin

Hinter der Kirche befindet sich das Kloster Zarrentin. Öffnungszeiten Dienstag- Freitag 14.00-17.00 Uhr, Samstag, Sonntag und an Feiertagen 13.00 – 17.00 Uhr (Punkt 1). Über eine Treppe hinter dem Klostergebäude hinunter zum Seeufer. Dort nach links und der Uferpromenade folgen. Über Dämme und eine Fußgängerbrükke gelangt man zur Halbinsel Strangen (Punkt 2). Der Wanderweg führt bis zu dem Punkt, an dem der Grenzzaun ans Seeufer führte (Punkt 3). Dort nach links auf dem Wanderweg durch Grüne-Band-Wildnis und Erlenbrüche (Punkt 4). Kurz darauf wird die Straße Zarrentin – Großzecher erreicht. Dort halb links dem Kirchensee-Uferweg folgen (Punkt 5), bis zur Schaalsee-Uferpromenade. Über diese zurück zur Kirche.

Groß(e) Zecher-Tour

Länge: *4 km*
Wegestruktur: *befestigte und naturbelassene Wanderwege*
Steigungen: *2 geringe*
Charakter: *Spaziergang*
Dauer: *1- 1½ Stunden*
Ausgangspunkt: *Gutshof Groß Zecher*
Gastronomie: *am Gutshof*

Der Rundweg ist markiert. Vom Gasthaus Maräne aus dem Wanderweg auf eine Wiese folgen, an deren Rand der alte Schafschuppen steht (Punkt 1). An der Weggabelung links. Immer wieder trifft man auf alte Buchen. Ein besonders großes Exemplar nahe am Seeufer am Punkt 2. Anstieg durch Wald auf das Plateau der Halbinsel. Am nördlichen Wendepunkt des Rundwanderweges geradeaus und in ca. 300 m zur Teufelsbrücke (ausgeschildert, Punkt 3). Zurück zur Weggabelung und über den östlichen Ast des Rundwanderweges zum Ausgangspunkt der Tour.

An der Teufelsbrücke am Großzecher

Abstecher Hellbachtal

Gestärkt mache ich mich auf eine weitere Etappe. Über Hakendorf, Hollenbeck, Kehrsen und Lehmrade radele ich zu dem südlich von Mölln gelegenen Drüsensee. Nach einer Stunde Fahrt durch die intensiv genutzte Agrarlandschaft tauche ich wieder in die Natur ein. Den Einstieg hierzu vermittelt die 1897 erbaute Trasse der Bahnlinie Mölln – Hollenbeck, auf der bis 1959 der Drüsensee-Express verkehrte. Mit der Drüsensee-Linie erlangte Mölln den Anschluss an die „Kaiserbahn", die bis zur deutschen Teilung von Hagenow über Zarrentin nach Ratzeburg führte und die Kaiser Wilhelm II. gern nutzte, um zu „seiner" in Kiel stationierten Flotte zu gelangen. Der Möllner Kaiserbahnzubringer führt mich über das enge Durchbruchtal, das den Drüsensee mit dem nördlich anschließenden Lüttauer See verbindet. Unter der Bahnbrücke führt ein Weg hindurch, der wiederum den tief unter mir strömenden Hellbach überbrückt, dazu extrem steile Hänge und das Ganze überdacht von einem Buchenwald. Für mich stellt sich das Problem: Wie komme ich hinunter auf den Weg? Da ich keinen fahrbaren Abzweig finde, schiebe ich mein Rad mit angezogenen Bremsen neben der Bahnbrücke einen steilen Pfad hinunter.

Die Hellbachtaler Seenkette

Dann geht es radlergerecht über 2 km am Westufer des Drüsensees entlang. Auf diesem Streckenabschnitt begegne ich keinem Menschen, obwohl ich in nur 500 m Entfernung der Möllner Waldstadt radele, deren Existenz auf eine 1933 erbaute Heeres-Munitionsanstalt (Muna) zurückgeht. In der Munitionsfabrik arbeiteten zeitweilig über 2.000 Menschen, u.a. viele Zwangsarbeiter aus Osteuropa. Nach dem Krieg siedelte man in der Muna Flüchtlinge aus den ehemaligen deutschen Ostgebieten an. Dass die Nachfahren der Vertriebenen keinen großen Drang zum Drüsensee haben, liegt vielleicht daran, dass es bei Mölln von Seen nur so „wimmelt". Mir soll es recht sein, so kann ich die Natur in vollen Zügen genießen. Ein Baumgesicht schaut mich vom Wegrand her an. Sind Bäume doch richtige Lebewesen? Auf der gegenüberliegenden Seite des Sees ist im Herbst eine riesige Buche in den See gestürzt. Die Hälfte der Krone schaut noch aus dem Wasser empor und treibt Blätter aus. Der Baum hat sich noch nicht aufgegeben.

Ich erreiche das Südende des Drüsensees. Hier beginnt das Hellbachtal, ein Wiesental, das mich an die Bachtäler meiner hessischen Heimat erinnert. Doch das Hellbachtal hat etwas aufzuweisen, was man im Mittelgebirge nicht kennt: eine Reihe natürlicher Seen, deren Existenz sich auf die letzte Eiszeit gründet. Da ist der kreisrunde, von sumpfigen Wiesen und Röhricht umgebene Lottsee. Nur 200 m weiter trifft

Drachenwurz-Frucht

Breitblättriges Knabenkraut

man auf den von bewaldeten Hängen eingerahmten Krebssee, der so klar ist, dass man fast überall bis auf den Grund schauen kann. Dann das dunkelbraune Moorwasser des Schwarzsees, an dessen Ufern sich trügerische Schwingrasen über die Wasseroberfläche ziehen. Wehe dem Wanderer, der es wagt, über den vermeintlichen Rasen zu schreiten, er wird einbrechen und - schlimmstenfalls für immer - im Moorsee verschwinden. Passend dazu alte Kiefernwälder und Blüten der Drachenwurz, die dem Schwarzsee etwas Melancholisches verleihen. Und es geht weiter im Reigen der Seen: Nach 1 ½ km trifft man auf den großen Sarnekower See und gleich dahinter auf den noch größeren Gudower See, der ganz in der Nähe des Grünen Bandes liegt. Das Hellbachtal, in dem sich die Seen reihen, ist eine Schmelzwasserrinne, wie wir sie bereits am Garrensee und am Neuenkirchner See kennen gelernt habe. Die Wiesen, an denen ich vorbeifahre, sind nur noch zum Teil genutzt, große Flächen liegen brach. Um dem Breitblättrigen Knabenkraut, einer Orchidee, und weiteren Blumen das Überleben zu sichern, werden die aufkommenden Brennnesselfluren einmal im Jahr auf Staatskosten gemäht.

Landschaftspflege im Hellbachtal

Radrunde durchs Hellbachtal

Länge: *17 km*
Wegestruktur: *überwiegend befestigte Wirtschafts- oder Wanderwege*
Steigungen: *2, Höhendifferenz jeweils ca. 20 m*
Charakter: *erholsame Fahrt durch ein Wiesental von See zu See*
Dauer: *2 Stunden*
Ausgangspunkt: *Parkplatz an der Landstraße Büchen - Gudow bei Sarnekow*
Gastronomie: *Gasthaus am Nordende des Drüsensees*

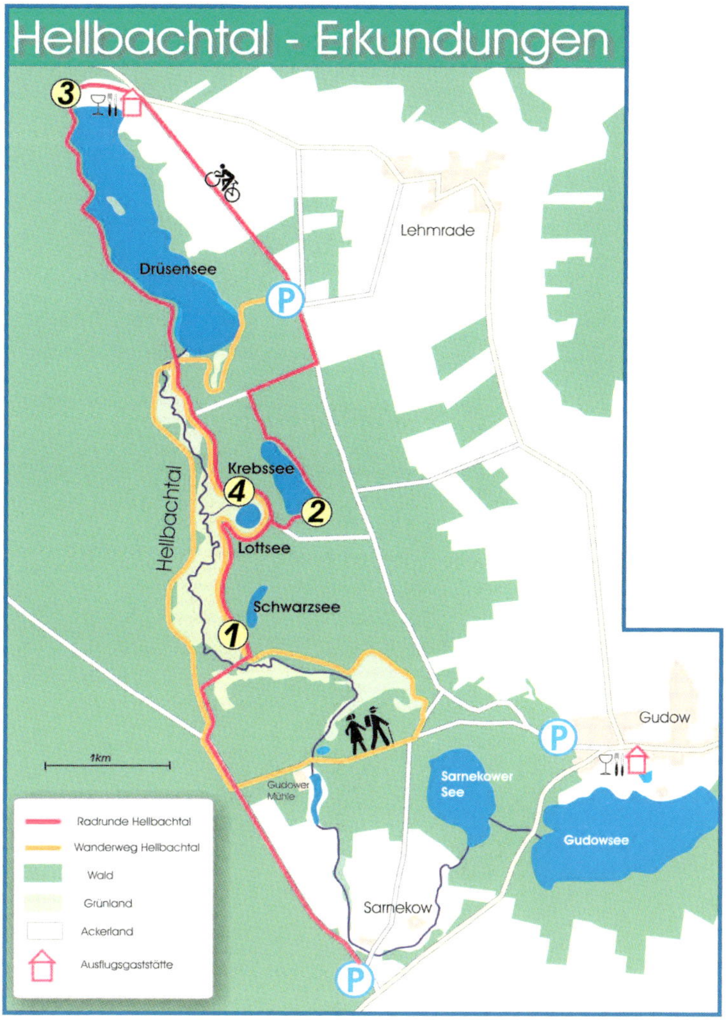

Vom Parkplatz dem nach Mölln führenden Wirtschaftsweg folgen (Markierung fliegender Vogel), zuerst am Waldrand entlang, dann in den Wald hinein. Im Wald, kurz hinter dem Abzweig nach Grambek, rechts vom Hauptweg abbiegen und über einen etwas schwächer ausgebauten Weg hinunter ins Hellbachtal. Nach ca. 300 m auf einem Pfad das Tal queren und bis zum Lottsee der Markierung Blauer Mond folgen. Nach 2-3 Minuten Fahrt auf der linken Talseite auf den Hinweis „Schwarzsee" achten. Das Rad „parken" und zu Fuß über einen Bohlenweg zum nahen See (Punkt 1). Am Lottsee dem Hinweis „Krebssee" folgen, das bedeutet: einmal rechts und kurz darauf wieder links abbiegen. Man fährt am östlichen Ufer des Sees entlang. Achtung! Zwei Hindernisse, die Absteigen erfordern: der Bohlensteg an der Quelle und der sandige Badestrand. Am Seeende kurz, aber heftig bergauf. Oben an der Wegkreuzung links. Weiter bis zum Waldrand. Dort links zum Parkplatz Drüsensee. Hier trifft man wieder auf die Markierung Blauer Mond. Der Markierung über einen asphaltierten, für den Verkehr freigegebenen Wirtschaftsweg bis zur Straße Mölln - Lehmrade folgen. Auf der linken Straßenseite bleiben. Ein Stichweg führt zum Gasthaus Drüsensee hinunter. Weiter Richtung Mölln auf einem Radweg, der die Trasse einer ehemaligen Bahnlinie benutzt. Auf einer Brücke über eine Schlucht. Noch ein kleines Stück dem Radweg folgen, dann hinunter auf den Wanderweg, der am westlichen Seeufer entlang führt (Markierung fliegender Vogel). Am Südende des Sees den Hellbach queren (der Wanderweg auf der westlichen Talseite ist für Radler nicht geeignet) und auf dem Wanderweg mit der Markierung blauer Mond zum Lottsee (Punkt 4). Von dort der Hinfahrt entsprechend zurück zum Parkplatz bei Sarnekow.

Grenzheide - wo sich
Fuchs und Hase gute Nacht sagen

Am Ende des Hellbachtals, bei Sarnekow, geht es auf einer einsamen Landstraße schnurgerade nach Langenlehsten, einem abgelegenen Ort an der ehemaligen Grenze. Mein Rad rollt wie von selbst. Die Straße führt durch eine weite, ebene Landschaft, die sich mit kaum merkbarer Neigung auf die Elbe zu senkt. Rechts und links Felder, Wald und Wiesen. Am Straßenrand wachsen Heidekraut, Ginster und ab und an Margeriten. Ich befinde mich auf einem riesigen Sandfeld, das von den Schmelzwässern der eiszeitlichen Gletscher vor 12.000 Jahren angespült wurde. Die abwechslungsreiche Moränenlandschaft mit ihren Kuppen, Rinnen und Seen liegt nun hinter mir. Auf den nächsten 1.000 Grüne-Band-Kilometern werde ich nur noch selten auf natürliche Seen treffen. Zwar war das Land an der Elbe, bis hin zum Rand des Harzes, auch einmal von Gletschern bedeckt, doch das war in einer vorangegangen Eiszeit, vor mehr als 70.000 Jahren. Die Seenlandschaften, die diese Gletscher schufen, sind längst der Erosion zum Opfer gefallen, die die Täler geglättet, die Höhen abgeschliffen und die Rinnen mit Lehm und Sand aufgefüllt hat. Früher war dies das Land der Heiden und Moore. Geblieben sind Kiefernwälder, Getreidefelder und Äcker mit Heidekartoffeln.

Die Grenzheide

Kurz hinter Langenlehsten, am Hof Fortkrug, überquere ich den ehemaligen Grenzstreifen. Ich bin wieder am Grünen Band. Ein Blick auf die Karte zeigt, dass wenige hundert Meter östlich der „Grenzübergangsstelle" das Leisterförder Moor liegt, das „Rentierland", wie es von Einheimischen genannt wird. Doch ich muss in die entgegengesetzte Richtung, nach Westen. Etappenziel ist der ehemalige Eisenbahngrenzübergang Büchen. Markierte Wanderwege gibt es in diesem einsamen Grenzwinkel nicht, also orientiere ich mich am Grenzstreifen. Zwar existiert kein Kolonnenweg mehr - die Lochbetonplatten wurden entfernt - doch an seiner Stelle führt ein ausgefahrener Weg durch sandiges Weideland. Umso besser, denke ich und radele frohen Mutes an einer Gruppe zotteliger Rinder vorbei. Doch dann lässt die Qualität des Weges nach, bis ich schließlich in Birken- und Kiefernjungwuchs stecken bleibe. Die Natur hat den ehemaligen Grenzstreifen komplett in Beschlag genommen. Also Kehrtwendung und zurück zur Straße, die südwärts, Richtung Schwanheide führt. Wenig später passiere ich Leisterförde, einen verlassen wirkenden Grenzweiler. Hinter einem einzeln stehenden Haus zweigt ein gut ausgebauter Weg in meine Richtung ab. Ein Schild weist darauf hin, dass es hier zu einem Hof geht, auf dem Schottische

Schottisches Hochlandrind bei Körperpflege

Grenzheide

Hochlandrinder gezüchtet werden. Vor einsamen Höfen habe ich einen gehörigen Respekt. Fast immer wartet dort ein Hund auf mich. „Der Hopfen wächst an langer Stange, der Hofhund macht dem Wandrer bange", heißt es in Wilhelm Buschs Tieralphabet. Egal! Ich meine, da durch zu müssen. Zwei mächtige Bullen stehen am Wegrand. Obwohl sie unter ihren langen, zotteligen Haaren kaum hervorschauen können, fixieren sich mich genau. Einer fängt mit den Vorderhufen an zu scharren. Das bedeutet nichts Gutes und ich gebe „Gas". Der Weg führt direkt über den Hof. Es ist niemand zu sehen. Also noch einmal „Gas" und hindurch. Nichts regt sich. Ich bin erleichtert.

Auf einem Sandweg komme ich gut in Richtung Westen voran. Es geht durch mageres Weideland mit alten Eichen, jungen Birken und silbrig glänzenden Espen und – wer hätte das gedacht - vereinzelt treffe ich auch auf Heide. Der Weg verzweigt sich. Ich bleibe stehen. Links, auf einer schattigen Weide, grasen zwei Zottelrinder und nur 20 m weiter steht ein Zwölfender. Der Hirsch sichert, dann verschwindet er im Gebüsch, taucht aber halb verdeckt wieder auf, um mich zu beäugen Auch die beiden Rinder fixieren mich. Anscheinend kommen hier nur selten Menschen vorbei. Ich weiß nicht so recht, wohin ich mich wenden soll und probiere es aufs Geratewohl mit dem linken Weg. Der führt mich zu einer Gruppe von alten Bäumen, unter denen ich völlig überraschend auf ein scheinbar neues Haus treffe, einen Klinkerbau, in dem aktuell jedoch niemand zu wohnen scheint. Die Fenster sind ohne Gardinen und anstatt sich Mühe mit Abstandsgrün zu machen, hat der Besitzer auf pflegeleichtes Verbundsteinpflaster gesetzt. In der Nachbarschaft entdecke ich einen verlassenen Garten mit einem alten Schuppen und verwilderten Fliederbüschen. Als ich an einem massigen Betonmast mit abgeklemmten Stromkabeln vorbeikomme, geht mir ein Licht auf. Klar, das muss die ehemalige Ortschaft Bürgerhof sein, die bis auf ein Haus von den Grenztruppen geschleift wurde. Und der E-Mast hat die Stromversorgung der DDR-Wachttürme und des Grenzsignalzauns gesichert. Das vom Abriss verschonte Haus wurde, wie ich später erfahren habe, renoviert und als Unterkunft für Jagdgesellschaften eingerichtet. Das Revier ist sicher nicht schlecht: im Norden, hinter der Grenze, in Schleswig-Holstein, der große Bergholzer Forst, im Süden, in Mecklenburg, ein weiterer großer Kiefernwald, der sich bis zum ehemaligen DDR-Bahn-Grenzübergang Schwanheide erstreckt, dazwischen weites, sandi-

DDR-Selbstschussanlage Michael Gartenschläger

ges Wiesenland, das von einem Bach, dem Mühlbach, durchflossen wird. Und immer wieder Eichen- und Kiefernwäldchen, Birken und Espenhaine.

Mein Weg führt in das freie Weideland hinaus, vorbei an einer uralten Eiche. Vor mir reicht der Blick weit in das flache Land um den Mühlbach, der nach Schwanheide fließt. Aber das ist nicht meine Richtung. Also doch den rechten Weg. Der führt mich hinter der Hofstelle über den Mühlbach und durch alten Kiefernwald, dem man ansieht, dass er über Jahrzehnte nicht bewirtschaftet wurde. Ich fahre durch die ehemalige 500-m-Schutzzone direkt auf die Grenze zu. Eine Schneise, ganz mit Heidekraut bestanden, zeigt mir, dass ich am ehemaligen Grenzstreifen bin. Hier befand sich bis zum Ausbau der Grenze die Ortschaft Wendisch-Lieps. Von einem Ort ist nichts zu sehen. So weit das Auge reicht nur Heide und Kiefern. Naturschützer pflegen die „Grenzheide", was im Einverständnis mit dem Eigentümer der Flächen, dem Grafen von Bülow, geschieht. Weniger erfreut von den Aktionen der Naturschützer ist der Jagdpächter. Er sorgt sich, dass die Heide Besucher anzieht und damit sein Wild gestört wird.

Todesschüsse am Grenzzaun

Plötzlich knickt die Schneise im rechten Winkel ab und genau dort steht, eben auf schleswig-holsteinischem Boden, ein Gedenkkreuz, an dessen Fuß ein frischer Kranz mit schwarz-rot-goldenen Schleifen liegt. Das Kreuz erinnert an den Tod von Michael Gartenschläger, der in der Nacht zum 1. Mai 1976 bei dem Versuch, vom Westen aus am Grenzzaun eine Selbstschusswaffe (SM 70) auszulösen, ums Leben kam. Zum Verhängnis wurde ihm nicht die SM 70, sondern ein Maschinengewehr der Stasi, die ihm aufgelauert hatte. 9 Schüsse trafen ihn in den Oberkörper, den Unterleib und die Beine. Der 1944 in Strausberg bei Berlin geborene Gartenschläger war 1961 vom Bezirksgericht Frankfurt Oder wegen „staatsgefährdender Hetze und Propaganda" zu einer lebenslangen Haft verurteilt worden. Er

hatte am 19. August 1961 zusammen mit vier anderen jungen Männern aus Protest gegen den Bau der Berliner Mauer politische Parolen an Wände geschrieben und dummerweise auch eine frei stehende Scheune der LPG „Einheit" angezündet. 1971 gehörte Michael Gartenschläger zu einer Gruppe politischer Häftlinge, die von der Bundesregierung freigekauft wurden. Er kam nach Hamburg, wo er eine Tankstelle betrieb. Doch sein eigentlicher Lebensinhalt war die Auseinandersetzung mit dem Regime, das seine Jugend zerstört hatte. Er half, zahlreiche DDR-Bürger über Rumänien in den Westen zu schleusen und er demontierte vom Grenzzaun nahe dem geschleiften Ort Wendisch Lieps zwei Selbstschussanlagen, wovon er eine dem Nachrichtenmagazin „Der Spiegel" präsentierte. Er wollte damit die Behauptung des DDR-Außenministers Oskar Fischer widerlegen, es gebe an der innerdeutschen Grenze keine Selbstschussanlagen. Das war im März 1976.

Bauernhäuser in Kankelau

In der Nacht auf den 1. Mai 1976 hatte Gartenschläger vor, zusammen mit zwei Helfern, eine dritte Selbstschussanlage abzumontieren. Weil sie an der Grenze Geräusche hörten, brachen sie das Vorhaben ab. Damit man sehen konnte, dass wieder jemand an der Grenze war, wollte Gartenschläger wenigstens eine der Selbstschussanlagen auslösen. Von der Grenzlinie bis zum Zaun waren es nur 26 Meter. Doch bevor Gartenschläger den Zaun erreichte, brach er von Kugeln getroffen zusammen. Zwei Doppelposten der Einsatzkompanie der Hauptabteilung I (Äußere Abwehr) der Stasi hatten „feindwärts" vor dem Zaun (d.h. im vorgelagerten Hoheitsgebiet der DDR) im Heidekraut liegend auf Gartenschläger gewartet. Dass Gartenschläger kommen würde, hatte die Stasi über Hamburger IMs erfahren. Ob Gartenschläger, der eine Pistole mitführte, zurückgeschossen hatte, konnte in der Gerichtsverhandlung gegen die Todesschützen, die 2001 im Schweriner Landgericht stattfand, nicht geklärt werden. Die Stasi hatte den toten Gartenschläger als anonyme Wasserleiche in Schwerin beerdigt und vor der Wende alle Dokumente der Akte Gartenschläger vernichtet. Die Todesschützen wurden im Schweriner Prozess frei gesprochen. Die Befehlsgeber gingen 2003 in einem Prozess in Berlin ebenfalls, u.a. wegen Verjährung, straffrei aus. Nachdenklich radele ich auf der nahen Waldstraße Richtung Büchen. Obwohl Gartenschläger eine schillernde Persönlichkeit war und die Umstände seiner Erschießung nicht ganz geklärt sind, berührt mich die Angelegenheit doch, vor allem wohl wegen seiner Verurteilung als 17-Jähriger zu lebenslanger Haft.

Bröthen und Büchen-Dorf heißen die nächsten Orte, durch die ich komme. Dann überquere ich den Elbe-Lübeck-Kanal und radele durch den Eisenbahner-Ort Büchen. Über Klein Pampau und Groß Pampau – hier liegt eine Kiesgrube, in der die Walskelette gefunden wurden - gelange ich nach Kankelau, ein Rundlings-Dorf, in dem Helmut Maack zusammen mit zwei anderen Familien in einem großen alten Bauernhaus wohnt. Helmut ist Mitglied des BUND Landkreis Herzogtum Lauenburg und engagiert sich für das Grüne Band. Er und seine Lebensgefährtin Doris waren in der Jugendarbeit tätig, haben in den achtziger Jahren Hamburg-Altona den Rücken gekehrt, um ihre Kinder in einer behüteten Gegend zusammen mit Gleichgesinnten groß zu ziehen. Die Kinder sind inzwischen erwachsen und leben in Hamburg. Die Eltern harren in Kankelau aus, denken aber darüber nach, ob sie nach Hamburg zurückkehren sollten. Das Haus ist sehr geräumig und ich habe für die kommenden 2 Nächte eine Dachwohnung für mich allein.

Grenzheide-Radrunde

Länge: *30 km, über Grenzheide 33 km, über Grenzheide Abkürzung 24 km*
Wegestruktur: *befestigte Wirtschaftswege, geschotterte Waldwege, einige recht sandige Waldund Feldwege, Straßen, Radweg*
Steigungen: *unwesentlich*
Charakter: *ausgewachsene Halbtagestour*
Dauer: *Normalroute 3-4 Stunden, über Grenzheide eine ½ - 1 Stunde zusätzlich*
Ausgangspunkt: *Priesterkate in Büchen-Dorf*
Gastronomie: *Fährhaus Siebeneichen*

Von der Priesterkate (Punkt 1) auf Radweg hinunter in das Tal der Delvenau und über den Elbe-Lübeck-Kanal. Hinter der Kanalbrükke hinunter und zu dem den Kanal begleitenden Fernradweg Lüneburg-Lübeck. Am Kanal links, Richtung Lübeck, bis zur Fähre Siebeneichen (Punkt 2). Mit der Fähre hinüber zum Fährhaus (griechische Gaststätte). Fährzeiten: täglich vom 20. März bis 30. April und vom 1. bis 31. Oktober von 9.00 bis 18.45 Uhr übersetzen und von Mai bis September von 9.00 bis 19.45 Uhr. Außerhalb der Fährzeiten Umgehungsstrecke von der Priesterkate über das Dorf Fitzen (siehe unterbrochene rote Linie). Vom Fährhaus auf Wirtschaftsweg leicht ansteigend an Campinggelände vorbei, zunächst durch die Feldflur, dann durch ein Wäldchen. Am Waldrand links, nach ca. 250 m wieder links und

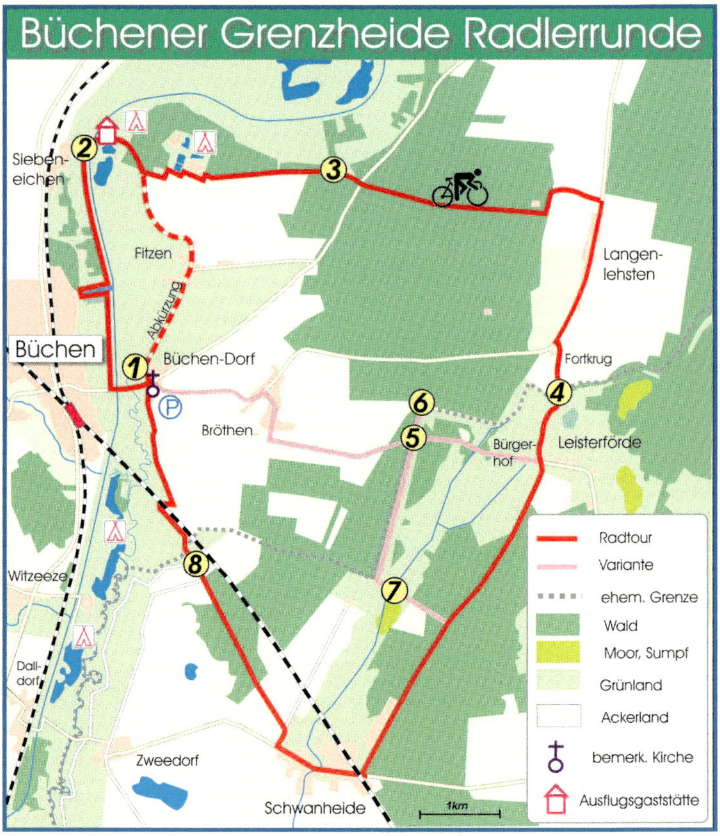

nach ca. 100 m rechts (Wegweiser „Bergholz" beachten). Ca. 200 m an einem Kiessee vorbei. Erneut im rechten Winkel links und nach ca. 50 m wieder rechts. Nach ca. 250 m noch einmal das gleiche Spiel: im rechten Winkel links und nach ca. 50 m wieder der Ausgleich nach rechts. Damit hat man die Zickzack-Fahrt, die auf festem Belag stattfindet, hinter sich. Von nun an geht es relativ geradlinig auf geschotterten Wirtschaftswegen zum Forsthaus Bergholz. Nach gut 1 km wieder ein kleiner Zickzack, dabei am Waldrand halten. Nach weiteren 400 m in den Wald hinein. Achtung ! Hier existiert ein sandiges Wegstück, eventuell absteigen.

Vom Forsthaus Bergholz (Punkt 3) zur Straße, über diese hinüber und auf dem linken von zwei Forstwegen nach Langenlehsten. Auf ca. 2 ½ km geradeaus durch Kiefern- und Kiefernmischwald bis zum Waldrand. Nicht durch Änderung im Ausbauzustand des Weges von der Richtung abbringen lassen! Am Waldrand links und nach ca. 350 m auf breitem Weg durch die Feldflur nach Langenlehsten. An der Straße links und durch den Ort Richtung Büchen. Am nächsten Abzweig, ½ km hinter dem Ortsende bzw. am Hof Fortkrug, links auf einer Landstraße Richtung Leisterförde und Schwanheide. Nach ca. 600 m wird die ehemalige innerdeutsche Grenze gequert (Punkt 4). Durch die Streusiedlung Leisterförde bis zu einer Straßenkreuzung.

Fähre in Siebeneichen

Normaltour

Wer auf Sicherheit setzt, radelt auf der wenig befahrenen Landstraße geradeaus bis in den 5 km entfernten Ort Schwanheide. Unter der Bahn hindurch Richtung Zweedorf. Am Ortsende von Schwanheide rechts in die Straße „Bauernende" abbiegen. Nach ca. 250 m eine Weggabelung. Hier links auf einem breiten, aber stark ausgefahrenen Wirtschaftsweg Richtung Büchen-Dorf im Wechsel durch Feldflur und Wald. Nach gut 3 km wird das Grüne Band erreicht und auf einer Fahrspur die ehemalige Grenze gequert (Punkt 8). Auf lauenburgischem Gebiet wieder gut ausgebauter Weg. Auf ca. 400 m entlang der Bahnlinie Hamburg-Berlin, dann unter der Bahn hindurch und auf asphaltiertem Wirtschaftsweg nach Büchen-Dorf.

Abkürzung

Wer Grüne Band-Abenteuer-Fahrten liebt, biegt an der Leisterförder Kreuzung rechts ab und folgt einem befestigten Wirtschaftsweg zum geschleiften Ortsteil Bürgerhof. Man passiert den neuen Bürgerhof, eine Hochlandrinder-Farm, und trifft nach ca. 750 m auf eine Weggabelung, die die Ortslage des geschleiften Orts markiert. (In unmittelbarer Nähe, links, steht ein groß ausgebautes Jagdhaus.) Man hält sich rechts und folgt der alten „Dorfstraße" (heute ein unbefestigter Weg) in Richtung des geschleiften Ortes Wendisch Lieps, wobei der Mühlbach gequert wird. Danach ca. 300 m durch Wald und, nach einer leichten Linkswendung, an einem Acker vorbei. Wieder durch Wald, in dem nach ca. 500 m die Grenzschneise erreicht wird. Hier befindet sich die Grenzheide (Punkt 5). Wenn man der Heide ca. 350 m nach rechts folgt, kommt man an die Stelle, an der Gartenschläger von der Stasi erschossen wurde (Gedenkkreuz) (Punkt 6). Der kürzeste Weg nach Büchen-Dorf führt geradewegs über die Grenzheide: nach ca. 350 m Forstweg erreicht man die Feldflur der Gemarkung Bröthen. Auf einem gut ausgebauten Wirtschaftsweg in das Dorf und von dort über die Landstraße nach Büchen-Dorf, zum Ausgangspunkt der Tour.

Wer noch Kraft und Zeit hat, fährt über die Grenzheiden-Schneise Richtung Süden, bis zur Feldflur. Hier folgt man einem links abbiegenden Weg quer durch den flachen Talgrund des vom Bürgerhof kommenden Mühlenbachs. Am Bach existiert ein schönes Feuchtgebiet (Punkt 7). Weiter zum Waldrand, an Fliederbüschen vorbei, bis schließlich die Straße nach Schwanheide erreicht wird. Von hier wie in der Normaltour beschrieben.

Von Schleusen, Grenzbächen und Sandtrockenrasen

Am nächsten Morgen frühstükken wir im Garten. Bei Kaffee, Vollkorn-Brötchen, Marmelade, Käse, Heringssalat, Schinken und Ei wird über die Vor- und Nachteile des Landlebens diskutiert. Dann macht mir Helmut Vorschläge für das Tagesprogramm. Er hat meine Absicht, über das Grüne Band zu schreiben, Barbara Denker erzählt, die sich beim Naturschutzbund (NABU) engagiert und einen Naturkundeführer über den Landkreis Herzogtum Lauenburg verfasst hat. Klar, dass ich Frau Denker kennen lernen möchte. Schließlich steht ihr Naturführer seit einem Jahr in meinem Bücherschrank. Barbara möchte mich an die Delvenau führen, ein mäandrierendes Flüsschen, an dem sich das Grüne Band zur Elbe zieht. Helmut will mir anschließend die Amphibien-Leitanlage bei Grambek zeigen, die auf Initiative der BUND-Kreisgruppe entstanden ist und die Jahr für Jahr tausenden von Fröschen und Kröten das Leben rettet. Ich bin mit allem einverstanden und bald darauf brausen wir mit Helmuts Spar-Audi zu Barbara Denker, die in der Nähe von Witzeeze wohnt.

Auf der Fahrt kommen wir am Herrenhaus Wotersen vorbei, einem dreiflügeligen barocken Prachtbau, der einem Schloss in nichts nachsteht. Über eine Allee fahren wir direkt auf das „Schloss" zu, das mit seinem Teich, den alten Kastanien, den Putten und einem Park einen repräsentativen, aber dennoch ländlichen Eindruck macht. Zahlreiche Nebengebäude, Tagelöhner-Katen, Stallungen, eine Haferscheune sowie ein Back-, Wasch- und ein Brauhaus verbreiten Gutshofatmosphäre. Während wir mitten durch die Anlage fahren, erzählt Helmut, dass „Schloss" Wotersen Drehort der ZDF-Serie „Das Erbe der Guldenburgs" gewesen sei.

Der Elbe-Lübeck-Kanal

Barbara Denker wohnt in einem Haus, von wo aus man das Tal der Delvenau überblickt, ein breites eiszeitliches Gerinne, in dem auch der Elbe-Lübeck-Kanal verläuft. Das Interessante für mich sei, sagt Frau Denker, dass die Delvenau zwischen Witzeeze und Lauenburg Grenzfluss zur DDR war. Und aus diesem Grund sei die Delvenau von den üblichen Flussregulierungen verschont geblieben. Drei Minuten später fahren wir über den Elbe-Lübeck-Kanal, und zwar direkt an der Witzeezer Schleuse. Ein Lastkahn bereitet sich auf die Schleusenausfahrt vor. Wir halten an und schauen zu, wie sich die oberen Schleusentore öffnen, der Schiffer die dikken Haltetaue löst und sich der Lastkahn in Bewegung setzt.

„Schön, dass wir einen Kahn bei der Schleusendurchfahrt beob-

„Schloss" oder Herrenhaus Wotersen

achten können", meint Barbara Denker. „Besonders rege ist der Verkehr auf dem Kanal nämlich nicht, hauptsächlich, weil die Schleusen für größere Kähne nicht geeignet sind. Bei seiner Einweihung durch den Kaiser im Jahre 1896 war das ein hochmoderner Kanal. Immerhin können hier Schiffe von 80 m Länge verkehren. Aber für einen wirtschaftlichen Containertransport, wie er heute üblich ist, reicht das eben nicht aus."

„Wieso hat man den Elbe-Lübeck-Kanal gebaut? Zur gleichen Zeit wurde doch der Nord-Ostsee-Kanal in Betrieb genommen."

„Kaiser Wilhelm II. war in Sachen Schifffahrt leicht zu begeistern, und die Lübecker hatten schon immer auf eine Verbindung zur Elbe gesetzt. Ende des 14. Jahrhunderts haben sie den Bau eines Vorläufers bewerkstelligt, den Stecknitz-Delvenau-Kanal. Auf ihm wurde Lüneburger Salz nach Lübeck transportiert. In Lübeck wurde das Salz auf Seeschiffe umgeladen und im Ostseeraum verteilt."

„Der Stecknitz-Kanal war also ein früher Nord-Ostsee-Kanal?"

„Der Vergleich mag etwas hinken, schließlich konnten Seeschiffe den schmalen und flachen Stecknitz-Kanal nicht passieren, aber man ersparte sich den 365 km langen Umweg um die Nordspitze von Dänemark. Von den 17 Schleusen des Stecknitz-Kanals sind noch 2 erhalten: die Palmschleuse in Lauenburg und die Dücker-Schleuse bei Witzeeze, die wir uns gleich anschauen werden."

Zapfeltage an der Stauschleuse

Das war das Signal zum Aufbruch und Helmut fährt uns zur nahen Dücker-Schleuse. Eine schmale Brücke führt über die Delvenau, die verdächtig wenig Wasser führt.

„Der weitaus überwiegende Teil des Delvenau-Wassers steckt heute im Elbe-Lübeck-Kanal", erklärt Barbara Denker. „Steinau und Linau, die oberhalb der Dükkerschleuse in die Delvenau mündeten, hat man direkt in den Kanal geleitet. Oberhalb von Büchen ist die Delvenau in Gänze im Kanal aufgegangen"

„Bis nach Büchen sind es doch nur 2-3 km. Woher bekommt die Delvenau dann überhaupt noch Wasser?"

„Wir, die Naturschützer vor Ort, haben erreicht, dass der Kiessee, der oberhalb der Witzeezer Schleuse liegt, angezapft wird. Damit kommen wir auf eine Durchströmungsmenge von 200 Litern pro Sekunde. Und das ist das Mindeste, was wir für den Steinbeißer und den Schlammpeitzger brauchen, zwei seltene, nach EU-Recht geschützte Fische, die in der Delvenau leben. Als Gebietsbetreuerin achte ich darauf, dass die Vorgaben eingehalten werden. Kommen Sie, wir gehen jetzt hinüber nach Mecklenburg."

Drei Schritte über die kleine Holzbrücke und wir sind in der ehemaligen DDR. „Die Wiesen hier befanden sich im Besitz von Otto Harder, einem Nachfahren des

Babara Denker

Elbe-Lübeck-Kanal

Dücker-Schleuse

Schleusenmeisters", sagt Barbara Denker. "Und obwohl das Schleusenmeisterhaus auf westdeutscher Seite lag, durfte Harder 1945, nach Absprache mit den Russen, seine mecklenburgischen Wiesen noch eine Weile nutzen. Erntehelfer mussten dazu einen Passierschein in das „No man's land" vorweisen, der von einem Posten an der Brücke kontrolliert wurde."

Und ein paar Schritte weiter: „Das ist die Dückerschleuse." Barbara Denker weist auf zwei fein gefugte „Kaimauern" aus Sandstein, die den schmalen Lauf der Delvenau auf 20 m Länge ummanteln. „Ihr seht, das sind völlig andere Dimensionen als beim Elbe-Lübeck-Kanal. Aber der Stecknitz-Kanal ist ja auch 600 Jahre älter. Gerade einmal 40 cm Tiefgang durften die Kähne haben, die hier verkehrt sind. Beim Kanalbau hatte man die Oberläufe der zur Elbe fließenden Delvenau

und der in die Trave mündenden Stecknitz verbunden. Und dies verursachte ein Problem: Dem Kanal fehlte Wasser. Man hat daher eintorige Stauschleusen gebaut, hier unsere Dücker-Schleuse und knapp 2 km flussaufwärts die Niebuhr-Schleuse. Die Niebuhr-Schleuse wurde hinter der Einmündung der Steinau errichtet, die Dücker-Schleuse hinter der Linau."

„Das heißt also, man hat jeweils das Wasser der Seitenbäche ausgenutzt."

„Genau, aber dennoch hat es bis zu drei Tage gedauert, bis der Stauraum gefüllt war."

„Und was war, wenn in dieser Zeit Schiffe ankamen?"

„Die mussten bis zum „Zapfeltag", dem Tag, an dem das Schleusentor geöffnet wurde, warten. Der Schleusenmeister hat daher auch eine Pension und eine Gastwirtschaft betrieben. Die Gastwirtschaft an der Dücker-Schleuse hatte bis vor wenigen Jahren Bestand."

„Das mit dem „Zapfeltag" habe ich nicht ganz verstanden. Das Schleusentor wurde geöffnet und die Schiffe, die von Lübeck kamen, ritten auf dem Wasserschwall in Richtung Elbe. Was aber war mit den Schiffen, die Richtung Lübeck fuhren? Wie kamen die nach oben?"

„Ja, das war das Problem bei den Stauschleusen. Die aufwärts fahrenden Kähne warteten in dem großen Kolk unterhalb des Wehrs, den die herausstürzenden Wassermassen im Laufe der Zeit ausgespült hatten, bis alle abwärts fahrenden Schiffe losgefahren waren. Dann ließen die Schiffer ihre Kähne auf einem Treidelpfad mit dicken Tauen nach oben ziehen. Die Treidelarbeit übernahmen die Witzeezer Bauern, gegen ein ordentliches Salär, versteht sich.

Bekassine

Braunkehlchen

So, und jetzt schlage ich vor, dass wir uns in zwei „Gruppen" aufteilen", sagt Barbara Denker. „Wir zwei", und damit wendet sie sich mir zu, "wir unternehmen eine kleine Wanderung über das Grüne Band in Richtung Büchen-Dorf. Helmut, und du fährst uns mit dem Auto entgegen, und zwar über den alten Verbindungsweg Büchen-Schwanheide. Parken kannst du in der Nähe der Bahnunterführung. Von dort kommst du uns zu Fuß entgegen." Helmut ist einverstanden, er spielt häufig den „Marketender", wie er sagt.

DDR-Raupenschlepper stürzt in Schleusenkolk

Ich folge Barbara Denker über einen Pfad zum 50 m entfernten Kolonnenweg. „Vor der deutschen Teilung führte ein richtiger Weg über die Wiese", sagt Barbara. „Die Bauern aus Witzeeze haben ihn gern benutzt, wenn sie nach Boizenburg fuhren, um auf dem Markt Ferkel zu verkaufen. Der Schleusenmeister und seine Nachfahren haben dazu von den Bauern ein Wegegeld kassiert, schließlich verlief der Weg über die Schleusenbrücke, die er instand halten musste, und halt über seine Wiese." Die Wiese ist feucht und sumpfig und rasch habe ich nasse Füße. Deshalb bin ich froh, als wir die Betonplatten des Kolonnenwegs erreichen. „Bis 1789 lag die Schleuse hier. Die Delvenau führte damals mit einer weiten Schleife tief in mecklenburgisches Gebiet hinein. Weil das ewig zu Streit führte, hat man Ende des 18. Jh., als wieder mal eine Erneuerung der Holzschleuse anstand, Nägel mit Köpfen gemacht und die Schleife begradigt. Die Schleuse erhielt danach ihren heutigen Platz und wurde dem Stand der Technik entsprechend in Stein gebaut. Übrigens, bei den Planierarbeiten zum Bau der „modernen" Grenze ist der DDR-Raupenschlepper in den Kolk der alten Schleuse gestürzt. Der Kolk war wohl von Vegetation völlig zugewuchert."

Auf dem Kolonnenweg durch Feuchtwiesen und Sandtrockenrasen

Wir folgen dem Weg aus Lochbetonplatten durch die feuchte Wiesenlandschaft der Delvenau. Hier beobachte sie oft die Witzeezer Störche bei der Nahrungssuche. Auch die Rohrweihe ziehe hier öfters ihre Kreise, berichtet Frau Denker. Na, und dann der See- und der Fischadler, die über den Kiesseen der Delvenau-Niederung nach Brassen und Karpfen spähten. Auf den Sumpfwiesen brüte die Bekassine, am ehemaligen Grenzstreifen sei der Ruf des Wachtelkönigs zu hören und über die Bäche Linau und Steinau schwirre der Eisvogel. Nicht von ungefähr seien die Delvenau-Wiesen und die angrenzenden Hänge bis hinauf nach Büchen-Dorf von der schleswig-holsteinischen Landesregierung als Naturschutzgebiete ausgewiesen worden. Zusammen mit dem mecklenburgischen Schutzgebiet entlang der ehemaligen Grenze ergebe sich ein Grüne-Band-Top-Gebiet.

Heidenelke und Mauerpfeffer (gelb)

Wir lassen die feuchte Wiesenlandschaft hinter uns und steigen die sanften Hänge des Sanders hinauf. Es geht durch Magerrasen, der von Ginsterbüschen, Birken und Heidekraut aufgelockert wird. Im schütteren Gras wachsen Heidenelken, Sandstrohblumen und Bergsandglöckchen. Barbara Denker macht mich auf die vielen Bodenflechten aufmerksam, von denen einige knallrot gefärbt sind. Laufkäfer hasten zwischen den locker stehenden Grasbüscheln hindurch. Wenn man sich ins Gras legt, hört man es summen und brummen. Wildbienen, Hummeln und Sandwespen sind unterwegs. Barbara Denker reicht mir ihr Fernglas. Auf einem Weißdornbusch hat sie einen Neuntöter entdeckt. Und dann haben wir auch noch das Glück, Braunkehlchen zu beobachten, den Charaktervogel des Grünen Bandes. Mit der Ausweisung und Pflege des Sander-Schutzgebietes auf beiden Seiten der ehemaligen Grenze haben Braunkehlchen u. Co wohl eine dauerhafte Bleibe gefunden.

Während unseres Gangs durch die weiten Grasfluren höre ich ab und an ein fernes Donnern, das anschwillt und wieder verstummt. Nach einer Biegung sehe ich die Ursache: die Bahnlinie Hamburg-Berlin. Früher sind hier die Transit- und Interzonenzüge langsam zwischen Büchen und dem DDR-Grenzbahnhof Schwanheide verkehrt. Heute zischen die ICE-Züge über die Gleise und donnern Schnellgüterzüge über die stark befahrene Strecke. Wir verlassen den Kolonnenweg, der geradewegs auf die Gleise zuführt, und folgen einer Fahrspur in Richtung Grenze. Noch bevor wir die ehemalige Demarkationslinie erreicht haben, kommt uns Helmut entgegen. Wir freuen uns, dass alles so gut geklappt hat und zu dritt überschreiten wir die Grenze zu Schleswig-Holstein. Auch hier im „Westen" ist Grünes-Band-Gelände: unter Naturschutz stehende Trockenrasen, die zu den Feuchtwiesen hinunterleiten, dazu Buschgruppen und Wäldchen, ein ausgesprochen vielfältiges Biotop, in dem sich wegen des Blütenreichtums und der vielen windstillen Ecken die Schmetterlinge wohl fühlen. An die 170 Schmetterlingsarten habe man hier gezählt, so Barbara Denker. Und wegen der Kombination Gewässer-Feuchtwiese-Trockenrasen sei auch das Spektrum der Libellen außerordentlich groß. Durch eine Unterführung gelangen wir auf die andere Seite der Bahnlinie, wo Helmuts Auto steht. Nun geht es zu einem kulturellen Highlight, der Priesterkate Büchen-Dorf.

Schachbrettfalter

Die Priesterkate von Büchen-Dorf

In der Priesterkate, der Name sagt es bereits, wohnte der Pfarrer und daher steht die Kate direkt gegenüber der Dorfkirche, und das schon seit dem Ende des Dreißigjährigen Krieges. Die Priesterkate ist das älteste landwirtschaftlich genutzte Haus der Region. Älter sind nur einige Kirchen, wie die benachbarte Wunderbluts-Wallfahrtskirche. Die Pfarrer haben in diesem Haus nicht nur gewohnt, sie haben dort auch ihre Amtsgeschäfte erledigt und eine kleine Landwirtschaft betrieben. Bis ins 19. Jh. hinein war man so weit wie möglich Selbstversorger, auch Lehrer und Pfarrer. Dementsprechend besaß die Kate eine große Diele und zwar eine Sackdiele, über die die Erntewagen hineinfahren konnten, in der man aber nur rückwärts wieder hinauskam, das heißt, man musste die Zugtiere umspannen. Wir haben Glück. Es ist jemand in der Kate und so können wir die restaurierte Diele, in der heute Veranstaltungen, Dorffeste und Trauungen stattfinden, besichtigen. Danach bringen wir Barbara Denker nach Hause. Wir verabschieden uns herzlich, wobei sie mir sagt, dass sie mir bei weiteren Fragen gerne helfen werde.

Die Amphibien von Grambek

Nun kommt Helmuts Stunde. Er fährt mit mir zu einer schmalen Waldstraße, die sich entlang dem Elbe-Lübeck-Kanal erstreckt und nach Grambeck führt. „Früher war auf dieser Straße so gut wie kein Verkehr. Aber seitdem sie um die Ecke einen Golfplatz angelegt haben, ist hier ganz schön was los. Und das hat zahllose Amphibien das Leben gekostet, und dies, obwohl wir an den Krötenzäunen ständig Tiere eingesammelt und über die Straße getragen haben."
„Wie kommt es, dass ausgerechnet hier im Wald so viele Amphibien wandern?"
„Weil dort drüben, noch vor dem Kanal, an die 30 Fischteiche liegen. Sie sind nach der Stilllegung

Priesterkate

des Kiesabbaus in den 60er Jahren entstanden und werden heute kaum noch bewirtschaftet. Die Amphibien wandern im Frühjahr vom Wald zu den Teichen, laichen dort ab und dann geht es zurück in den Wald. Der Nachwuchs kommt einige Monate später hinterher. Die jungen Kröten und Frösche sind dann etwa so groß wie ein Daumennagel. Kaum jemand achtet auf sie und so werden sie zu Tausenden überfahren. Insgesamt leben hier zwölf Arten mit ausgesprochen seltenen Vertretern wie Kreuz-, Knoblauch- und Wechselkröte, Moorfrosch und Kammmolch."

Helmut hält an einem Waldweg an. „Wir mussten also was tun! Und dank der Unterstützung durch die Gemeinde Grambek ist mehr entstanden als ein Krötentunnel. Wir haben ein „Amphibien- und Kleintier-Schutz- und Leitsystem" aufgebaut. Auf einer Länge von ca. 1 ½ km wurden 18 Querungen in die Straße gestemmt. Leitwände aus Beton bringen die Tiere auf den sicheren Weg. Die Tunnel sind so gestaltet, dass sie ein Klima halten, in dem die Tiere nicht austrocknen. Das ganze System hat ½ Million gekostet. Aber unsere Kontrollen zeigen, dass sich die Ausgabe gelohnt hat." Ich stimme Helmut zu. Wenn man bedenkt, wie viel Geld für unsinnige Straßenbaumaßnahmen ausgegeben wird.

Helmut Maack

Frosch auf Straße

Die Delvenau-Schleusentour

Länge: *15 km,*
ohne Zweendorf 9 km
Wegestruktur: *Kolonnenweg, sandige Wege, asphaltierte Wirtschaftswege, befestigter Radweg*
Steigungen: *unwesentlich*
Charakter: *Halbtagestour*
Dauer: *4-5 Stunden*
Ausgangspunkt: *Priesterkate in Büchen-Dorf*
Gastronomie: *Selbstversorgung*

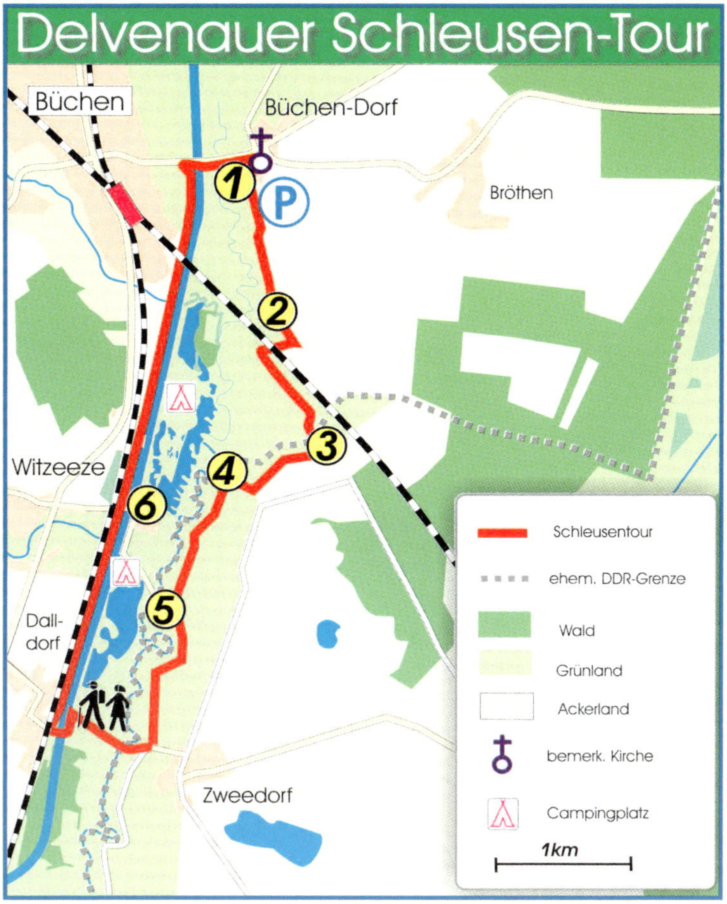

Von der Priesterkate auf dem „Schwanheider Weg“ an der Wunderbluts-Kirche vorbei (Punkt 1) und den Wanderzeichen „Schwanheide“ folgend in die freie Landschaft hinaus. Die Straße wird zu einem asphaltierten Wirtschaftsweg, der am Abhang zum Tal der Delvenau entlang führt (Punkt 2). Sowohl die Hänge als auch die Feuchtwiesen im Tal stehen unter Naturschutz und sind Bestandteil des Grünen Bandes. Ca. 1 ½ km nach Büchen-Dorf rechts abbiegen und auf einem befestigten Wirtschaftsweg unter der Bahnlinie Hamburg - Berlin hindurch. Hinter der Bahnunterführung links, parallel zur Bahn. Nach ca. 50 m nicht rechts dem Hauptweg folgen, sondern weiter entlang der Bahn. In ca. 400 m wird der ehemalige Grenzstreifen erreicht (Punkt 3). Auf einer Fahrspur bis zum Kolonnenweg und auf ihm rechts an den Sandtrockenrasen des Grünen Bandes entlang. Der Plattenweg führt hinunter in das Feuchtwiesengebiet der Delvenau. Am (Punkt 4) ist der Talboden. Der Plattenweg wendet sich in Richtung Süden. Von dieser Stelle aus Blick zur Niebuhrschleuse. An den Mäandern der Delvenau entlang, bis nach ca. 1 km rechts die Dükker-Schleuse zu sehen ist (Punkt 5). Ein Pfad führt verbotenerweise durch das NSG zur Schleuse. Auf dem Plattenweg weiter bis Zweendorf. Dort rechts über die Delvenau, die ehemalige Grenze und den Elbe-Lübeck-Kanal. Auf dem Kanalweg über die Witzeezer Schleuse (Punkt 6) bis zur Kanalbrücke Büchen – Büchen-Dorf. Über die Brücke nach Büchen-Dorf.

Lauenburg und das Gasthaus an der Elbe

Am nächsten Morgen, nach dem Frühstück unter den Nussbäumen, nehme ich von Doris, Helmuts Lebensgefährtin, Abschied und verspreche bald wiederzukommen. Helmut werde ich gegen Mittag in Lauenburg wieder treffen. Während ich entlang dem Grünen Band zur Elbe radele, will er noch etwas erledigen. Gegen 12 Uhr sind wir in einem China-Restaurant an der Palmschleuse verabredet. Dies sei für mich leicht zu finden. Die alte Schleuse liege am östlichen Ortsrand von Lauenburg, nahe der Stelle, an der die Transitstraße F5 (so wurde die B5 in der DDR bezeichnet) aus dem „Osten" kam.

Die Palmschleuse

Über Schloss Wotersen und Siebeneichen ereiche ich den Radfernweg Lüneburg – Lübeck, der mich direkt zur Palmschleuse führt. Zunächst geht es am Elbe-Lübeck-Kanal entlang, dann, ab dem Ort Basedow, über eine wenig befahrene Landstraße. Dabei bewege ich mich parallel zum wenige hundert Meter entfernten Grünen Band. Am Ortsrand von Lauenburg quere ich die stark befahrene B5. Ein Gewerbegebiet kündigt sich an und schon brausen die LKW an mir vorbei. Doch die Palmschleuse liegt gleich um die Ecke und ist in eine Grünanlage eingebettet, die das Gewerbegebiet abschirmt. An der Schleuse steht ein schönes Fachwerkhaus, in dem sich das Chinarestaurant befindet. Helmut ist schon da. Er sitzt an einem Tisch auf der Terrasse, die unmittelbar an der Palmschleuse liegt. Bequemer können wir es kaum haben. Nach dem Essen umrunden wir die Schleuse, die aus den gleichen Sandsteinquadern gefügt ist wie die Schleuse in Witzeeze. Das Schleusenbecken ist jedoch völlig anders geformt. Zwei geradlinige Ein- bzw. Ausfahrten münden in einen kreisrunden Kessel. „Das Ganze funktioniert nach dem Prinzip der Kammerschleuse", erklärt Helmut, „vorne ein Tor, hinten ein Tor und der Wasserstand in der Kammer kann durch Zufluss vom oberen Abschnitt des Kanals oder durch Abfluss in den unteren Abschnitt gesteuert werden." „Ja, aber warum die kreisrunde Kammer?" „Bei Emden gibt es eine Kesselschleuse, die vier Zu- bzw. Abfahrten hat. Damit wurde der Verkehr auf zwei kreuzenden Wasserstraßen mit unterschiedlichem Niveau geregelt. Was den Architekten hier bewegt hat, weiß ich nicht. Vielleicht konnten in dem geräumigen Kessel mehrere Schiffe gleichzeitig geschleust werden. Vielleicht fand der Architekt einfach nur, dass so eine runde Schleusenkammer gut aussieht." Stimmt, die Palmschleuse macht etwas her.

Palmschleuse

Lauenburg an der Elbe

Lauenburgs Altstadt

Wir lassen mein Rad und das Gepäck unter der Obhut des Restaurants und fahren mit Helmuts Audi Richtung Stadt, wo wir in der Nähe des Bahnhofs parken. Dann führt mich Helmut auf die große Elbbrücke, von der wir einen schönen Blick auf Lauenburgs Altstadt haben, die sich an dem steilen Elbhang entlang zieht. Zwischen den Bäumen auf der Höhe schaut das Schloss hervor. Unten am Kai liegt der Raddampfer Kaiser Wilhelm und wartet auf Ausflügler. Rechts davon erstreckt sich das Gelände der Werft, in der gerade die „Lichtenfels", ein größerer Lastkahn, zur Reparatur auf dem Trockendock liegt. Man mag es kaum glauben, aber Lauenburg hat noch eine funktionierende Werft. Am Beginn unseres Stadtbummels kommen wir an den 50er-Jahre-Bauten der Werft vorbei. Ein wenig antiquiert sieht das aus. Aber Helmut meint, die Werft sei solide. Sie habe sich auf Binnenschiffe spezialisiert und damit eine Nische gefunden.

Hinter der Werft, am Beginn der Altstadt, kommen wir am „Rufer" vorbei, einer Bronzefigur, die die Hand zum Sprachrohr formt, um, wie es scheint, mit der Mannschaft vorbeifahrender Elbschiffe Kontakt aufzunehmen. Die Figur habe Karl-Heinz Goedtke geschaffen, klärt Helmut mich auf. Seine Skulpturen würden in Schleswig- Holstein inzwischen zahllose öffentliche Plätze schmücken. Der Till Eulenspiegel in Mölln stamme ebenso von ihm wie der „Taschenmann" an der Kreisparkasse in Ratzeburg. Und in Lauenburg gebe es sogar zwei Goedtke-Skulpturen. Wir kämen noch an den „Wartenden" vorbei, die in der Oberstadt vor dem Postamt stehen. Der Künstler muss gute Beziehungen zu den Kommunen gehabt haben.

Ein kurzes Stück laufen wir noch am Elbekai entlang, dann führt mich Helmut durch eine schmale Twiete in die „Elbstraße", die einzige richtige Straße der Altstadt. Daneben existieren nur noch die „Hunnenburg", eine elbparallel verlaufende Gasse, ein schmaler Marktplatz und der „Hohle Weg". Dafür besticht das Stadtbild mit einer selten gewordenen Geschlossenheit, mit zahlreichen historischen Stilelementen und nicht zuletzt mit einladend wirkenden Gasthäusern, die mir den Eindruck vermitteln, in einer kleinen, romantischen Hafenstadt zu sein, irgendwo ganz oben im Norden. An der Elbstraße reihen sich eng aneinander gefügt Fachwerkhäuser aus dem 16.-19. Jh., teils mit mittelalterlichen Balkenbe-

Lauenburger Werft

malungen und Fächerrosetten, teils im strengem klassizistischen Fachwerk. Die bunten, verspielten mittelalterlichen Elemente sind für den Kreis Herzogtum Lauenburg etwas Besonderes. Besonders schön präsentiert sich das Haus in der Elbstraße 49, das am Eingang zum Marktplatz liegt. Es ist, nebenbei bemerkt, das älteste Haus der Stadt, das Anfang des 16. Jh. erbaut wurde.

„Der Rufer" von Karl-Heinz Goedtke

Neben der Kirche folgen wir einem Treppensteig, der uns über zahllose Stufen in die Oberstadt führt. Auch am oberen Ende des Steigs geht es noch romantisch zu. Zwar sind von dem Schloss, der früheren Lauenburg, nur noch ein Flügel und der alte Pulverturm übrig, aber die Besteigung des Turms führt in längst vergangene Zeiten. Im Untergeschoss kann man das Verlies besichtigen, die alte Gefängnistür mit ihren Riegeln und einer Essensklappe ist noch funktionsfähig. Dann geht es steile und immer enger werdende Holztreppen hinauf, vorbei am Uhrwerk, bis zu einer Falltür, die man mit einiger Kraft aufstemmen muss. Oben bietet sich dann, für Schwindelfreie, ein Blick über die Stadt. Auf dem Weg durch die anschließende Fußgängerzone und die Straßen der Oberstadt ist von Romantik nicht viel zu spüren. Doch hier herrscht Leben. In einem türkischen Gemüseladen kaufe ich Erdbeeren und ein Stück Melone. Als wir an Goedtkes „Wartenden" vorbei-

Elbstraße, Altstadt von Lauenburg

kommen, meint Helmut, dass ich nun das Wichtigste gesehen habe und wir demzufolge Kaffeetrinken fahren könnten.

Der Alte Sandkrug und die Elbbiber

Wir fahren zum Café Alter Sandkrug, das ca. 2 km elbabwärts von Lauenburg liegt. Eine steile Kopfsteinpflasterstraße führt über einen Hohlweg hinunter zum Fluss. Vor 900 Jahren sind hier schwer beladene Planwagen hoch gezokkelt. Der Hohlweg war Bestandteil einer von Lüneburg nach Lübeck ziehenden Fernstraße, die die vorhandene Elbfurt nutzte. Eine Burg namens Erthene (die Erdene) schützte den Elbübergang und eine Zollstation. Und da die Zolleintreiber von ihren Einkünften allein nicht leben konnten, gestattete man ihnen, eine Schankstube zu führen. Die wurde von den Fuhrleuten natürlich gerne angenommen und so entstand die Gaststätte Sandkrug, die bis heute besteht und die den Beinamen „alt" wirklich verdient hat. Ein kleines Manko: Das alte Gebäude ist um 1900 abgebrannt und durch einen Neubau ersetzt worden.

Am Sandkrug kommt uns ein bärtiger Mann entgegen, den mir Helmut als Herrn Pahl vorstellt, den Besitzer des Cafés. Zusammen gehen wir in die gute Stube, wo wir Kaffee und Kuchen serviert bekommen, Elbblick inklusive. Und nun eröffnet mir Helmut,

Balkenverzierung in der Elbstraße 49

Im Pulverturm-Gefängnis

warum er mich hierher geführt hat. Direkt am Café beginnt der Biberlehrpfad seiner Biberschutzgruppe. Im Bereich der von hohen Weiden und schilfumstandenen Buhnen lebt der Elbbiber. Bis in die Schaalseeregion hat es der Biber leider noch nicht geschafft, vermutlich wegen der Schleusen im Elbe-Lübeck-Kanal, meint Helmut. Die Pahls vom Sandkrug, deren Grundstück sich ein Stück am Uferweg entlang zieht, haben der Bibergruppe erlaubt, einen Lehrpfad auszuschildern. Die Naturschutzbehörde hatte dieses Ansinnen verweigert. Warum? Darauf weiß Helmut keine Antwort. Wie dem auch sei, die Biber fühlen sich hier pudelwohl und die Biberschutzgruppe achtet darauf, dass dies so bleibt. Nach dem Kaffee wandeln wir den Lehrpfad entlang. Dann naht die Stunde des Abschieds. Helmut fährt mich zurück zum China-Restaurant. Ich muss versprechen, bald wiederzukommen, ein Versprechen, das ich eingehalten habe. Dann steige ich auf mein Rad und radele auf der B5 Richtung Osten. Drei Minuten später passiere ich den ehemaligen Grenzübergang. Ich verlasse Schleswig Holstein und fahre in den ehemaligen „Osten“, um das Grüne Band Elbe zu erkunden. Was es dort alles zu sehen gibt, das kann man im Band „Elbe – Wendland“, dem Band 2 der Buchreihe „Vom Todesstreifen zur Lebenslinie“, nachlesen.

Herr Pahl, Besitzer des Sandkrugs

Ausflug zum Sandkrug

Länge: *9-10 km, je nach Abstecher in Lauenburg*
Wegestruktur: *befestigter Wanderweg, Straße*
Steigungen: *Abstecher zur Oberstadt*
Charakter: *Kurze Wanderung*
Dauer: *2 Stunden*
Ausgangspunkt: *Lauenburg Altstadt*
Gastronomie: *Ausflugs-Café Sandkrug und Gaststätten in der Lauenburger Altstadt*

Parkmöglichkeit in der Bahnhofsstraße (über Hafenstraße zu erreichen). Auf der Bahnhofsstraße durch das Werftgelände und über die Elbstraße an den Anfang der Altstadt. hier großer Platz mit Schiffsanlegestelle und Goedtkes Skulptur „Der Rufer" (Punkt 1). Auf der Elbstraße durch die Altstadt bis zum Marktplatz und zur Stadtkirche (Punkt 2). Rechts an der Kirche vorbei und über einen Steig, den Wallweg, hinauf zum Schloss und dem alten Pulverturm (Punkt 3). Besichtigungsmöglichkeit. Weitere Ziele in der Oberstadt: rechts vom Schloss der Fürstengarten sowie die Fußgängerzone „Alte Wache", die in drei Minuten über die Friedrichsbrükke erreicht wird (ca. 100 m Richtung Norden). Von der Friedrichsbrücke schöner Blick hinunter auf den gepflasterten „Hohlen Weg" mit alten Häusern. Über den „Hohlen Weg" wieder hinunter in die Altstadt und an der Elbstraße rechts.

Kurz vor dem Ende der Elbstraße, am Gebäude der Wasserschutzpolizei, links hinunter zum Elbuferweg und auf diesem, den Markierungen folgend, zum Sandkrug, der in ca. 3 km erreicht wird. Man wandert zunächst unterhalb des bewaldeten Steilhangs entlang. Hinter der Mündung eines kleinen Tals führt der Wanderweg auf die Elbberge hinauf. Dort geht es recht exponiert an dem Steilabbruch zur Elbe entlang. Dieser Wegabschnitt ist nicht für Radler geeignet. Radler folgen ein kurzes Stück dem Tal und biegen dann, den Markierungen folgend, links ab. Die Wanderer- und die Radlervariante vereinigen sich wieder. Ein gutes stück weiter liegt links, etwas abseits vom Weg, die sehenswerte Wallanlage der frühmittelalterlichen Burg Erthene (Punkt 4). Von hier hat man eine gute Sicht auf das gegenüberliegende Elbufer. Kurz darauf erreicht man den Hohlweg, der hinunter zum Café Alter Sandkrug führt. Vom Café in zwei Minuten zum ehemaligen Fähranleger, der in den Elbstrom hineinragt (Punkt 5) und über den Biber-Lehrpfad, der der Fortsetzung des Uferwegs Richtung Geesthacht folgt (Punkt 6).

Der Sandkrug

Vorschau auf die folgenden Bände

Die Tour Küste -Elbe war die erste Etappe einer Reise, die, immer entlang dem Grünen Band, quer durch Deutschland führt, bis hinunter zur Tschechischen Grenze, genauer gesagt bis zum Dreiländereck Bayern-Tschechien-Sachsen. Dort, am Fuß des Erzgebirges, befindet sich nämlich das südliche Ende des Grünen Bandes Deutschland. Auf diesem über 1400 km langen Weg durch Deutschlands Mitte trifft man auf eine unerwartet faszinierende Vielfalt, auf ein Natur- und Kulturerbe, das seines gleichen sucht. Doch die ehemalige Grenzregion verharrt nicht im Gestern. Überall ist Aufbruch zu spüren, im Naturtourismus, in der Regionalvermarktung und nicht zuletzt im Arten- und Biotopschutz. All dies findet sich in der Buchreihe „Vom Todesstreifen zur Lebenslinie" wieder. Wer alle 7 Bände gelesen hat, wird seine nächsten Urlaube unter Garantie am Grünen Band Deutschland verbringen.

Schon die Erkundung der Elbe und des Wendlandes (**Band 2** der Buchreihe) ist ein Erlebnis ersten Ranges. Es geht von Boizenburg über Hitzakker und Gartow nach Schnackenburg. In diesem Abschnitt war die Elbe über 4 Jahrzehnte Grenzfluss, was den Ausbau des Flusses zum Schifffahrtskanal verhindert hat. Ohne Zweifel, die „Grüne-Band-Elbe" gehört zu den großartigen Naturlandschaften Deutschlands, mit einer Vogelwelt, wie man sie sonst kaum fin-

det, mit weiten Deichvorländern, einem Netz von Stillgewässern und langgestreckten Binnendünen. Nicht zu vergessen die Reet gedeckten Bauernhäuser, die sich hinter dem Deich ducken oder die schmalen von Obstbäumen und Linden gesäumten Landstraßen. Das Grüne Band – Elbe gibt sich ländlich, trotz der Nähe zu Hamburg.

Bei Schnackenburg schwenkt das Grüne Band Richtung Salzwedel, wo es die Grenze zwischen dem Wendland und der Altmark bildet, zwei Welt abgeschiedene Landstriche, wie manch einer denkt. Doch diese ländliche Gegend ist politisch äußert lebendig und prall voll mit Kultur. Auf zahlreichen Höfen haben sich Aussteiger, Atomkraftgegner und Künstler niedergelassen. Einmal im Jahr findet im Wendland die kulturelle Landpartie statt. Und in dem altmärkischen Salzwedel, einer urbanen Insel im platten Land, kommt jeder Kulturbeflissene auf seine Kosten. Dazwischen erstreckt sich eine von Kranichen, Seeadlern und Fischottern

bevölkerte Grüne-Band-Landschaft, die der BUND durch zahlreiche Flächenankäufe vor Begehrlichkeiten gesichert hat.

Weiter geht´s durch den Drawehn und Grüne Band-Heiden bis zum Drömling, ein viele Quadratkilometer großes Feuchtgebiet auf beiden Seiten der ehemaligen Grenze, das ein national bedeutsames Refugium für hochgradig bedrohte Vogelarten darstellt und das in unmittelbarer Nähe der Autostadt Wolfsburg.

Vom Drömling ist es nicht mehr weit bis zum Harz, dessen Überschreitung im **Band 3** der Buchreihe beschrie-

ben wird. Im nördlichen Harzvorland wandern wir über Steppenhügel, wir erkunden die Oker, der man an der ehemaligen Grenze ihren wilden Lauf gelassen hat. Dann geht es über auf 4 verschiedenen Wegen auf den Brokken hinauf. Der Brocken ist nicht nur der erste richtige Berg auf unserer Reise, es ist zugleich eine mächtige Erhebung, die über die Waldgrenze ragt und die mit 1142 m den höchsten Punkt des Grünen Bandes darstellt. Vom Brocken aus folgen wir dem Harzer Grenzweg, der uns zunächst durch die geheimnisvollen Bergwälder und Moorlandschaften des Nationalparks leitet. Dann geht es über blumenreiche Berg- und Talwiesen und naturnahe Laubwälder, wobei wir den Harz von einer ganz anderen Seite kennen lernen. Schließlich steigen wir auf schmalen Kammwegen hinunter in die helle Karstlandschaft des Südharzes mit ihren Dolinen, Zwergenlöchern, Höhlen, Karstquellen und Felsriffen und so herausragenden Kulturgütern wie das Kloster Walkenried..

Band 4: Zwischen Bad Herzberg und Duderstadt überschreiten wir die Grenze zum Eichsfeld eine katholische Enklave im protestantischen Umfeld, die thüringische und nieder-

sächsische Gebiete umfasst und in der die gemeinsame Konfession nach der Wende ein wesentliches Element bei der Wiedererlangung der Einheit war. Zum evangelischen Hessen hin fällt das Eichsfeld steil und von Felstürzen begleitet in das tief eingeschnittene Werratal ab. Das Grüne Band folgt der Werra teils auf den an Orchideen reichen Bergeshöhen, teils im Tal, in dem im Frühjahr tausende Kirschbäume blühen. Einige Male quert der Fluss die Landesgrenze. Auf dieser Strecke finden sich zahlreiche Fachwerkstädte und – dörfer. Etappenziel ist Eisenach mit der Wartburg.

Nach einem Gang durch diese für die deutsche Geschichte und Kultur so bedeutenden Stadt setzt der **Band 5** ein. Wir folgen der Werra durch das Hessisch-Thüringische Kalirevier, wo wir den Aufstieg auf eine der riesigen, mehrere 100 m hohen Salzhal-

den dazu nutzen, um uns über die mit der Kaliförderung verbunden Umweltprobleme zu informieren. Doch wo Schatten ist, da ist auch Licht: im Kalirevier in Form großer Grünen Band Vogelschutzgebiete. Das bekannteste dieser Schutzgebiete ist der mehrere 100 Hektar große Rhäden, der auf Initiative eines Naturschutzvereins entstanden ist. Ein paar km weiter, in der kleinen „Grenzstadt" Vacha beginnen wir mit dem Aufstieg in die Rhön. Der Weg führt über steile Basaltkuppen, auf 800 m hoch gelegen Bergweiden, wo wir auf Rhönschafe treffen und Schafssalami, Bachforellen, Apfelsherry, Rother-Ökobier und andere Spezialitäten der Region verkosten.

Ab dem Dreiländereck Bayern-Thüringen-Hessen führt uns der **Band 6**, der uns im ersten Abschnitt durch das Schwarze Moor und über die blumenreichen Bergwiesen der Hohen Rhön führt. An den östlichen Abhängen der Rhön ist auch das Gewerbe der Wanderschäferei noch lebendig. Einige dieser markanten Gestalten, die ihre Herden über das Grüne Band führen, lernen wir kennen. Von der

rauen Rhön geht es hinunter in das trocken-warme Hügelland des fränkischen Grabfeldes, wo das Grüne Band durch Felder, Talwiesen und lichte Eichenwälder führt. Im Frühsommer explodiert auf Grünen-Band-Flächen des Grabfeldes förmlich die Blumenpracht und in den historischen Niederwäldern der benachbarten Schlechtsarter Schweiz öffnen sich die Blüten des sagenumwobenen Diptams. Weiter geht´s durch das „frankophone" Heldburger Unterland, den südlichsten Zipfel der ehemaligen DDR, bis man hinter Coburg plötzlich vor dem hoch aufragenden Thüringischen Schiefergebirge steht.

Den Aufstieg auf den 800 m hohen Gebirgszug, über den der Rennsteig verläuft und der auf bayerischer Sei-

te als Frankenwald bezeichnet wird, vermittelt der **7. und letzte Band** der Buchreiche. Es geht durch eine waldreiche Landschaft, in der noch heute große Teile der Bevölkerung als Glasbläser arbeiten oder in Porzellanmanufakturen tätig sind. Auch der Beruf des Schieferdeckers ist noch lebendig. Ganze Dörfer und Städte sind hier von Schiefer geprägt. Viele der Glas- und Porzellanbetriebe können besichtigt werden. Und selbstverständlich kann man die kunsthandwerklichen Produkte auch erwerben.Zwischen dem bayerischen Hof und dem sächsischen Plauen geht das von engen Tälern tief zerfurchte Schiefergebirge in das weite und offene Vogtland über. Hier ist das Reich des jungen Schäfers Michael Uhlsa-

mer, der die 50 km lange sächsische Grüne Band-Strecke, mit seiner Herde zweimal im Jahr durchwandert. Michael freut sich über jeden Besucher und weiß viel zu erzählen.

Helfen Sie mit, das Grüne Band zu sichern!

Die einzigartige Natur entlang der ehemaligen innerdeutschen Grenze ist gefährdet. Auf 1.393 Kilometer Länge leben im Grünen Band über eintausend bedrohte Tier- und Pflanzenarten. Fischotter, Braunkehlchen und Lungenenzian gehören dazu. Doch Bewirtschaftung und Bebauung drohen den für Mitteleuropa einmaligen Lebensraumverbund zu zerstören. Wir tun etwas dagegen!

Mit Ihrer Spende erwerben wir wertvolle Flächen, üben Druck auf die Politik aus und setzen wichtige Naturschutzmaßnahmen um. Wir tun alles, um möglichst das gesamte Gebiet zu sichern.

Werden Sie symbolischer Anteilseigner oder machen Sie mit einem Anteilsschein lieben Menschen eine Freude!

Als Anteilseigner laden wir Sie und die Beschenkte(n) zu Exkursionen am Grünen Band ein. Dort können Sie persönlich den Einsatz Ihrer Spende in Augenschein nehmen. In unserer Spenderzeitung, dem „Aktionärs-Brief", informieren wir Sie regelmäßig über unsere Arbeit und Erfolge.

Bitte spenden Sie 65 Euro pro Anteilschein auf das Konto 232 der Sparkasse Köln Bonn, BLZ 370 501 98, Stichwort „Grünes Band" und vergessen Sie nicht uns Ihre Adresse zuzuschicken. Sie erreichen uns:

Online: www.dasgrueneband.info, Email: stephanie.neumann@bund.net,

per Post: BUND für Umwelt und Naturschutz Deutschland e.V. - Das Grüne Band, Stephanie Neumann, Am Köllnischen Park 1, 10179 Berlin,
Tel: 030 / 275 86 424, Fax: 030 / 275 86 440,

Vielen Dank für Ihre Mithilfe!

Das Grüne Band am Ostseestrand

Die Tordas und ihre Crew im Hafen von Kühlungsborn

Leinen los! hieß es im Juli 2008 für die junge Crew der Tordas, die von Travemünde aus über Wismar und Rostock nach Rügen segelte, um das Grüne Band Ostsee zu erkunden. In den Häfen, an denen angelegt wurde, machten die Grüne-Band-Aktivisten mit Transparenten, Informationsmaterial und Exkursionen auf die wertvolle Unterwasser-, Strand- und Küstennatur der Ostsee aufmerksam. Die Botschaft der Crew kam in den Seebädern gut an, nicht nur bei den Touristen, auch bei den Einheimischen, den Medien und den Bürgermeistern. Dass die Naturoasen, die der Eiserne Vorhang an der Küste hinterlassen hat, geschützt werden müssen, war selbst unter den Touristikmanagern unstrittig. Schließlich bilden die Rügener Stubbenkammer, der Nationalpark auf dem Darß, die Zingster Bodden sowie die reiche Unterwasser- und Vogelwelt der Küstenregion die Grundlage für einen nachhaltigen Tourismus. Kontakte wurden geknüpft und

Die Kreideküsten von Rügen

Dünenfeld auf der Kurischen Nehrung

gemeinsame Pläne geschmiedet. Die Idee vom Grünen Band am Ostseestrand hatte gezündet.

Doch als man wieder zu Hause war, im heimatlichen Hafen, und mit dem Finger auf der Seekarte den absolvierten Törn nachfuhr, wurde erneut klar, dass sich die Aktivitäten zur Rettung des Grünen Bandes Ostsee nicht auf die deutsche Küste beschränken dürfen. Schließlich hatte der Eiserne Vorhang auch in Polen und den baltischen Staaten eine Verbauung der Küste verhindert und zahlreiche Naturoasen hinterlassen wie die Kurische Nehrung, die estnische Insel Saaremaa oder die ausgedehnten Waldgebiete im lettischen Slitere. Hinzu kommen Moore, Lagunen, felsige Steilküsten und Riffs, alles Naturschönheiten, die in der Zeit des Kalten Krieges zu großen Teilen nicht zugänglich waren und nach der Wende im Baltikum unter Schutz gestellt wurden. Die Ausweisung von Nationalparks und Naturparks, zu der die Naturschutzverbände den Anstoß gaben, war ein wichtiger, aber leider nicht hinreichender Schritt. Trotz strenger Schutzbestimmungen drohen viele Naturoasen vom ungelenkten Tourismus überrollt zu werden. Zudem gibt es die Umweltbelastungen, die Nährstoffeinträge, die die Flüsse Polens und der baltischen Staaten in die Ostsee transportieren, wo sie in der Unterwasser-Lebewelt schweren Schaden anrichten. Dies wiederum hat Folgen für die Seevögel, die von Fischen und Meeres-Kleintieren leben.

Das Konzept vom Grünen Band am Ostseestrand musste zum Baltic Green Belt erweitert werden, das die gesamte 7000 km lange Küstenlinie vom Travemünder Priwall bis zur russisch-finnischen Grenze umfasst. Mitglieder der Crew und der Arbeitsgruppe Ostsee des BUND, allen voran Jörg Schmiedel aus Rostock, machten sich an die Arbeit, um internationale Partner für die Idee zu begeistern. Gemeinsam mit der Christian-Albrechts-Universität Kiel wurde bei der EU die Förderung eines länderübergreifenden Projektes zum Baltic Green Belt beantragt. Es entstand ein sogenanntes INTERREG IVB-Projekt, in das die Macher um Jörg Schmiedel 15 weitere Projektpartner aus Polen, Litauen, Lettland, Estland und Russland ins Boot holten. Im Oktober 2008 wurde das Projekt bewilligt. Der Startschuss für das Projekt fiel im Februar 2009 in Travemünde, in Sichtweite der Nahtstelle des binnenländischen Grünen Bandes zum Grünen Band am Ostseestrand.

Ziele des Baltic Green Belt Projektes sind:

- Projekte für einen nachhaltigen Naturtourismus zu initiieren

- beispielhaft den Schutz von Strandökosystemen zu verbessern

- die Aufmerksamkeit auf den Meeresschutz zu lenken, als eine der entscheidenden Voraussetzungen für den Schutz der Küstennatur

- Initiierung von Projekten zur Minderung der Nährstoffbelastungen des Seewassers durch Massentierhaltung, Überdüngung und Einleitung von Abwasser aus Wochenendsiedlungen

- Aufbau von Projekten zur Reduzierung der Belastungen durch den Badetourismus

- Förderung der Zusammenarbeit von Umweltverbänden, Universitäten und Behörden in Sachen Küstennaturschutz

Beim BUND Schleswig-Holstein und beim BUND Mecklenburg-Vorpommern wurden jeweils eine Projektstelle geschaffen.

Ansprechpartnerin beim BUND Schleswig-Holstein ist
Dipl.-Biol. Elke Körner,
Lerchenstr. 22, 24103 Kiel,
Tel. 0431-66060 52,
elke.koerner@bund-sh.de.

Ihr Kollege beim BUND Mecklenburg-Vorpommern ist
Dipl.-Biol. Jan Barkowski,
Wismarsche Str. 3,
18057 Rostock,
Tel. 0381-4902405,
jan.barkowski@bund.net.

Beide geben gerne weitere Auskünfte zum Projekt.

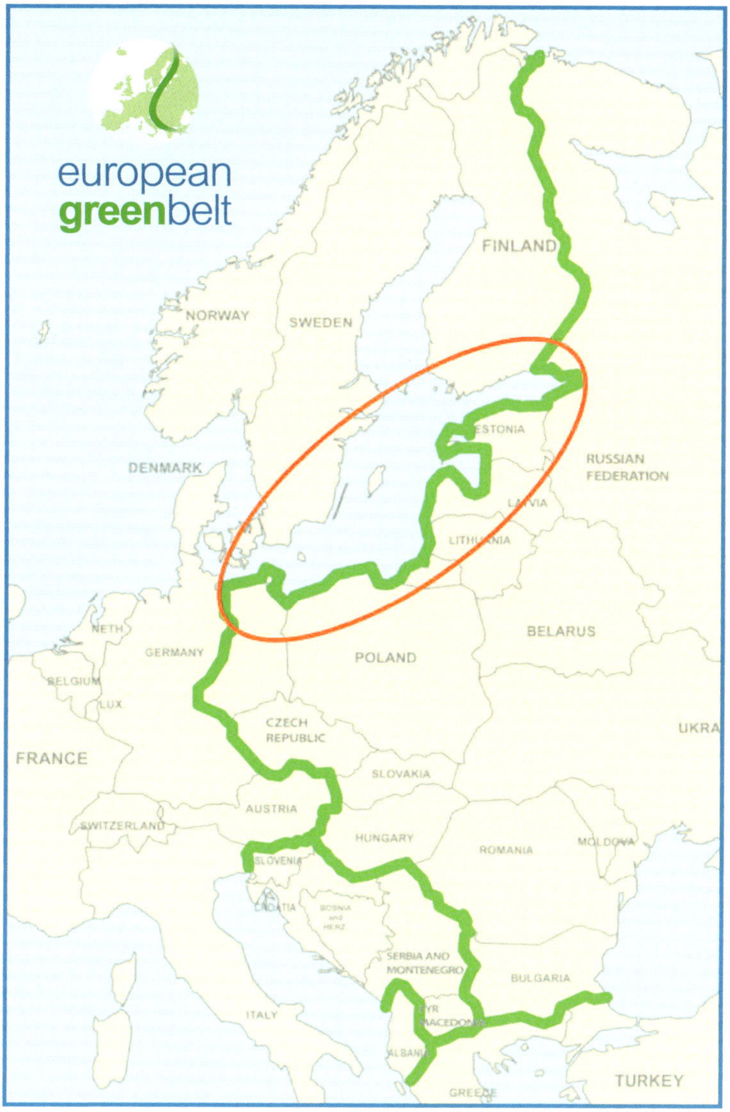

Das Grüne Band Europa mit dem Grünen Band am Ostseestrand (roter Kringel)

Bildnachweis

Amt Biosphärenreservat Schaalsee: S.101, S.175, S.176, S.179u.; **Becker, Udo:** S. 96 u.; **Burggraf, Carsten:** S. 221 o. **Damschen, Dieter:** Titel, S. 10/11, S.22 o.u., S.31 o., S.44o., S.46o.u., S.78/79, S.81 u., S.82 o.u., S.85, S.92/93, S.96 o., S.98 u., S.120 o., S.121 Adler, S.128/129, S. 131, S.133, S. 136 eingefügt, S.157, S.195, S. 201/202, S.205 o.u., S 216 Biber, S. 218 1-3; **Denker, Barbara:** S.203o.; **Fähser, Lutz:** S.80; **Frobel, Kai:** S.7, S.88m, S.154; **Klein, Lazló:** S.67m., S.68u., S.69 Falter, S.70u., S.72.o.l., S.73; **Leidorf, Klaus:** sämtliche Luftbilder; **Neumann, Thomas:** S. 132, S.146u., S.162, S.183; **Reimers, Hans Rathje:** S.74, S.86u.; **Robiller, Franz:** S. 47 m.; **Rohrbeck, Ute:** S.166 o.; **Rossen, Gerd:** S.97; **Schmiedel, Jörg:** 221 u., 222; **Walter, Thorsten:** S.19, S.21, S.32 , S.53 o; übrige **Cornelius, Reiner**

BUND

FREUNDE DER ERDE

Bund für Umwelt und Naturschutz
Landesverband Schleswig-Holstein
Lerchenstr. 22
24103 Kiel
Tel.: 0431-66060-0
Fax: 0431-66060-33
eMail:bund-sh@bund-sh.de

Bund für Umwelt und Naturschutz
Landesverband Mecklenburg-Vorpommern
Wismarsche Straße 152
19053 Schwerin
Tel.: 0385-521339-0
Fax: 0385-521339-20
eMail:bund-mv@bund.net

Bezugsadresse:

Auwel-Verlag
Dr. Reiner Cornelius
Schützenweg 9 · 36272 Niederaula
Telefon: 0 66 25 - 91 93 44
r.cornelius@online.de